Shirley Seul
Goodbye, Baby

Shirley Seul

Goodbye, Baby

Glücklich ohne Kinder

Frauenoffensive

1. Auflage, 2003
© Verlag Frauenoffensive
Metzstr. 14 c, 81667 München
info@verlag-frauenoffensive.de

ISBN 3-88104-355-1

Druck: Clausen & Bosse, Leck
Umschlaggestaltung: Erasmi & Stein, München

Dieses Buch ist gedruckt auf chlorfrei gebleichtem Papier.

Inhaltsverzeichnis

Nach Mittag

„Und du?" Drei Augenpaare richteten sich auf mich. Das meiner Freundin Mona, das meiner Bekannten Elvira und das von Katina, die gerade angekommen war mit ihrer erst kürzlich geborenen Tochter. Das Kind im Arm stand sie an der Gartenpforte, um mit mir und den anderen meinen sechsunddreißigsten Geburtstag zu feiern. „Und ich was?" fragte ich, als wüßte ich es nicht. Natürlich wußte ich es. Mona und Elvira waren Mütter, und als sie Katina und ihr Baby erspähten, spurteten sie los. *Ui wie niedlich. Duziduzidei! Ein Mädchen oder ein Bub? Jajajajaja! Und die Fingerchen! Kuck mal! Dudududu! Ach so süß!* Sie betatschten den Säugling, obwohl es noch gar nicht so lange her war, daß sie selbst sich beschwert hatten, wenn andere Menschen, die dann fremd oder wildfremd hießen, sich an ihrem Kind vergriffen. Nachdem sie den Säugling fast abgeleckt und angebissen und mit unnatürlich hohen Stimmen geweckt hatten, bei denen ich unwillkürlich an Opern/ Gläser dachte, wandten sie sich mir zu. Drei Mütter gegen mich. Hinter mir, weit weg, viel zu weit weg, die anderen Gäste. Wie ein Netz warfen die Mütter ihre Blicke über mich. Oder war es nur noch ein Blick? Ein aus einem grellen gebündelten Strahl geschossener Blick.

„Und du?" wiederholte Mona.

„Wo du doch frisch verliebt bist!" fügte Katina hinzu.

Das will ich auch bleiben, dachte ich. „Wir wollen keine Kinder", sagte ich.

„Der Zeitpunkt war nie günstiger", säuselte Elvira.

„Es ist vielleicht deine letzte Chance", flüsterte Mona.

Irgend jemand rief meinen Namen und wollte wissen, ob ich noch einen Sack Grillkohle hätte. Ich konnte mich aus dem Netz befreien. Doch das hatte Fäden gezogen. Ich ging durch den Garten und schüttelte verstohlen meine Hände. Die klebrigen Fäden schienen mich zu verhöhnen. Wie hatte ich das nur vergessen können! Ein paar Jahre war es erst her, da hatten sie mich ganz eingesponnen, war ich in einen Kokon verstrickt, daß ich mich selbst nicht mehr erkannte. Im Spiegel sah ich nur noch eine Puppe, nicht mehr die Frau, für die ich mich gehalten hatte. Und sogar nun, da ich doch wirklich sicher war, daß ich kein Kind wollte, weder eins noch zwei, weder eigene noch fremde – da fanden die Fäden blinde Flecken, schwaches Gewebe, Niemandshaut, an die sie sich hefteten. Nicht viele. An den Fingern ein paar und auch am Rücken spürte ich sie, und ich wollte gar nicht hinsehen, wollte nicht genau wissen, wo sie sich überall niederlassen konnten, doch ich wußte, ich mußte hinsehen, denn nur wenn ich sie genau betrachtete, wenn ich sie von allen Seiten unter die Lupe nahm, würde ich ihnen den fruchtbaren Boden entziehen.

„Geht's dir gut?" fragte Lui im Vorüberlaufen. Der Sohn von Mona hatte ihn mit Beschlag belegt. Seit einer Stunde rannte Lui die Wiese rauf und runter, und ich schaute ihm manchmal dabei zu und erfreute mich an seiner muskulös geschwungenen Wohlgestalt.

„Ja", sagte ich und hätte Lui gern von den Müttern am Zaun erzählt, aber Monas Sohn rief schon wieder, und Lui fing einen Ball und rannte weiter. Schön sah es aus, wie er mit Monas Sohn spielte. Machte er das gern? Oder tat er es, weil er sich als Gastgeber fühlte und glaubte, es sei seine Aufgabe, die Kinder zu beschäftigen? Viele waren es ja nicht, aber auf Erwachsene fixierte Einzelkinder, die wenig mit ihresgleichen anzufangen wußten.

„Er kann so gut mit Kindern umgehen", hörte ich die seufzende Stimme meiner Mutter. Wo kam die nur her? Wie das Lenorgewissen war sie plötzlich aus dem Nichts aufgetaucht.

„Lui hat mehr als ein Dutzend Neffen und Nichten", sagte ich – als gäbe es da irgendeinen Zusammenhang.

Meine Mutter würde es niemals wagen, diesen Satz auszusprechen: *Warum habt ihr keine Kinder?* Hat sie auch nicht nötig. Meine Mutter kennt Dutzende von Sätzen, in denen das Wort Kinder nicht mal vorkommt, um genau diesen einen Satz eindrucksvoll und treffsicher zu umschreiben.

Meine Mutter wollte noch etwas sagen, da fragte ich sie: „Warum sagt man eigentlich immer Kinder? Warum habt ihr keine Kinder? Eins würde doch genügen! Warum habt ihr kein Kind?"

Meine Mutter zuckte zusammen, hatte ich doch gesagt, was sie nie sagen würde, und dann zuckte sie mit den Schultern.

Ich kümmerte mich um die Gefäße meiner Gäste, füllte Gläser, leerte Aschenbecher. Angenommen, ich wäre Mutter, dachte ich, und zu einer Gartenparty eingeladen. Ich hätte einen Korb voll Equipment dabei. Spielsachen, Windeln, Schnuller, Medikamente, Decke, Kissen und ganz wichtig: die Nuckelflasche mit Tee. Soll schädlich sein für das Gebiß. Andererseits sind sie so ruhiggestellt.

Und darum geht es doch meistens. Um die optimalste Form der Ruhigstellung. Keine Medikamente, keine Prügel, sondern pädagogisch wertvolles Ruhigstellen. Also zuerst Beschäftigungstherapie für die Kleinen, damit die Mutter keine Schuldgefühle haben muß, und dann sollen die Kinder müde sein. Ellerbätsch, sind sie aber nicht. Nicht auf Gartenpartys bei fremden Leuten. Also würde ich lieber, nein, nicht lieber, besser zu Hause bleiben. Mein Mann kann ja allein gehen. Welcher Mann? Den habe ich doch gar nicht mehr, der ist doch schon gegangen. Zu Beate. Die hat zwar keinen Garten, aber sie hat auch keine Kinder. Ohne Kinder wäre alles ... Jetzt habe ich es schon selbst gedacht. Kinder. Nicht eines, sondern mehrere. Bin ich mir selbst auf den Leim gegangen. Das passiert meistens bei diesem Thema.

Die drei Spinnenfrauen waren langsam Richtung Teich geschlendert und suchten mich mit einer Zufälligkeit, die mir keine Chance ließ.

„Ich war ja auch schon siebenunddreißig, als Hendrik zur Welt kam", sagte Mona, als führten wir ein unterbrochenes Gespräch fort, und rechnete euphorisch: „Da könntest du heute in einem Jahr schon so einen süßen kleinen Wurm in den Armen halten!"

„Das mit dem Alter ist heutzutage überhaupt nicht mehr dramatisch", ergänzte Katina. „Früher galten wir mit Dreißig schon als Spätgebärende."

„Wir?" fragte ich.

„Ich kenne viele Frauen, die sind nicht nur über Mitte Dreißig, sondern weit über Vierzig und haben gerade das erste Kind bekommen", sagte Mona.

„Einundvierzig", kicherte Katina.

„Und sie sind wahrscheinlich beim Film?" grinste ich.

„Aber nein! Frauen wie du und ich! Und bei vielen ist das zweite sogar in Planung!"

„Fast jeder Raucher hat oder kennt einen Onkel oder eine Tante, die/der mit 80 noch drei Schachteln täglich raucht und nicht nur gesund, sondern kerngesund ist", erwiderte ich – als läge der Zusammenhang klar auf der Hand. Aber sie hatten mir ja auch nicht zugehört. Täuschte ich mich, oder hatte ich bereits gesagt, daß ich kein Kind wollte?

„Wäre das nicht wunderbar?" jauchzte Katina. „Stell dir das doch mal vor: Bei deinem nächsten Geburtstagsfest hast du dein Kind im Arm!"

„Ich glaube nicht, daß ich dann ein Fest geben würde."

„Dann eben im übernächsten Jahr!" rief Mona ungeduldig. Sie hatte es verständlicherweise eilig, Hendrik war nun mal ein Energiebündel – sagte Mona, Nervensäge, dachte ich – und brauchte dringend SpielkameradInnen. Als langjährige Freundin war es mehr als mindestens meine Pflicht, für solche zu sorgen.

„Eine Kinderparty!" rief Katina. „Mit Sich-anmalen und Sackhüpfen und Luftballons und Wettessen."

„An meinem Geburtstag?" fragte ich. „Bis auf eine Ausnahme fällt mir keine Frau ein, die sich an einem Wettessen beteiligen würde."

„Es geht doch auch nicht um die Erwachsenen. Sondern um die Kinder! Wenn du erst ein Kind hast", sagte Elvira, „siehst du das nicht mehr so eng. Dein Geburtstag ist nicht mehr wichtig. Es zählt nur noch das Kind. Wie es sich anstrengt, deine Geschenke auszupacken. Wie stolz du bist, wenn es eine Schleife aufreißt. Was glaubst du, wie lustig es ist, zuzusehen, wie es versucht, die Kerzen auf deinem Geburtstagskuchen auszublasen. Ein Geburtstagsfest mit Kindern ist wunderbar! So spontan. So kunterbunt! Nicht so wie bei Erwachsenen, die steif auf Stühlen sitzen ..."

„...deshalb veranstalte ich eine Gartenparty, die nachmittags beginnt und bei der du Boule und Ball und Badminton und noch viel mehr spielen kannst!" warf ich ein.

„Ich bin doch kein Kind mehr!"

Ich mußte mich anstrengen, nicht genervt zu klingen. „Das sind nicht unbedingt Spiele für Kinder. Die Boulekugel am Babykopf ..."

„Eben! Es ist nicht kindgerecht hier! Da mußt du umdenken! Total umdenken! Du wirst das dann schon selber merken. Man bekommt einen ganz anderen Blick. Überhaupt. Alles verändert sich. Dinge, die vorher wichtig waren, sind es nicht mehr. Dafür wird anderes wichtig." Beifallheischend schaute Elvira in die Runde. Mona und Katina schwiegen.

„Es ist halt ein bißchen stressig. Aber nur am Anfang", beeilte Elvira sich zu versichern. „Doch das bekommst du tausendfach vergolten. Und da macht es dir auch nichts aus, wenn du keine Zeit für deinen Geburtstag hast. Auch wenn du es dir jetzt nicht vorstellen kannst. Das ist so. Vielleicht vergißt du ihn einfach."

„Dann könnte ich dich nicht einladen", sagte ich freundlich und dachte den Satz genüßlich zu Ende.

Elvira, die ich kaum kannte und nur eingeladen hatte, weil Mona mich inständig darum gebeten hatte, damit Hendrik einen

Spielkameraden hätte, den er aber nun ignorierte, weil er wie gesagt als Einzelkind firmierte, war mir nicht sympathisch und mehr noch. Doch ich hatte mir vorgenommen, mich zu amüsieren und mir nicht zu viele Gedanken um das Wohlergehen meiner Gäste zu machen, da das meistens dazu führt, daß sich die Gäste wunderbar fühlen und die Gastgeberin am nächsten Tag nicht mehr weiß, ob sie eine Party veranstaltet hat. An Gespräche oder überhaupt wer anwesend war, kann sich die Gastgeberin, die sich zu sehr um das Wohl ihrer Gäste kümmert, kaum erinnern, dennoch fühlt sie sich erschöpft und ausgelaugt.

Ich erwiderte in beiläufigem Ton, daß mir mein Geburtstag wichtig sei.

Elvira, Mona und Katina schauten mich an. Schweigend.

Interessiert nahm ich wahr, daß dieses Bekenntnis die drei wieder vereinte.

„Ich bekomme nämlich sehr gern Geschenke", gestand ich nicht ohne Vergnügen.

Die drei schauten sich an. Schweigend.

„Und ich weiß auch nicht, ob es mir so gut gefällt, wenn jemand anders meine Geschenke auspackt!"

„Aber ein Kind ist doch nicht jemand anders! Es ist dein eigen Fleisch und Blut!" rief Mona, was mich verblüffte, denn diese Worte paßten nicht in Monas Mund. Vielleicht hatte sie irgendwo in ihrem Mund eine versteckte Kammer, wo sie solche Worte hortete, ich hatte bisher – und ich kannte Mona lange – nicht gewußt, daß sie ... oder scherzte sie? Nein, sie scherzte nicht, das war deutlich zu sehen. Wie auch. Das Thema war ernst. Todernst. Bei der Geburt konnte die Mutter sterben, sogar schon bei der Schwangerschaft, da zeichnete sich der Ernst des Themas frühzeitig ab.

„Ja natürlich", sagte ich einlenkend und fügte vorbeugend hinzu, was die drei dachten und was ich Hunderte von Malen gehört hatte: „Ich kann nicht mitreden. Ich habe kein Kind."

„Eben", sagte diese Elvira mit einer Genugtuung in der Stimme, die nach vierfachem Doppelkinn klang. Und doch war sie nicht ganz zufrieden, denn sie hätte diese Sätze natürlich gern selbst gesagt, von Zeit zu Zeit mußte sie sie sagen am besten an eine andere hinsagen, damit sie selbst wieder wußte, daß sie auf der richtigen Seite war. Elvira sagte also ungefähr: *Es ist so wunderbar. Und es ist unbeschreiblich. Man kann es nicht erklären. Man muß es fühlen. Alles ist anders. Anders, als man es sich je vorgestellt hat.*

Es ist unglaublich. Es ist großartig. Aber du kannst das nicht verstehen. Du hast ja nicht. Du bist ja nicht. Du weißt ja nicht.

„Was hat sich für dich persönlich verändert, als du Mutter wurdest?" fragte ich und versuchte noch einmal, ein herkömmliches, traditionelles Gespräch mit Frage und Antwort zu beginnen, bei dem man sich zuhörte und anderen Meinungen aufgeschlossen und tolerant gegenüberstand, Neues erfuhr, ein Gespräch, das bereicherte und in einer wohlgesonnenen Atmosphäre wärmte.

Ein Strahlen, das überirdisch leuchten sollte, auf mich allerdings peinlich wirkte, ließ Elviras Züge entgleisen. Sie sah ein wenig aus, als hätte sie zuviel Alkohol getrunken. Sie konnte auch nicht mehr richtig sprechen, nur noch stammeln. Dem entnahm ich, daß ihr Leben nun einen Sinn hatte und sie erst seit der Geburt von Jonas – der im übrigen gerade dabei war, beim Bauern auf der gegenüberliegenden Straßenseite frisch geschlüpfte Entchen zu Tode zu hetzen – wußte, daß ihr Leben vorher keinen Sinn gehabt hatte.

Ich hatte keine Informationen über Elvira. Alter, Wohnort, Beruf, Familienstand, Tragödien, Schwächen, Stärken, Grad der Zuneigung von Mona – nichts wußte ich. Mona hatte sie und ihren Sohn nur mitgebracht, wie sie einen Salat hätte mitbringen sollen, den sie allerdings vergessen hatte, weil sie Hendrik beschäftigen mußte. Ich wußte nichts über Elvira. Insgeheim hatte ich längst eine Akte Elvira angelegt. Wo war beispielsweise Elviras Mann? Hatte sie einen? Warum mußte sie ihre Mutterschaft so lautstark bejubeln? Ein offensichtlich verhaltensgestörtes Kind sprach auch Bände. Außerdem sah sie nicht glücklich aus. Sie wirkte gestreßt, abgespannt und grau. Und dies waren nur ein paar zufällig herausgegriffene Kapitelüberschriften aus der Akte Elvira.

Ich holte mir etwas zu trinken, um aus dem Schatten der Mütter zu kommen, und stellte betroffen fest, wie sie mich fast wieder gekriegt hatten. Von wegen ein paar Fäden hier und da. Stellenweise fühlte ich mich, als wüchse mir ein Flaum. Dieses Gift war tückisch. Es machte Freundinnen zu Fremden – mehr noch: zu Feindinnen. Es zog Gräben und provozierte Kriege. Was ging mich eine wie Elvira an? Wieso mußten solche wie Elvira so laut brüllen, und wieso brachte mich das dazu, mich zu verteidigen?

Mona, eine Meisterin der Intrige und Harmonie, hakte sich bei mir unter, lachte freundlich und meinte, es würde schon noch werden mit mir.

Ich sagte nicht, daß ich nicht werden wollte, schon gar nicht Mutter, sondern ganz zufrieden war, wenn es mir hin und wieder gelang, für ein paar Sekunden zu sein. Ich wollte gar nichts mehr sagen, sondern mich aus dieser Runde lösen, die mir nicht gut tat, doch sie ließen nicht ab von mir. Mit zunehmender Begeisterung verhandelten sie meine Zukunft. Ich wurde nicht gefragt. Wer im Netz hängt, wird nicht gefragt, fragt sich oftmals selber nicht, so lauten die Gesetze.

Schließlich griff ich zum letzten Mittel: „Kapiert ihr nicht? Ich will nicht. Ich will kein Kind!"

Schweigen. Dann mildes Nicken. Das Netz hatte nicht mal einen Riß bekommen.

„Ich wollte auch nie. Jedenfalls früher nicht", lächelte Katina nachsichtig. „Ich verstehe dich so gut. Ich habe ja genauso gesprochen ..."

Und so spannen sie ihre Fäden weiter, und ich war gar nicht da, und was ich sagte und gesagt hatte, fiel nicht ins Gewicht, ich war doch eine Frau, und jede Frau will ein Kind, das ist doch klar, und die es nicht wollen, wissen nur nicht, daß sie wollen, oder sind gefühllose, karrieregeile Emanzen, und da die drei auf meine Party eingeladen waren, gehörte ich zu jenen, die nicht wußten, daß sie wollten, sonst wären die drei nicht mit einer wie mir bekannt oder gar befreundet. Sonst wären sie mit einer gefühllosen karrieregeilen Emanze befreundet, die über Leichen stöckelte. Also konnte ich keine sein, die nur für die Befriedigung ihrer Lüste lebte. Keine, die nicht einsehen wollte, daß das Leben kein Zuckerschlecken ist. Keine, die sich als Rentnerin aushalten ließe und nur eines im Kopf hätte: exzessiven Sex. Sie waren doch nicht bei der Party einer, die in den Urlaub fuhr, wann sie Lust dazu hatte, und den Ernst des Lebens mied, wann immer es möglich war. Doch! Genau bei so einer waren sie gelandet! Mehr noch! Die arbeitete eifrig daran, das Leben zu genießen.

Babuschka

„Ich möchte gern sein wie eine russische Puppe, wie eine Babuschka", sagte meine Schwester. „Als Babuschka bin ich alle auf einmal. Ich muß nicht ein Kind haben, um spontan zu sein oder mich auf etwas zu freuen oder um etwas unmittelbar und wie neu zu erleben. Sondern ich halte alle Lebensalter in mir wach. Zuweilen schraube ich die Form der großen Mutter auf und lasse mal das eine, mal das andere nach draußen. Und dann rufe ich alle wieder heim, schraube mich um sie herum und trage sie sicher durch die langweilige Welt der Erwachsenen, die gar nicht mehr langweilig ist, weil ich spüre, was sich in mir regt und tummelt."

„Eine schöne Idee!"

„Mehr noch", lächelte meine Schwester, „eine Lebensaufgabe."

Der Krieg der Mütter

Ich war stolz auf mich. Ich hatte es zwar nicht tadellos hinbekommen, aber doch so, daß ich zufrieden sein konnte. Ich hatte mich nicht wirklich in den Krieg der Mütter gegen die Nichtmütter verwickelt – wie so oft in meinem Leben. Ich kann mich an kein anderes Diskussionsthema erinnern, das hitziger geführt wurde als dieses. In früheren Jahren war ich so verstrickt in dieses *Vielleicht ein Kind Wollen* und *Eigentlich nicht* und *Es gehört doch dazu* oder *Es ist eine Falle*, daß ich nicht sehen konnte, wie verunsichert wir alle waren. Wir, die Frauen, die verkündeten, sie wollten keine Kinder, waren unsicher. Deshalb bekämpften wir die Frauen, die Kinder wollten oder hatten, wobei unser Ehrgeiz darin lag, erstere umzustimmen. In den anderen Frauen, die das „getan" hatten, womit wir nichts zu tun haben wollten, also Mütter waren, lebten unsere Zweifel auf. Wir glaubten, indem wir die Mütter besiegten, würden wir unsere Zweifel besiegen. Dieses Muster ist einer der amüsantesten und verheerendsten Trugschlüsse, die das Überraschungsei Leben bereithält. Um es zu begreifen, müssen wir ein gewisses Alter erreichen, vorher haben wir keine Einsicht in die heiligen Hallen, wo uns die eine und die andere Weisheit schmunzelnd erwarten. Die Frauen, die Kinder hatten und vielleicht nicht so hinter ihrer Entscheidung standen, wie sie gern gespürt hätten, reagierten mit einer Idealisierung der Mutterschaft, die das Feuer erst recht entfachte, in dem sie ihre Waffen schmiedeten.

Jede Gruppe glaubte, sie sei die einzige und wahre Gute. Sie trüge die weiße Weste. Um das zu beweisen, wurde die ganze Menschheitsgeschichte ausgebeutet. Angefangen bei den Amphibien über Simone de Beauvoir, die Jäger und die Sammler zum zweiten Weltkrieg, zur eigenen Oma und den immer wieder gern zitierten Naturvölkern – spätestens wenn die Argumente versiegten, mußten die herhalten – ging es kunterbunt durcheinander. Was wir dabei vergaßen: das Lachen.

Was hätten wir lachen können über unseren Erfindungsreichtum, unsere absurden Ideen und Thesen und vor allem über uns selbst. Aber jede wollte zu den Guten gehören, weil sie glaubte, dort sei sie geborgen und im Recht. Weil sie noch nicht groß genug war, sich selbst zu schützen und im Recht zu fühlen – weil sie ihren Platz im Leben noch nicht gefunden hatte. Wir brauchten etwas, woran wir uns anlehnen konnten. Etwas, das uns Halt gab. Und konnten nicht sehen, daß wir uns an eine Gefängnisinnenhofmauer anlehnten, solange wir uns anschrien, beschimpften, manipulierten und verachteten, und daß die Mauer immer dicker wurde und uns immer weniger Platz ließ, je mehr wir schrien und manipulierten und verachteten.

Es gibt nicht nur den Krieg der Mütter gegen die Nichtmütter, es gibt auch den Krieg der nicht berufstätigen Mütter gegen die berufstätigen Mütter und den Krieg der ganztags berufstätigen Mütter gegen die halbtags berufstätigen Mütter und, ganz wichtig, den Krieg der alleinerziehenden Mütter gegen die Mütter mit Mann. Es gibt den der verheirateten Mütter gegen die ledigen.

Und außerdem gibt es jede Menge kleiner Kriege. Den der Stillmütter gegen die Flaschenmütter, der Fertigkostmütter gegen die Kochbackmütter, der Alternativschulsystemmütter gegen die Normalschulmütter, den der Mütter, die ihre Eltern für die Kinderversorgung engagieren, gegen die Mütter, die ihre Eltern bewußt ausschließen, den der Einzelkindmütter gegen die Mehrkindmütter, den Krieg der Computermütter gegen die Bauklötzemütter und so weiter und so weiter. Gemeinsam ist den Kriegen, daß sie von verunsicherten Statistinnen mit unbarmherziger Härte und gnadenloser Intoleranz geführt werden. Gemeinsam ist ihnen, daß es weder Siegerinnen noch Besiegte noch Frieden gibt. Die Opfer: Frauen und Kinder. Die Täter?

Ich habe also auch gekämpft im Krieg der Nichtmütter gegen die Mütter. Obwohl ich wußte, daß es nichts zu gewinnen gab, ganz im Gegenteil: daß ich geschwächt und geschrumpft aus jeder Schlacht hervorgehen würde, habe ich es getan. Habe Müttern subtil und raffiniert und ohne es auszusprechen deutlich gemacht, daß sie minderwertig seien, so wie sie mir subtil und raffiniert und ohne es auszusprechen deutlich machten, daß ich minderwertig sei. *Du bist falsch,* sagten wir uns gegenseitig, ohne es wirklich zu sagen. Sie sprachen von glänzenden Kinderaugen unterm Weihnachtsbaum oder von der Freude, dem Kind zu erklären, wie ein Auto fährt, oder ihm dabei zuzusehen, wie es zum ersten Mal im See planscht – je nachdem, welches Beispiel die schärfsten Widerhaken zierten –, und ich und meinesgleichen sprachen von romantischen Urlauben an sternenüberdachten Palmenstränden, von durchtanzten Nächten oder politischen Aktionen – je nachdem, welches Beispiel die schärfsten Widerhaken zierten. Als Widerhaken galt alles, was die andere vermißte.

Es braucht natürlich Einfühlvermögen, um erfolgreich verletzen zu können. Da muß ich mich zuerst einmal einlassen, einschwingen, hinabtauchen in mein Gegenüber – und dann erbarmungslos zuschlagen. Tja – das kannst du nicht haben, stichelten wir, ohne zu sticheln. Unsere Stimmen verließen nie den grünen Bereich wohltemperierter Aussteuerung, wir lächelten dosiert und gaben uns den Anschein freundlich gesonnener Aufmerksamkeit. Und doch spähte jede von uns in die Atempausen der anderen, suchte nach Falten im Lächeln und nach Lücken in der Chronologie. War da eine Spur? Wie gut konnte die andere sie verbergen? Und wir selbst? Wie gut waren wir? Wenn wir nichts aneinander fanden, dann mußten wir etwas erfinden, doch das war die leichteste Übung. Uns herzlich verabschiedend gingen wir auseinander als schwer Versehrte. Hatten uns große Fetzen Fleisch herausgerissen, Knochenstücke abgefräst, und jede für sich leckte still und heimlich ihre Wunden – bis wir erneut an die Front stürmten.

Niemals sahen wir uns wirklich an. Sahen niemals unsere Ängste und Wünsche und Hoffnungen. Wir waren füreinander Schablonen, Feindbilder – das muß so sein, wenn man sich bekriegt. Wie hätten wir uns denn bekriegen sollen, wenn wir uns erkannt hätten? Alle mit den gleichen Zweifeln, Ängsten, Sorgen – wenn wir auch mit unterschiedlich pflegeleichten Fahnenstoffen marschierten.

Ich wußte frühzeitig, daß es ein Fehler, ein unverzeihlicher Fehler war, in diesen Krieg zu ziehen. Ich wußte nicht, warum ich es immer wieder tun mußte, da etwas in mir doch zutiefst davon überzeugt war: Es ist falsch. Aber ich war eine tapfere Kriegerin und sammelte Argumente. Las von Müttern und Nichtmüttern und beobachtete und hörte mich um. Ein objektives Bild wollte ich erlangen – und hortete Vorurteile. In Gedanken nannte ich sie Milchkühe. Jede Mutter gehörte zu ihnen, denn als Nichtmutter unterschied ich nicht zwischen halbtags berufstätigen und ganztags berufstätigen und mannlosen oder mannbehafteten Müttern. Ich schor sie alle über einen Kamm: Sie waren milchig, schwabbelig, traten über ihre Ränder und rochen nach Küche; alles um sie herum war weich und glibberig, und nichts Festes, Klares, Engagiertes, Kraftvoll-Entschlossenes konnte sich behaupten in dieser dampfigen Wattewelt.

So dachte ich, und so dachten die, die mit mir kämpften. Viele andere dachten nicht so. All jene nämlich, die wußten, was sie wollten. Die Mehrzahl wollte ein Kind oder mehrere Kinder – meistens später, dann, irgendwann. Diese Mehrzahl verstand nicht, worum es ging; sie war mit sich im Reinen. Vielleicht mischten sich manche von ihnen dann doch noch ein, später, dann, irgendwann, aber das war kein gutes Zeichen, denn es bedeutete, daß sie im nachhinein unsicher geworden waren und durch Lautstärke und wilde Gesten ihre Situation zu stärken und verteidigen suchten, so wie Hunde bellen, wenn sie Angst haben, und hoffen, ihr Imponiergehabe reiche aus. Hätte ich selbst es gewagt, klar zu sagen: *Ich möchte kein Kind* – hätte ich mir und anderen vieles erspart. Doch der Weg zu diesem Satz ist lang. Vor allem ist er kurvenreich. Und bevor eine nicht Kurve um Kurve ausgefahren hat, kennt sie die zu bewältigende Strecke nicht.

Meine Auseinandersetzung mit dem Thema lautete weniger *Will ich ein Kind?* vielmehr: *Versäume ich was, wenn ich keins habe?* Irgendwie wollte ich eins und irgendwie doch nicht, und daß ich irgendwie eins wollte, lag weniger an mir, mehr an meiner Umwelt, an den Anforderungen, die an mich als moderne, mütterliche, gebildete, erotische, kritische, aufgeschlossene, finanzstarke, emanzipierte, selbstbewußte, karriereinteressierte, aufgeklärte, eigenständige, warmherzige, selbständige, intelligente, gefühlvolle, tüchtige, bewußt lebende, Weiblichkeit ausstrahlende Frau gestellt wurden und die ich dummes Ding erfüllen zu müssen glaubte.

Um dem Bild nur halbwegs zu entsprechen, braucht es mindestens ein Kind. Besser wären zwei.

Denn die karriereinteressierte Frau ohne Kind ist eiskalt. Die moderne Frau ohne Kind ist egoistisch. Die mütterliche Frau ohne Kind ist unfruchtbar. Die gebildete Frau ohne Kind ist eine Emanze. Die erotische Frau ohne Kind ist eine Hure. Die kritische Frau ohne Kind ist eine Aufhetzerin. Die aufgeschlossene Frau ohne

Kind ist nymphoman. Die finanzstarke Frau ohne Kind ist geizig. Die emanzipierte Frau ohne Kind hat keinen abgekriegt. Die warmherzige Frau ohne Kind ist depressiv. Die selbständige Frau ohne Kind hat nur für andere Zeit. Die intelligente Frau ohne Kind ist kopflastig. Die gefühlvolle Frau ohne Kind ist dumm. Die tüchtige Frau ohne Kind hat ein Helfersyndrom. Die bewußt lebende Frau ohne Kind ist von ihrem Analytiker versaut. Die Weiblichkeit ausstrahlende Frau ohne Kind hat einen stillgelegten Silikonbusen. Oder ist Weiblichkeit doch eher mütterlich? Was bleibt von der Weiblichkeit, wenn wir die Mütterlichkeit abziehen?

Ich bin sehr froh, daß ich meinen Entschluß, kein Kind in die Welt zu setzen, im gebärfähigen Alter und selbst gefaßt habe und nicht von der gern zitierten biologischen Uhr niedergeklöppelt wurde, nach deren letztem Gongschlag mir nur noch die Reise zu dem italienischen Wunderarzt bliebe, der auch 60jährige Großmütter zu Müttern macht, oder ich heiratete einen Klontechniker, oder ich müßte resigniert feststellen: zu spät. Der Volksmund würde sagen: Der Zug ist abgefahren. Ich habe meine Entscheidung getroffen, als der Zug noch in der Halle stand. Er war noch nicht mal aufgerufen und erschien eben am untersten Rand der digitalen Anzeigetafel am Bahnhofsvorplatz.

Mein Entschluß hat nichts damit zu tun, daß ich nach dem Lustprinzip leben wollte. Leider nicht, schreibe ich im Vollbesitz meiner Sinne. Ich habe es mir ziemlich schwer gemacht, mir einzureden, daß ich ein Kind will, brauche, haben soll. Schade. Schade, aber typisch. Ich bin Deutsche und bemühe mich fleißig und unermüdlich, mich einem Vorurteil anzupassen, und als Deutsche bin ich nun mal gründlich.

Eigentlich hätte ich gern von vornherein gesagt: *Nein, ich möchte nicht* und darauf verzichtet, Krieg zu spielen. Eigentlich hätte ich viel lieber einfach zugeschaut, wie es den Frauen ergeht, die mit Kindern leben. Was uns verbindet, was uns trennt – und wie wir voneinander lernen können. Schon seltsam. Da wird immer propagiert, wie verbindend Frauen an und für sich sind – nicht nur Krankenschwestern –, wie Frauen für Harmonie und Ausgleich sorgen und Hierarchien meiden, daß Männer den Krieg erfunden haben und Frauen den Frieden – und dann haben die Frauen doch Fronten gebildet.

Oder ... waren sie das vielleicht gar nicht? Sind sie vielleicht nur Fußvolk, blöde Soldatinnen, und die Schlachten werden ganz woanders gesteuert: in schweren drehbaren Ledersesseln, auf denen behaarte Ärsche sitzen? Und die Frauen denken bloß – und haben auch noch Schuldgefühle deswegen –, sie entschieden selbst, sie hätten eine, wenn auch versteckte Macht inne? Und wenn so manche jener Frauen, die das glauben, in Wirklichkeit als etwas ganz anderes in der Bilanz geführt werden, was ihnen aber niemand sagt? Wenn sie aufmucken wollen, kriegen sie ein Zuckerl hingeworfen. Zum Beispiel werden sie gelobt, weil sie sich vierteilen können, da beschwert sich doch keine mehr, da strengt sie sich doch vielmehr an, sich fünfzuteilen, damit sie bald wieder mal gelobt wird! Aber wer hätte ein Interesse daran, daß Frauen sich bekriegten? Bestimmt nicht die Männer! Ein Krieg kostet Zeit, und dann kriegen sie nichts Richtiges zu essen und sollen womöglich die Waschmaschine selbst bedienen oder sich aus dem Stegreif auch noch an den Geburtstag ihrer Mutter erinnern. Nein danke. Ein Krieg macht zudem häßlich und Falten. Nein, bestimmt nicht die Männer.

Direkt an der Front habe ich mich zwar manchmal bei besonders fiesen Treffern gut gefühlt, aber danach ging es mir nie gut. Ich habe mich oft geschämt für die Heimtücke meiner Freundlichkeit und es versäumt, daran zu denken, daß meine Gegnerin und ich ebenbürtig waren, das hat die Gegnerin vielleicht auch vergessen und sich die Schuld gegeben, darin sind wir ganz stark. Aber damals war ich jung und steckte das miese Gefühl weg wie eine Nacht mit wenig Schlaf.

Das würde mir heute nicht mehr gelingen. Heute fühle ich mich nur wohl, wenn ich im Fluß bin. In bejahendem Kontakt mit mir und den Menschen um mich herum. Ich möchte mit Menschen leben, nicht mit der Vorstellung von Menschen, mit Schablonen und Vorurteilen. Ich mag nichts zu tun haben mit Niedertracht und Haß und Mißgunst und Neid und Eifersucht. Das habe ich natürlich trotzdem, denn es gehört dazu, aber ich muß es nicht ausdrücklich suchen oder provozieren und dann auch noch nähren. Und schließlich: Hätte ich nicht gelegentlich an der Front gestanden, könnte ich nicht davon erzählen. Und wüßte nun auch nicht so deutlich, daß ich damals die Frauen beneidete, die klar sagten: *Ich möchte ein Kind.* Ich beneidete sie um ihre Sicherheit – wie jene, die sagten: *Ich möchte kein Kind.*

Solche habe ich übrigens nur wenige getroffen, denn es gehört Mut dazu, diesen Satz zu sagen. Er ist pfui! Auch: *Ich möchte kein*

Kind, oder *ich will kein Kind,* oder *ich möchte keine Mutter werden,* oder *ich will keine Mutter sein,* sind pfui. Auf jeden Fall gehören diese Sätze abgeschwächt. Mindestens mit einem Vielleicht. *Ich möchte vielleicht kein Kind. Ich möchte vielleicht doch kein Kind. Ich möchte vielleicht doch lieber kein Kind. Ich möchte vielleicht doch eher lieber kein Kind. Ich möchte vielleicht doch eher lieber kein Kind, oder? Ich glaube, ich möchte vielleicht jetzt doch lieber eher noch kein Kind? Ich möchte schon einmal ein Kind, irgendwann, aber jetzt noch nicht, später.*

Das ist die sauberste Lösung für die Umwelt. Also ist diese Frau doch normal! Zum Glück! Wir dachten ja schon ... Für die Frau, die eigentlich kein Kind will, sich diesen Satz aber einredet, um nicht mit dem negativen Selbstbild konfrontiert zu sein, das der wahre Satz in ihr als Mitglied dieser Gesellschaft voraussichtlich zum Sprießen bringen würde, ist diese Lüge eine Qual. Sie provoziert zu vorstehend beschriebenen Grenzkämpfen. Sie hält die Frau in der Schwebe. Sie verhindert Klarheit und macht klein. Sie hält die Frau da, wo manche glauben, daß sie hingehört?

Kürzlich traf ich eine Journalistin, die mich sehr beeindruckte. Eine schöne, große, aufrechte Frau Ende Vierzig. Ich fragte sie, ob sie Kinder hätte. Nein, sagte sie, und das freute mich, so wie ich mich auch immer freue, wenn mir sympathische Menschen im selben Sternzeichen geboren sind wie ich.

Ob sie sich viel mit dem Thema beschäftigt habe, fragte ich, denn ich beschäftigte mich schon eine Weile mit der Recherche für dieses Buch.

Nein, sagte sie. Gar nicht. Es sei ihr überhaupt nicht in den Sinn gekommen. Die Kinderfrage habe sich für sie und ihren Mann nicht gestellt.

Und wenn sie darauf angesprochen worden sei, fragte ich.

Das sei tatsächlich einige Male passiert, nickte sie erstaunt, als wundere sie sich, woher ich das wüßte, und sie habe es jedesmal als Unhöflichkeit zurückgewiesen, da dies doch ihre und die Privatsphäre ihres Mannes sei und Dritte nichts angehe. Diese starke Frau ruhte in sich. Ihre Ausstrahlung verbot es, an ihr herumzumäkeln und zu sticheln.

Sally

Ich möchte kein Kind, weil ich nur traurige Erinnerungen an meine eigene Kindheit habe. Sie war dunkel und eng, und mein Bruder bekam alles, und ich bekam nichts. Nach außen war bei uns zwar alles in Ordnung – aber ich habe mich als Kind nie wohl gefühlt, sondern einsam, verlassen und unverstanden. Ich habe keine Lust, mich durch ein eigenes Kind an Kindheit zu erinnern. Und ich würde mich daran erinnern. Ich habe Angst, daß ich dann denken würde: Wieso sollst du es schön haben, wenn ich es so finster hatte. Und ich habe noch viel mehr Angst, daß ich danach handeln würde.

Deshalb ist es besser, ich halte mich von Kindern fern. Ich fühle mich nicht wohl in ihrer Umgebung. Sie schwächen mich. Sie bringen mich schlecht drauf. Sie tun mir einfach nicht gut, und ich tue ihnen nicht gut. Ich lebe besser ohne Kinder, ohne an meine Kindheit zu denken. Das ist ein schwarzes Kapitel, und ich will nicht dran erinnert werden.

Sowohl als auch

Freiheit und Geborgenheit sind Grundbedürfnisse des Menschen, und zwischen beiden Polen pendelt das Leben hin und her. Zuviel Freiheit kann Angst machen: Wohin gehöre ich? Zuviel Geborgenheit kann Angst machen: Wer bin ich?

Die Idee, Freiheit und Geborgenheit seien für die Ewigkeit zu betonieren, ist verbreitet. Es liegt wahrscheinlich an dem weiteren Grundbedürfnis des Menschen nach Beständigkeit, dessen Gegenspieler die Abwechslung ist.

In grundsätzlichen, verantwortungsvollen Fragen können wir nicht heute so und morgen anders entscheiden. Wenn ich mich für ein Kind entscheide, das heißt vorwiegend für Geborgenheit und Beständigkeit, kann ich nicht morgen Freiheit und Abwechslung anstreben, sondern vielleicht erst übermorgen.

Es nützt mir nichts, wenn ich diejenigen hasse, die Freiheit und Abwechslung genießen. Das befreit nicht und bringt bald auch keine Abwechslung mehr.

Entscheide ich mich gegen ein Kind, gilt das gleiche in Blau oder Grün.

Eine überzeugte Mutter kann sich nach Freiheit sehnen. Frei von Verantwortung und Alltagspflichten. Sie muß nicht die Hälfte ihres Wesens abschneiden, wenn sie Mutter wird.

Auch eine ... wie nenne ich sie jetzt? Nichtmutter? Klingt negativ. Nenne ich sie Frau, ist das diskriminierend gegenüber den Müttern, die dann keine Frauen mehr sind. Nenne ich die Mütter die traditionellen Frauen, erinnert das an Kopftücher. Und die Nichtmütter als moderne Frauen zu bezeichnen, erscheint hausbacken. Wie also nenne ich sie?

Es gibt Frauen mit Kind(ern) und Frauen ohne Kind(er). Der Einfachheit halber lasse ich die Klammer weg. Noch mal von vorn:

Eine Frau mit Kind kann sich nach Freiheit sehnen. Eine Frau ohne Kind kann sich nach Verbundenheit sehnen. (Und selbstverständlich kann sich eine Frau mit Kind nach Verbundenheit sehnen, so wie sich eine Frau ohne Kind nach Freiheit sehnen kann. Aber das gehört in ein anderes Buch, denn dabei dreht es sich um andere Verwicklungen und Spannungen.)

Trotzdem ist die Frau mit Kind „richtig", und auch die Frau ohne Kind ist es. Es würde etwas nicht stimmen mit ihnen, wenn sie so mir nichts dir nichts auf eine Hälfte ihres Wesens verzichtet hätten. Dann müßten sie nämlich diese Hälfte suchen. Verzweifelt suchen. Und wütend vielleicht. Immer wütender. Und würden sie bei jenen einfordern, die die andere Hälfte scheinbar in Besitz hätten. Aber sie könnten sie nicht einfordern, da sie sich freiwillig davon getrennt hätten. Also müssen sie diese Hälfte zu etwas Schlechtem erklären, das ausgerissen gehört wie Unkraut.

Kurze Unterbrechung

Ich liege mit meinem Freund im Gras. Unter uns der Bodensee. Über uns Kunstflieger. Sturzflug, Looping, Salto, Schraube, Motor an und aus. Sage ich zu ihm: „Wir warten doch nur drauf, daß einer abstürzt."

Sagt er: „Was?"

Setze ich mich auf, summe die ersten Töne der Tagesschau und sage: „Also wir sind im Gras gelegen und haben zugeschaut wie alle anderen auch. Und dann plötzlich dieses Stottern, da haben wir schon gedacht, vielleicht stimmt etwas nicht, und dann ist der Motor nicht mehr angesprungen, und dann ging alles wahnsinnig schnell. So ein Pfeifen und Zischen, wir sind dann gleich losgerannt, da war schon der Knall, schrecklich laut, und dann die Rauchwolke, wir haben nichts gesehen, es war fürchterlich, und dann hörten wir schon die Sirenen."

„Du spinnst", sagt mein Freund.

„Das ist auch der Grund, warum sie Formel-Eins anschauen", sage ich. „Weil sie hoffen, daß was passiert."

„Meinst du?" fragt er leicht betroffen.

„Ja", sage ich. „Ich glaube, das ist bei 98 Prozent der Leute so. Aber nur die Hälfte von ihnen hat den Mut, das zuzugeben. Denn es ist nicht besonders schmeichelhaft. Von dieser Hälfte wagt vielleicht die Hälfte, es auszusprechen. Die andere Hälfte behält es für sich."

„Und die andere Hälfte der 98 Prozent?" fragt mein Freund.

„Die würde vehement abstreiten, so was auch nur zu denken. Und das Schlimme ist: Sie hätte recht. Denn viele wissen nicht, daß sie es denken. So etwas zu denken gehört sich nicht. Es ist undenkbar, das wissen sie. Sie wissen auch, daß diejenigen, die zugeben, so was zu denken, die Bösen und der Abschaum und die Asozialen und die Sensationsgeilen und die Unmenschen und die Bestien sind. Sie wissen also, wen sie zu meiden oder zu verhöhnen oder zu hassen oder zu bekämpfen haben."

„Also ist es nicht ratsam, einem, der zur anderen Hälfte gehört, das anzuvertrauen, was du mir eben anvertraut hast", kombiniert mein Freund.

Ich nicke. „Vor allem, weil er nicht begreifen wird, daß dies nur ein erster Eindruck ist, der höchstwahrscheinlich zu wirklichem Mitgefühl führt. Nur wenn man weiß, was man in sich trägt, kann man sich damit auseinandersetzen."

„Was ist eigentlich mit den fehlenden 2 Prozent?"

„Die sind erleuchtet oder haben keinen Fernseher."

Ende der kurzen Unterbrechung.

Meine Mutter erzählte mir von ihren Jahren als junge Mutter. Damals war es Pflicht, als Mutter glücklich zu sein. „Egal wie übernächtigt du warst", sagte meine Mutter, „egal, ob du keine Zeit mehr für irgend etwas hattest, egal wie traurig und überfordert und einsam und in Stich gelassen du dich fühltest. Das Kind war das Heil und das große Glück. Dafür war die Mutter allein zuständig. Ich habe damals nie", sagte meine Mutter, „einen Mann gesehen, der einen Kinderwagen geschoben hat. Und wenn ich einen gesehen hätte, hätte ich mich nach ihm umgedreht. Alle anderen hätten es auch getan, und auf keinen Fall wäre dieser Mann ein Mann gewesen. Das heißt", sagte meine Mutter, „ich war sehr allein in meinem Muttersein. Ich war jung, und ich wußte nicht, ob ich alles richtig mache, ich wußte nur, daß ich jetzt glücklich sein muß, denn ich war Mutter, und das hatten sie mir alle gesagt, und ich hatte es selbst geglaubt: Dann bin ich glücklich. Und wenn ich mich umgeschaut habe, hatte ich das Gefühl, die anderen Mütter, zum Beispiel am Spielplatz, wären alle glücklich. Und ich habe mich geschämt, wenn ich abgespannt und unzufrieden war. Und gar nicht glücklich. Heute kann ich es dir sagen", sagte meine Mutter, „weil ich weiß, daß du weißt, daß du ein Wunschkind bist, aber manchmal hätte ich dich an die Wand werfen können. Weil ich so müde war. Und weil du immer geschrien hast. Und weil ich immer glücklich sein mußte. Und dabei war ich doch so müde, so unendlich müde. Das durfte ich niemandem sagen. Von deinem Vater mußte ich alle Unbill fernhalten, er verdiente das Geld und brauchte seinen Schlaf. Viel später erst, da warst du schon erwachsen, und es waren andere Zeiten, da habe ich angefangen rumzufragen, und da haben plötzlich alle gesagt, daß sie damals ihre Kinder an die Wand hätten werfen können von Zeit zu Zeit. Ich habe gefragt, warum sie es nicht gesagt haben, und sie haben gefragt: Hättest du es gesagt? Ich habe den Kopf geschüttelt. Und dann haben wir festgestellt, daß es viel leichter für uns gewesen wäre, wenn wir uns das manchmal hätten anvertrauen können, anstatt in einem idiotischen Konkurrenzkampf zu stehen, wer von uns die beste Mutter sei. Dann haben wir festgestellt, daß unsere Töchter diese Sätze sagen können, daß diese Sätze für unsere Töchter dazugehören wie das mühlsteinschwere Glück für uns früher dazugehört hat, weil diese Sätze heute wiederum unseren Töchtern weismachen sollen, daß sie ganze Menschen, Frauen geblieben und nicht in die Mutterfalle getappt sind, aber ich weiß nicht", bezweifelte meine Mutter, „ob das alles wahr ist oder nicht nur wieder ein Slogan. Ich glaube überhaupt nichts mehr", sagte meine Mutter, „denn seit ich lesen kann, gab es alle paar Jahre neue Gesetze für Mütter, und sie haben sich alle widersprochen, und gemeinsam hatten sie nur eins: Die Mütter, die sie nicht befolgten, wurden geächtet, und die, die erst gar nicht mitspielten, indem sie kinderlos blieben, mußten schwerkrank oder unfruchtbar sein, um als Frauen zu gelten, und die das nicht für sich in Anspruch nehmen konnten, waren die Feindinnen aller, die sich dank dieser Feindschaft verschwesterten."

Als Frau ohne Kind wünsche ich mir, eine Frau mit Kind vertraute mir an: *Ich bin völlig überlastet.* Ich wünsche mir, sie würde nicht glauben, sie müßte das ramagolden glänzende Glück vor mir aufrecht erhalten. Und ich wünsche mir, daß ich dann sagen würde: *Gib das Kind eine Weile rüber, ich kümmere mich darum, bis du wieder du selbst bist* – so hätten wir alle etwas davon.

Als Frau ohne Kind wünsche ich mir, einer Frau mit Kind anvertrauen zu können: *Manchmal hätte ich gern ein Kind.* Ich wünsche mir, ich würde die Breitleinwand von Freiheit und Abenteuer einrollen, und sie würde verstehen und dann vielleicht sagen: *Das vergeht wieder.* Oder: *Das gehört dazu.* Oder: *Schön, daß du das spüren kannst.* Oder: *Ich erinnere dich daran, wenn du im nächsten Buchprojekt steckst und nicht mal mehr Zeit hast, deine Barbiepuppe zu füttern.*

Alles auf einmal geht nicht. Als Frau ohne Kind verzichte ich so, wie ich als Frau mit Kind verzichte. Sich einzureden, auf nichts zu verzichten, darauf können wir verzichten. Und uns statt dessen auf den Weg machen, das giftige Gold von den Bildnissen der Mütter abzukratzen. Uns selbst zu finden. Unsere eigene Stimme wahrzunehmen und ihr zu vertrauen. Ein glückliches Leben ist eine beglückende Balance, und je älter wir werden, desto leichter fällt sie uns ... mit beiden Füßen fest auf der Erde.

Monika

Für mich war Frau Jungker von Anfang an uralt wie eine Großmutter. Dabei war sie damals wahrscheinlich so alt, wie ich es heute bin, also Mitte Vierzig. Ich stand im kalten Hausflur und wußte nichts mit mir anzufangen oder meine Eltern hatten mich mal wieder vor die Tür gesetzt, da fragte sie mich: „Ist dir langweilig?" Das hat mich ziemlich durcheinandergebracht. Erstens sagte meine Mutter, wenn ich Langeweile hätte, wäre ich selber schuld, mein Vater sagte, Langeweile würden nur die Dummen kennen, und wenn Erwachsene mich ansprachen, dann meistens, weil ich zu laut war oder einen Kaugummi ans Klingelschild geklebt hatte, oder ich wurde gefragt, wo meine Mami sei. Ich wußte, mit fremden Männern durfte ich weder sprechen noch gehen, doch von fremden Frauen hatte niemand etwas gesagt. Und so unterhielt ich mich mit Frau Jungker. Jeden Tag ein bißchen länger. Später habe ich auf sie gewartet.

Um halb fünf kam sie von der Arbeit. Schon bald bin ich mit in ihre Wohnung gegangen. Heimlich. Ich habe niemandem davon erzählt, weil ich Angst hatte, sie würden es mir verbieten. Frau Jungker war anders als alle anderen. Alle Frauen in dem Haus hatten kleine Kinder. Oder sie waren alt und bekamen Besuch von erwachsenen Söhnen und Töchtern, meistens mit Kindern. Frau Jungker war anders. Sie ging zur Arbeit, war immer sorgfältig gekleidet und kochte nicht gern. In Frau Jungkers Wohnung gab es Hunderte von Büchern. So viele hatte ich noch nie gesehen. Und Schallplatten. Und sie hatte keinen Fernseher, obwohl doch jeder einen hatte.

Frau Jungker ist vor ein paar Jahren gestorben, und als ich bei ihrer Beerdigung war, dachte ich, daß es Zeit für mich wäre, in ihre Fußstapfen zu treten. Ich wußte, ich will kein eigenes Kind, doch es gab stets eine Reihe von Kindern, an denen ich Anteil genommen habe. Ich wohne in einem Wohnblock, dessen Trostlosigkeit nur noch von der Trostlosigkeit des Wohnblocks meiner Kindheit übertroffen wird. Aber die Gegend ist schön, und die Miete ist billig. Ich glaube nicht, daß man in einem Wohnblock wohnen muß, um Kinder zu finden, die froh sind, wenn jemand sich wirklich mit ihnen beschäftigt. Mit ihnen, so wie sie sind, nicht so, wie sie sein sollen.

Ich mußte mich nie anstrengen, Kinder kennen zu lernen. Ich wohne erst seit einem Jahr in diesem Wohnblock, und die drei Mädchen, die mich seither mit Beschlag belegt haben, sind schon beim Einzug neugierig um mich rumgehüpft. „Wo ist dein Mann?" haben sie als erstes gefragt. Ich glaube, daß ich sagte: „Ich habe keinen", und das hat mich so richtig interessant gemacht. Ich bin davon überzeugt, daß man die Bereitschaft ausstrahlen kann, sich mit Kindern auszutauschen. Obwohl wir in einer Welt leben, die so kinderorientiert erscheint, habe ich den Eindruck, daß sie Kindern Platz wegnimmt und sie einengt. Kinderorientiert heißt effektive Förderung, effiziente Hobbys und so weiter. Es gibt den

Kindergarten, die Schule, die Hausaufgaben, das Ballett, den Fuß-
ballverein, die Kindergruppe und und und. Da ist wenig Zeit für
Freiräume. Aber nur in Freiräumen kann man sich entfalten. Und
das ist es, was ich sein möchte: ein Freiraum. Es ist viel Zeit ver-
gangen, seit ich neben Frau Jungker auf dem Sofa saß und sie fragte: „Haben Sie die Bücher alle gelesen?" Und ich fragte natürlich
auch: „Wieso haben Sie keinen Mann?"

Frau Jungker war wahrscheinlich keine Lesbe, so wie ich es
bin, aber für mich war es damals schon revolutionär, daß eine Frau
alleine leben konnte. Das hat mich beschäftigt. Das hat mir Möglichkeiten eröffnet, die nur mit mir zu tun hatten und den Rahmen
meines Elternhauses sprengten. Und ich merke deutlich, daß die
Art, wie ich lebe, meine drei kleinen Freundinnen sehr beeindruckt. Sie erobern sich ein Stück fremde Welt im Zusammensein
mit mir. Das betrachte ich auch als meine Aufgabe. Daß ich Seiten
im Bilderbuch des Lebens aufschlage, die bei ihnen zu Hause fehlen. Denn man kann nie alles in der Herkunftsfamilie finden.

„Wieso hast du so viele Steine in der Wohnung?" fragen meine
drei Freundinnen mich zum Beispiel. Ich erzähle von der Heilkraft
der Steine, und am nächsten Tag schleppen sie einen Pflasterstein
an, auf den sie alle drei gepinkelt haben. „Damit deine Niere nicht
mehr weh tut", sagen sie. Ich habe Tränen gelacht und darüber
ganz vergessen, daß meine Niere weh getan hat. Es ist egal, was
ich erkläre, es ist anders, als sie es von zu Hause kennen. Und ich
nehme sie anders wahr, als sie in ihren Familien wahrgenommen
werden.

Es ist eine Begegnung zwischen großen und kleinen Menschen.
Wir haben viel Spaß miteinander. Aber sie vertrauen mir auch
ihren Kummer an. Dann werden ihre Stimmen ganz dünn. Und ich
höre Sorgen, die sie ihren Eltern nicht erzählen. So kleine Sorgen,
unter denen sie manchmal fast zusammenbrechen. Es ist schön,
daß ich ihnen dabei helfen darf. Ich kann es wahrscheinlich nur,
weil ich nicht verstrickt bin in ihre Familiengeschichten und überhaupt für keinen Menschen ein Elternteil bin. Ich lebe sozusagen
im Freiraum.

Abends laufen sie nach Hause zu ihren Familientischen, und
ich muß nicht fragen: *Hast du deine Hausaufgaben gemacht?* Ich
muß keine schlechten Noten unterschreiben und mir Sorgen machen. Ich muß morgens nicht schimpfen, weil sie nicht aufstehen
wollen. Ich muß mich nicht abhetzen, um ihnen Essen zu kochen.

Ich habe Zeit für sie. Für sie, so wie sie sind. Im Freiraum. Wie Frau Jungker damals Zeit für mich hatte. Ich wünsche mir, sie wußte, was sie mir mitgegeben hat. Vielleicht konnte Frau Jungker nur so sein, weil sie selbst keine Kinder hatte.

Brot und Spiele

Wieso sollen eigentlich alle einer Meinung sein? Alle sollen Mutter sein oder nicht. Aber dann beschweren sie sich über das langweilige Fernsehprogramm, das keine Abwechslung bietet. Anstatt mal bei sich selbst anzufangen und dort Abwechslung überhaupt zuzulassen. Wenn alle Bäckereien nur normale weiße Semmeln verkauften. Wäre doch wirklich schade. Wo es Brezen gibt und Körner- und Mohn- und Kümmel- und Olivensemmeln.

Und manchmal kommt man in eine Bäckerei – und da gibt es gar nichts mehr. Und wenn man dann fragt, stellt sich vielleicht heraus, daß der Bäckermeister Vater geworden oder gestorben oder die Oma zu Besuch oder der Ofen aus ist oder sie im Lotto gewonnen haben. Und dann geht man wieder raus und hat zwar keine Semmeln, aber echt was erlebt. Und dann denkt man vielleicht: Ich wollte mich sowieso gesünder ernähren, und fragt die nächste Passantin nach einem Naturkostladen. Auf dem Weg dahin landet man bei Tengelmann. Und wen trifft man da?

Das ist das Leben.

Sabine

Ich habe lange gesucht, bis ich mein Gartenhäuschen gefunden habe. Es ist mein Traumhaus! Ich möchte nicht ausziehen. Müßte ich aber, wenn ich ein Kind hätte. Der Garten ist zu gefährlich mit dem Teich, und das Haus ist zu klein. Ich könnte auch nicht mehr Motorrad fahren. Kann das Baby ja schlecht in einen Beiwagen legen. Für die gibt es wahrscheinlich keine Kindersitze, außerdem will ich nicht mit Beiwagen fahren, da verhält sich die Maschine doch ganz anders. Und was mache ich im Winter beim Skifahren mit dem Kind? Und im Sommer beim Drachenfliegen? Wieso soll ich alles, was mir Freude macht, wegschmeißen? Nenn mir einen vernünftigen Grund, und wir reden weiter.

In die eigene Tasche ge(f)logen

Meine Freundin Mona ist mir geblieben, obwohl sie Hendrik zur Welt brachte. Doch so manche Freundin habe ich verloren, als sie ein Kind bekam – und oft glaubte ich zu wissen, auch sie selbst habe sich verloren. Mona war schon eine außergewöhnliche Frau. Sie war die erste sexy Schwangere, die mir begegnete. Trug hauteng schwarze Bodys und neongrüne Miniröcke. Dabei ging es Mona während ihrer Schwangerschaft nicht besonders gut. Sie hatte Probleme mit dem Vater des Kindes, mußte umziehen, ihr Opa starb, und sie hatte sich erst kürzlich selbständig gemacht. Während der Schwangerschaft blieb Mona dennoch Mona. Sie verwandelte sich nicht in einen Bauch, der ausschließlich mit dem vegetativen System à la Gerda Boyesen denkt. Mona verschlang keine Bücher über Schwangerschaft und keine Zartbitterschokolade, sie begann weder zu stricken noch einen Bauchtanzkurs für Schwangere, sie wurde weder religiös noch kapriziös, Mona blieb Mona. Mit zunehmender Schwangerschaft wurde Mona zu einer Frau, die schwanger war. Aber diese Schwangerschaft trug Mona wie eine Tasche, die sie auch hätte abstellen können, sie wurde nicht zu der Tasche, in die sie dann selbst stürzte. Die meisten meiner Freundinnen stürzten in die Tasche. Bei vielen geschah dieser Fehltritt so überraschend, daß ich es nie geglaubt hätte – geschweige sie selbst, sie waren dermaßen perplex, daß sie gar nicht merkten, daß sie gestolpert waren.

Meine Freundinnen waren oft nicht gern zu Hause, und was eine im Hauswirtschaftsunterricht lernt, war ihnen fremd wie Töten. Doch nun begannen sie zu stricken und zu backen und sammelten Kräuter, um Öle herzustellen, sie umgaben sich mit Duftlampen und Mozart, mit Kissen und Kerzen – sie bauten ein Nest. Sie waren nicht mehr daran interessiert auszugehen. Sie waren nicht mehr an der Welt interessiert. Egal was sie vorher begeistert hatte, jetzt bauten sie das Nest und nur das. Wenn wir uns trafen, meistens bei ihnen im Nest, fragten sie mich, ob ich gelbe oder lindgrüne Vorhänge wählen würde. Ich schaute sie an, als hätten sie jemanden getötet. Und das dachte ich auch. Ich dachte, daß sie sich selbst getötet hätten oder daß sie dabei waren oder daß etwas in ihnen steckte, das sie auffraß, langsam und schleichend. Es gibt eine Ameisenart, bei der fressen sich die werdenden Ameisen durch die Mutter. Der Mutterkörper wird immer brüchiger. Wenn das neue, süße, kleine Ameisenbaby reif ist, setzt es an zum letzten Biß, und dann bricht die marode Hülle Mutter auseinander. Mutter tot, Kind lebt. Doch hier starb keine Mutter. Sie wurde geboren. Mit dem Kind. Und was starb?

Manchmal fragte ich mich auch, ob hinter Gelb und Lindgrün nicht mehr steckte, als ich wahrnehmen konnte. War die Farbe des Vorhangs nicht von enormer Wichtigkeit, denn wenn der Vorhang sich hob, entstand eine neue Welt. Wenn ich schon bei der Anerkennung der Bedeutung einer Vorhangfarbe versagte, wie sollte ich dann die Bühne erkennen, die sich dahinter verbarg, ich sah ja nicht mal, was vor meinen Augen lag; oder war da nichts? Bildete ich mir nur ein, ich müßte etwas sehen? Des Kaisers neue Kleider?

Die erste schwangere Frau aus meinem Freundinnenkreis war Tania. Als sie mir sagte, sie wolle das Kind behalten, war ich einigermaßen verblüfft. Dann freute ich mich und war sehr gespannt, wie es weitergehen würde. Tania hatte gerade mit Bravour ihre Schauspielausbildung beendet und ein Engagement in Hamburg angeboten bekommen. Das würde sie noch schaffen, ehe man „es" sah. Dann würde sie das Kind bekommen, ein wenig pausieren, und dann würde sie sich weiter um ihre Karriere kümmern, die schon in zwei Zeitungsartikeln als vielversprechend gepriesen worden war. Arno, ihr Freund, den sie nicht heiraten wollte und der in der Theatertechnik arbeitete, würde sich soviel wie möglich um das Kind kümmern.

Vier Monate später lag auf Tanias Küchentisch die Frauenzeitschrift *Brigitte*, Tania häkelte Babymützchen, trank Gesundheitstee, auf der Anrichte stand eine Getreidemühle, und Tania erzählte mir seufzend, daß sie überhaupt keine Lust habe, die letzten beiden Wochen ihres Engagements in Hamburg zu spielen. „Aber Tania!" rief ich. Ich hatte sie während ihrer Ausbildung begleitet, mit ihr Blut und Wasser geschwitzt, Daumen gedrückt und stundenlang Texte abgehört, ich hatte ihre Hand durch alle Höhen und Tiefen gehalten, den Psychoterror an der berühmten Schauspielschule zu überstehen – aber Tania redete, als wäre das alles nichts, als wäre das ein Fehler gewesen, ihr ganzes Leben vor der Schwangerschaft ein Irrtum, und damit verletzte sie mich.

Sie fragte mich, wie ich mir als Kind vorgestellt hätte, wie mein Zimmer aussehen solle. Sie erzählte von Unterwassergeburten und zeigte mir eine Häkelanleitung. Als sie das Kochbuch auf den Tisch legte, weil sie sich jetzt auch anders ernährte, wurde mir endgültig schlecht. Natürlich freute ich mich darüber, daß Tania nicht mehr Stammkundin bei McDonalds und dem Kebapbertie um die Ecke war. Aber mußte sie es gleich so übertreiben und das tun, was uns bei anderen herzerfrischend amüsiert hatte: Getreide mahlen, Gesundheitstee trinken, Mützchen häkeln.

Am liebsten hätte ich sie geschüttelt: *Tania, was ist mit dir los? Wo bist du?* Aber das wagte ich nicht. Mein Stimme war leise, ich sprach mit meiner Freundin Tania wie mit einer Geisteskranken. Als ich mich verabschiedete, wußte ich nicht, ob sie geisteskrank war oder vielleicht ich, weil ich glaubte, etwas, das völlig normal war, sei eine Krankheit. Weil ich glaubte, ein Dämon säße in ihr und sauge ihr den Verstand aus dem Kopf.

Was für einen Verstand? fragte ich mich kritisch. Vielleicht waren mein Verstand und der von Tania, der nun verschwunden war, gar nichts Besonderes, vielleicht war Verstand nur Tand, und es war gut, wenn er verschwand, wenn das Wesentliche geschah: Eine Frau wurde Mutter?

Mit zunehmender Schwangerschaft trübte sich Tanias Blick. Immer milchiger wurde er. Zu Beginn hatte ich geglaubt, das würden wir zusammen durchziehen, so wie wir ihre Ausbildung und ein Menge unglücklicher Liebesgeschichten, unsere Träume und allerhand Blödsinn, überhaupt so vieles gemeinsam durchgezogen hatten. Aber ich merkte, daß das nicht möglich sein würde, denn wir waren uns fremd geworden. An meine Stelle waren andere Frauen gerückt. Schwangere Frauen aus dem Geburtsvorbereitungskurs und aus dem Wickelkurs und aus der zukünftigen Stillgruppe und der neu zu gründenden Krabbelgruppe. Da war kein Platz mehr für mich. Das, worüber wir zusammen gelacht hatten, interessierte Tania nicht mehr, sie verstand nicht mal mehr, mit was für komischem Zeugs sie sich früher beschäftigt hatte. Tania fand mich komisch. Das merkte ich deutlich an der Art, wie Tania, meine Freundin Tania mich ansah und welche Fragen sie mir stellte. Fragen, die sie mir früher niemals gestellt hätte. Ich erzählte von einem Buch, und sie fragte, ob ich nicht glaube, es gebe mittlerweile genug Bücher.

Und Kinder? fragte ich nicht. Ich fragte fast nichts mehr, denn ich nahm Tania nicht mehr ernst. Aufrichtig wäre es gewesen, sie nicht mehr zu besuchen, doch ich besuchte sie weiterhin – wie man eine alte Tante besucht, an der man irgendwie hängt. Ich war neugierig, wie es mit ihr und dem Kind und Arno weitergehen würde. Ehrlicher: sensationslüstern. Und ich hing an meiner Tania, der alten, der von früher, meiner Freundin. Außerdem war ich auf der Suche nach der Wahrheit. Hatte Tania sie entdeckt? Sah so die Wahrheit aus, die Frauen früher oder später entdeckten? Ich auch, eines Tages? Warum sollte es mir anders ergehen als Susie und Petra, das waren die nächsten, die in die Tasche stürzten. Konnten wir überhaupt etwas dagegen tun? Oder war das der Trieb? Wer konnte mir das sagen? Wie konnte ich das herausfinden?

Ich begab mich auf die Suche. Jahrelang trug ich Argumente zusammen. Sie halfen mir bei dem, was ich eigentlich suchte, kein bißchen weiter, doch das wußte ich damals nicht. Ich wußte nicht, daß ich mich auf die Reise zu mir selbst begeben hatte. Ich wußte nicht, daß ich zuerst Vorurteile, Meinungen, Suggestionen, Trends, Moden, patriarchale Strukturen, die Werbepsychologie, Lügen, kapitalistische Interessen und Bequemlichkeit aufstöbern mußte, ehe ich meinen persönlichen Weg, der unter diesem Schotter begraben lag, entdecken konnte. Ich dachte, ich suchte die Wahrheit. Ich dachte tatsächlich, es gäbe eine für alle! Ich lernte ...

Wie einfach früher alles gewesen zu sein schien! Früher, als man heiratete und Kinder bekam, ohne groß darüber nachzudenken. Kinderkriegen war wie Sterben. Niemand machte viel Aufhebens darum. Nicht um das Kriegen und schon gar nicht um die Kinder. Die Menschen waren nicht kinderlieber, als sie es heute sind, wenn sie ein Dutzend Kinder in die Welt setzten. Sie hatten keine Pille, und Kinder galten als Absicherung fürs Alter – heute können Kinder zuweilen zum Risiko für das Alter werden. Hohe Sterblichkeit, alltägliche Gefahren, Kriege – da war es sinnvoll, mehrere Kinder zu haben, denn niemals kamen alle durch. Das einzelne Kind war nicht so wichtig. Wer wollte sich gefühlsmäßig stark daran binden – wenn es vielleicht schon bald als „Engelchen" herumflog.

Jedes Kind brachte seine Arbeitskraft ein – auch die Kleinsten, die von den etwas Größeren beaufsichtigt wurden, hatten Aufgaben zu erfüllen. Kindheit als Paradies, als heiler Ort unbeschwerter Spiele und der Anspruch auf dieses Paradies, Kindheit als Sponsor der Spielzeug- und Kinderbedarfsmittelindustrie ist eine Erfindung der letzten Jahrzehnte, denn früher war die Kindheit auf das zarteste Kindesalter beschränkt. Und Erziehung beschränkte sich auf Elementarversorgung wie Einübung von Religion, Gehorsamkeit und eben Arbeiten – wie Philip Aries in seiner „Geschichte der Kindheit" eindrucksvoll darlegt.*

Als sich durch die Industrialisierung der Lebensraum und die Lebensbedingungen gravierend änderten, war die Familie nicht mehr der Hauptversorgungsort, sondern die Menschen, vor allem Männer, arbeiteten irgendwo „draußen", während die Frauen Haus und/oder Hof beaufsichtigten oder sich in den Städten – je nach Klasse – im Müßiggang übten oder als ausgebeutete Fabrikarbeiterinnen wenig Geld verdienten. Die Familie als Wirtschaftsgemeinschaft zerbrach, und es brauchte keine Kinder mehr, die die Wirtschaft in Schwung hielten, ganz im Gegenteil: Kinder belasteten. Töchter mehr als Söhne, weshalb sie in einigen Ländern noch heute abgetrieben und ermordet werden. Kinder aufzuziehen ist – finanziell gesehen – ein Verlustgeschäft. Derzeit kostet es bis zum 18. Lebensjahr des Kindes im Durchschnitt 365 204,09 Euro. Das kostete es damals nicht, vor allem nicht Euro, aber essen mußten sie auch, es gab keine Kindergärten, sondern Kindermädchen – die konnten sich nur wenige leisten. Dennoch habe ich den Eindruck, es müssen viele gewesen sein, denn in Filmen mit Stoffen aus dem 19. und frühen 20. Jahrhundert huschen Horden von Kindermädchen und Dienstmädchen in frisch gestärkten Schürzen durch palastartige Häuser, kümmern sich um aufgeweckte Kinder, die es paradiesisch schön haben, und sind nur manchmal unverstanden, meistens treue Seelen, ihrer Herrschaft ganz ergeben. Richtige Perlen eben, die auch nicht schwach wurden, wenn Derrick sie verhörte, sondern eher die Schuld auf sich nahmen, anstatt den Namen der Familie zu beschmutzen. Die, die nicht gefilmt wurden, haben oft nicht das große Los gezogen, sie kamen wie gesagt auch nicht ins Fernsehen, und damals war es noch nicht modern, Leid und schweres Schicksal zu zeigen, man hielt

---

* Ich möchte an dieser Stelle auf das im Anhang abgedruckte Literaturverzeichnis hinweisen. Insbesondere seien hier sämtliche Bücher von Elisabeth Beck-Gernsheimer sowie „Die Mutterliebe" von Elisabeth Badinter empfohlen, in dem historisch fundiert dargelegt wird, daß das angebliche dicke Band zwischen Mutter und Kind nicht naturgegeben ist, sondern Mutterliebe auch von sich wandelnden Lebensformen abhängt, die das jeweilige Mutterbild prägen, kurz: daß es sich bei dem so genannten Mutterinstinkt um einen Mythos handelt.

sich lieber ans Schöne, Gute, Heile. Die es also nicht ins Fernsehen geschafft hatten, wurden oft sparsamst gehalten, bekamen schlecht zu essen und auch Prügel – und mußten jederzeit auf sexuelle Übergriffe durch die männlichen Familienmitglieder, Väter, Großväter oder Söhne gefaßt sein. Erlitten sie eine Schwangerschaft, bewiesen sie damit ihre abgrundtiefe Schlechtigkeit und wurden zum Teufel gejagt. Viele landeten dann auch dort.

In manchen Epochen und Klassen hatten Frauen nichts bis wenig zu entscheiden. Nicht mal, welchen Mann sie heiraten würden – wenn sie überhaupt heiraten durften, denn dazu brauchte es oft eine amtliche Erlaubnis. Die wurde gern älteren Männern gegeben, die dringend Ersatz für ihre im Kindbett gestorbenen Frauen brauchten. Ältere Witwen suchten junge Handwerksgesellen zum Weiterführen des Betriebes. Junge Frauen und Männer bekamen zuweilen keine Heiratserlaubnis, weil das wenig Steuer einbrachte.

Die Heiratsregeln waren kompliziert und nach Dorf und Stadt und natürlich Klasse verschieden. Es gab unzählige uneheliche Kinder, unvorstellbar viele Frauen starben an Abtreibungsversuchen und an der Geburt, ledige Mütter wurden menschenverachtend drangsaliert. Sie hatten keine Chance, dabei bestand ihr Verbrechen nur darin, geliebt und dem vielleicht sehr penetranten Drängen eines Verehrers nachgegeben zu haben, vielleicht waren sie auch vergewaltigt worden.

Dies ist ein sehr trauriges Kapitel, das wir nicht vergessen sollten, da es die Folgen einer heute noch herrschenden Doppelmoral bis in die letzte Konsequenz – den Tod – aufzeigt.

In früheren Jahrhunderten heiratete man selten aus Liebe, eher aus rationalen Überlegungen. Schließlich suchte man den tauglichsten Partner für den Überlebenskampf. Auf gemeinsame Freizeitgestaltung wurde wenig Wert gelegt, die Freizeit war noch gar nicht erfunden, was sich auch darin beweist, daß auf keinem Gemälde des 19. und beginnenden 20. Jahrhunderts eine Fahrradfahrerin mit dem Aussehen eines Moskitos aus dem Weltall oder ein Handy oder ein Snowboard oder ähnliches zu sehen ist.

Der Mann entschied sich also für die Frau, und je nachdem, welcher Mann sich für eine Frau entschied, sah das Leben dieser Frau aus. War er Arzt, würde sie dafür sorgen, daß seine Kittel frisch gestärkt waren, und ihm zuhören, wenn er von seinen virtuosen Operationen sprach, beziehungsweise assistieren; war er

Zigarrenverkäufer, würde sie zur Fachfrau für kubanische Tabakspflanzen; war er Einzelhändler, würde sie die Regale im Laden abstauben und die Buchhaltung erledigen; war er Missionar, würde sie mit ihm nach Afrika gehen und den Eingeborenen Lesen und Schreiben beibringen; ach wie spannend war das Leben, wenn eine noch nicht wußte, was aus ihr werden würde. Ganz bestimmt hatte sie es nicht in der Hand, denn für ihr Aussehen und ihre Mitgift konnte sie nichts, Diskotheken und Fitneßstudios, wo sie hätte anbändeln können, wenn eine Frau allein hätte ausgehen dürfen, gab es nicht, da blieb nur der liebe Gott, dem sie ihr Glück anempfehlen konnte.

Stell dir vor, es ist Krieg. Keine Frau geht hin. Aber die Männer sind alle dort. Wer hält den Laden zu Hause in Schwung? Die Frauen, die Kinder, die Kranken, die Alten. Wer kümmert sich darum, daß nicht alles zusammenbricht? Die Frauen und die anderen. Wer erzieht die Kinder und bringt sie durch die harten Winter? Die Frauen. In solchen Situationen dürfen sie. Müssen dann die Trümmer wegräumen, die die Männer beim Kriegspielen haben herumliegen lassen. Taffe, tapfere Trümmerfrauen, zu Symbolen stilisiert, wie vorher die Mütter als Heldinnen. Dann kommen die Männer zurück aus der Kriegsgefangenschaft. Husch, husch ins Körbchen, sprich in die Küche mit den Trümmerfrauen.

Aber die wollen nicht. Sind richtig aktiv. Leicht überdreht. Viel zu engagiert. Fast schon aufmüpfig. Sind es gewöhnt, alles selbst zu regeln. Was tun wir bloß mit ihnen? Die brauchen eine Aufgabe, sonst randalieren sie uns noch rum. Das vertragen wir jetzt gar nicht, wo wir selbst angeschlagen genug sind und mit unserem Selbstwertgefühl kämpfen. Wir kämpfen so heftig damit, daß wir dringend jemand brauchen, den wir unterbuttern können. Habt ihr schon mal überlegt, liebe Frauen, wie schön es ist, Mutter zu sein? Und nicht nur schön. Sondern auch sehr, sehr verantwortungsvoll. Ihr erzieht die nächste Generation. Ihr bildet die Zukunft aus. Ihr tragt die erste Friedensgeneration in euren fruchtbaren Leibern. Na, wie klingt das?

Toll! Endlich werden sie anerkannt. Und sollen ausspannen dürfen. Ja, gern! Wir nähren die Zukunft! Wir sind Mütter! Wir sind Natur! Blieb ihnen auch nichts anderes übrig. Sie mußten sich mit dem arrangieren, was ihnen angeboten wurde, denn sie waren es nicht gewöhnt, Widerstand gegen Männer zu leisten, gerade die eigenen Männer, das waren doch die Guten! Einige wenige Frauen widersprachen. Einige wenige Frauen durchschauten die Strategie. Manche früher, andere später. Oder gab es gar nichts zu durchschauen? Frieden! Frieden! Nach so vielen dunklen, kargen Hungerjahren. Das Dach dicht. Ein neues Bett. Und jetzt machen wir alles ganz schön. Ganz sicher und fest und unumstößlich und glücklich. Mit Eierkuchen, goldgelb.

Ein paar Frauen riefen dazwischen: Nein! Das wollen wir nicht! Das haben wir doch gestern erst gehört. Muttersein ist heilig, wird mit Kreuzen belohnt, und die, die keine Kinder haben, sind entartet. Frauen als Gebärmaschinen, das kennen wir. Frauen als Felder, auf denen Munition wächst. Frauen tragen das Rüstungsgut in ihren Leibern. Das kennen wir. Wir haben sie doch gehört, die Rede vom Wochenbett, welches das Schlachtfeld der Frau sein soll und sie dem Manne ebenbürtig mache. Wir haben gehört, daß die Frau der Fruchtschoß des dritten Reiches sein soll. Wir haben es doch selbst fast geglaubt. Jetzt glauben wir es nicht noch einmal!

„Aber jetzt ist doch alles anders!" rufen die anderen. „Jetzt ist doch Frieden!"

„Ein Weltfrieden ist kein Hausfrieden!"

„Haarspalterei", sagen die einen. Und die anderen rufen, daß sie sich nicht einreden lassen, es sei das höchste Gut der Erde, sich um die Kinder zu kümmern, je mehr Kinder, desto besser. Ihr wollt uns doch nur zurückdrängen von dem, was wir uns erobert haben! Oder was ist es? Wir wollen nie wieder stolz darauf sein müssen, wenn unsere Söhne fallen. Das lassen wir uns nicht mehr einreden! Da könnt ihr uns ans Mutterkreuz nageln, und wir sind nicht stolz, sondern traurig und weinen so lange, bis ihr versalzen seid!

Die meisten Frauen zeigten sich – mindestens im Werbefernsehen und sobald Nachbarn zusahen – als glückliche Hausfrauen, und wenn die Gardinen weiß und der Kuchen locker und das Fleisch saftig waren, war die Welt in Ordnung. Die gute Hausfrau verdiente einen guten Mann. Die Kinder waren brav, und bald würde man sich vielleicht ein Auto leisten können. Waschmaschinen, Spülmaschinen, Einkaufsmöglichkeiten, Zentralheizungen – immer weniger zu tun im Haushalt. Hilfe! Noch mehr bügeln und eifriger bohnern und aufwendiger kochen. Suppe, Hauptspeise, Nachspeise. Trotzdem: Hilfe! Was tun! Die Kinder erziehen. Immer besser die Kinder erziehen. Verantwortungsvolle Aufgabe, die Kinder zu erziehen. Das sagen alle. Der Mann ist froh, wenn die Kinder wohlerzogen sind. Lobt die Frau. Für ihren Platz im Haus

bei Küche und Kindern. Manche Frauen arbeiten sogar. Ein bißchen. Halbtags und minderwertig. Ein Mann, der es nötig hat, daß
die eigene Frau arbeitet, ist kein richtiger Mann, weil er seiner
Aufgabe als Ernährer und Versorger nicht nachkommt. Weichei,
Warmduscher, Doppelnull, Dünnbrettbohrer. Deshalb muß ein
Ehemann seiner Frau erlauben zu arbeiten. Das ist im Gesetz der
Bundesrepublik Deutschland verankert. Bis in die 70er Jahre hinein. Das stört jene Frauen, die versuchen, sich einen Überblick zu
verschaffen über ihren Stand in diesem Land. Sie beginnen den
Kampf und ruhen nicht, ehe dieser Paragraph und so manch anderer, gut getarnter, der Frauen zu Menschen zweiter Klasse macht,
eliminiert ist. Gibt man ihnen den kleinen Finger, reißen sie einem
den ganzen Arm ab.

Die Frauenbewegung wird immer breiter. Die Frauen wollen
mehr als ein bißchen und minderwertig arbeiten. Wollen auf eigenen Beinen stehen und nicht abhängig sein von einem Gatten.
Wollen die Chance haben, Berufe zu erlernen, die sie interessieren. Wollen mehr sein als Verkäuferin und Friseurin und Kinder-
gärtnerin. Nicht nur eine Handvoll, die das durchboxt, ganz viele
wollen mehr. Das hat man davon, daß man ihnen Anfang des 20.
Jahrhunderts erlaubte, an der Universität zu studieren, und ihnen
das Wahlrecht einräumte.

Wie gesagt: Gibst du ihnen den kleinen Finger, reißen sie dir
den ganzen Arm ab. Alles gleichberechtigt wollen sie haben.
Haben, haben, haben. Kann man schlecht nein sagen, wenn es im
Grundgesetz verankert ist. Bitte. Sollen sie eben gleichberechtigt
sein, oder sollen sie es mindestens meinen. Wenn sie das erste
Kind kriegen, fallen sie sowieso zurück. Alles, was sie sich erobert
haben, werden sie aufgeben mit dem ersten Kind, und wenn sie
das merken, sind sie so frustriert, daß sie gleich das zweite kriegen, und bis dahin haben sie sich endgültig eingeredet, daß sie
glücklich sind. Sie werden das wahrscheinlich auch jenen sagen,
die es nicht glauben wollen und von einem selbstbestimmten
Leben träumen.

Sie werden unsere besten Anwältinnen sein. Wozu also groß
sich aufregen? Ihr eigenes schlechtes Gewissen wird sie an den
Platz verweisen, an den sie gehören, da brauchen wir gar nichts
zu unternehmen. Sie werden es gern und freiwillig tun und nicht
für ihre Rechte kämpfen, denn die haben sie doch – und die Kinder kriegen sie aus freiem Willen, also fast. Man darf ihnen nicht

zuviel Freiraum lassen, sonst treiben sie dauernd ab. Die Pille ist schlimm genug.

Zwischenfrage: *Wer ist dieses Wir, das da spricht?*

Zwischenantwort: *Ich weiß es nicht. Ich glaube, es ist eine Essenz aus Angst, die im Strom der Gesellschaft Spielball der Wellen wurde.*

Als die Pille auf den Markt kam, hatten die Frauen die Wahl. Damit begann eine Reihe von Problemen. Natürlich hatten die Frauen nicht die Wahl beziehungsweise nicht so, wie es auf den ersten Blick erscheinen mochte. Eine meiner älteren Freundinnen, die schon zu Beginn der 60er Jahre die Pille nahm – sie flog dafür nach London, wo das Medikament erhältlich war –, erzählte mir, Frauen, die die Pille genommen hätten, wären mit Huren gleichgesetzt worden. Kein Anstand, keine Moral. Also haben Huren keine Moral? Also haben Huren Spaß am Sex? Und Frauen müssen moralisch sein? Eine Frau ohne Moral ist eine Hure? Wer geht zu Huren? Haben diejenigen Moral? Nein, aber zu Hause brave Frauen, die Moral haben. Dann ist ja alles in Ordnung. Ob eine Frau will oder nicht, spielt nun erst recht keine Rolle mehr, denn sie kann ja nicht schwanger werden.

Die ersten Pillen waren hochdosierte Hormonhämmer. Macht nichts, Hauptsache, wir haben Spaß, Schatzi. Die Pille gab den Frauen die Möglichkeit, ihre Verhütung selbst in die Hand zu nehmen. Ruckzuck kam es zum Geburtenrückgang – in den industrialisierten Ländern seit den 60er Jahren des letzten Jahrhunderts. Gleichzeitig stieg der Wert der Kinder. Aber nicht, weil Kinder Mangelware geworden wären, sondern weil ihre Bedeutung sich stark verändert hatte – so wie das Leben der Frauen.

Kind oder Karriere? Karriere mit oder ohne Mann, mit oder ohne Kind? Mann mit Kind? Mann ohne Kind? Mann als Kind? Kind mit eigenem Mann? Mini oder Maxi? Alles ist möglich! Ach wie herrlich! Danke, ihr Kämpferinnen! Danke, daß ihr mir den Weg geebnet habt! Das Paradies! Jetzt muß ich mich nur noch entscheiden! Strebe ich eine Karriere an, oder will ich nur so ein bißchen vor mich hinarbeiten und viel Zeit zum Lesen haben? Will ich die Karriere jetzt und später die Kinder ... will ich überhaupt Kinder, wenn mir die Karriere Spaß macht? Und: Kann ich Karriere machen, wenn Vorgesetzte glauben, ich würde Kinder bekommen und mich somit für unzuverlässig, labil, hormongesteuert, untauglich, hysterisch halten? Brauche ich einen Mann für das Kind? Was mache ich, wenn das Kind behindert ist? Würde ich es dann auch wollen? Oder fahre ich lieber oft in den Urlaub und verzichte auf Kinder? Soll ich eine Fruchtwasseruntersuchung machen lassen? Bleibe ich zu Hause, wenn das Kind kommt? Wie lange? Kann ich dann noch Wasserski fahren? Soll ich Vegetarierin werden? Fragen, Fragen, Fragen. Alles ist möglich.

Ach, war das schön, als sich diese Fragen nicht stellten. Als alles wie von selbst dahinglitt. Als das Leben von Geburt an vorgezeichnet war. Als Tochter des Metzgermeisters heirate ich einen Metzgergesellen, noch besser den Sohn der konkurrierenden Metzgerei im Nachbarort, wenn es sein muß auch den alten Metzger, falls dessen Frau stirbt, und dann legen wir unsere Läden zusammen. Sonntags gehen wir in die Kirche, und zur Erntezeit helfen alle. Ich weiß, wohin ich gehöre, und auch wenn es dumm erscheinen mag, fühle ich mich dort geborgen. Eines fernen Tages werden sie über mich und meinesgleichen schreiben: Die vorgezeichneten Lebensläufe, die Selbstverständlichkeit des Fortgangs und das völlige Fehlen eines Beharrens auf Individualität ergaben ein starkes Gefühl von Zugehörigkeit.

Sie werden ziemlich klug daherreden über unsereins und froh sein, daß diese barbarischen Zeiten vorbei sind. Sie werden nicht schreiben, daß es ein schönes Gefühl ist, wenn man seinen Platz kennt. Und daß Frieden herrscht, wenn jeder auf dem ihm zugedachten Platz verharrt. Jeder denkt in dem ihm gesteckten Raum und niemals darüber hinaus. Geschieht das doch, dann meistens aus Leidenschaft und Liebe – und das endet nun mal, siehe Literatur und Film und Hörensagen, tragisch. Hätte es gehappyendet, hätte es sich niemand gemerkt.

Im Glauben fanden früher viele, finden heute immer weniger Menschen Geborgenheit. Er weist einen Platz zu. Egal, was geschieht, das höhere Wesen regiert nach seinem Plan, und dieser ist in Demut und Dankbarkeit als Prüfung anzunehmen. Heute, da alles um uns bröckelt und Werte sich rasend schnell wandeln, haben viele Menschen eine starke Sehnsucht nach Geborgenheit, zum Beispiel im Alkohol- und Drogenrausch, in Sekten, in Mutterkonzernen, im Glauben. Der liebe Gott aus Kindertagen ist in einer Welt, die sich den Anschein gibt, nur noch eine Haaresbreite von der Reagenzglasgesellschaft entfernt zu sein, ein Kaiser ohne Bedienstete. Viele wollen gern glauben, aber nicht mehr so geduckt wie früher. Nicht den Gekreuzigten wollen sie anbeten und nicht verzichten und geißeln und leiden, sondern aufrecht und stolz ihrem Gott ebenbürtig gegenüberstehen.

Da kommen die östlichen Religionen gerade recht. Die sind zwar auch kein Zuckerschlecken, aber der Buddha lächelt immerhin, und im Importgeschäft werden die Statuten zurechtgestutzt auf unsere Bedürfnisse und dann als gesegnete Fastfood-Hostien teuer an die Suchenden verkauft. Doch um sich wirklich zu wärmen am Feuer des Glaubens, muß die eigene Überzeugung groß sein. Da ist es vielleicht erfolgversprechender, eine Familie zu gründen. Da hat man auch was zum Kuscheln. Machen wir uns unser Jesuskindlein selbst. Bauen wir unser Nest und polstern dort alles heil und geborgen und wunderbar.

Aber das funktioniert nicht mehr so richtig. Die Rollen sind nicht mehr eindeutig. Die Frauen – wir erinnern uns: reichst du ihnen den kleinen Finger, reißen sie dir den ganzen Arm ab – stellen plötzlich das, was jahrhundertelange Tradition hat, in Frage: *Wieso soll ich beim Kind bleiben?*

Weil du die Milch hast, sagen die Männer.

Aber du hast die Milchpumpe erfunden, sagen die Frauen.

Das ist nicht natürlich, sagen die Männer.

Aber die Milchpumpe ist ein technisches Gerät, und das kann ich nicht bedienen, sagen die Frauen.

Es ist anstrengend, sein Leben selbst zu gestalten und dabei mit zunehmenden Anforderungen konfrontiert zu sein. Während es früher reichte, ein Apfelbäumchen zu pflanzen, ein Häuschen zu bauen und ein Kind zu zeugen, muß heute fast jeder etwas Besonderes sein, also auch jeder etwas anderes und dabei gleichzeitig der Beste. Und das weiter, schneller, höher. Da kommt doch Sehnsucht auf nach den herrlichen Zeiten, als man vielleicht davon überzeugt war, in den Himmel zu kommen, oder zu wissen, daß man in die Fußstapfen seiner Väter und Mütter treten würde. Als man sich umarmen lassen konnte von der Zugehörigkeit zu einer Sippe. Kürzlich sagte eine 25-jährige Bauerstochter zu mir: *Das wissen wir doch schon seit dem Krieg, daß Marchmellos bei Hitze schmelzen.* Mit „wir" meinte sie sich selbst als Teil ihrer Familie, die seit Hunderten von Jahren auf einem bestimmten Fleck Erde wohnt. Diese junge Frau sagt von sich: *Wir werden nicht alt. Höchstens fünfundsechzig werden wir. Das ist so bei uns in der Linie.*

Es würde mir gerade mal im Traum einfallen, so zu sprechen, als wäre ich mit einem Ganzen verbunden auf Gedeih und Verderb. Ich könnte sprechen von gewissen Einflüssen oder Veranlagungen. Und selbstverständlich hätte ich das Gefühl, gegen diese Einflüsse und Veranlagungen könnte ich etwas unternehmen, schließlich bin ich ein Individuum und verantwortlich für mein Leben, egal welche Sippe in mir rumspukt.

Wichtig ist heutzutage auch, keinen Fehler zu machen. Fehler zu machen ist überhaupt der Hauptfehler. Es sollte dir nicht passieren, Baby. Und wenn sie nachsichtig lächelnd sagen, daß man nun mal Fehler macht, dann lügen sie. Und wenn sie sagen, es sei noch keine Meisterin vom Himmel gefallen, dann triumphieren sie. Also mach keine Fehler. Und das schneller, höher, lauter. Du kannst alles haben. Wenn es suboptimal läuft, bist du selber schuld. Hast du die falsche Wahl getroffen. Immer unterwegs. Und so große Sehnsucht. Nach Beständigkeit. Kinder sind sehr beständig. Hoher Stressfaktor über Jahre. Aber beständig.

Das Leben lebt sich nicht mehr einfach so dahin und herzlichen Glückwunsch allen, die ohne große Katastrophen durchgekommen sind. Das Leben ist ein Projekt, und man hat sich voll zu engagieren, um es wirklich erfolgreich zu Ende zu bringen. Deshalb ist es so wichtig, die richtige Wahl zu treffen. Wofür möchte man sich engagieren? Und diese Wahl ... was wählen wir eigentlich? Wir wählen nicht, was in uns angelegt ist, sondern was die Bilder, die wir außen sehen, in uns geweckt haben. Also das süße Kind, die glückliche Familie, die schlanke tolle Frau – das sind Zielvorstellungen, die uns vorgaukeln, es sei so einfach. Nur Versager schaffen es nicht. Schlank und schön und Karriere und Kind und Mann und sonntags Segeln, ganz relaxed. Ich will so bleiben, wie ich bin. Tolle Werbung. Schöne Frau, schwunghafter Gang. Aber wie ist sie so geworden, wie sie ist/ißt, die arme bedauernswerte Kreatur. Wie oft hat sie nein gesagt zu Vorspeise, Hauptspeise, Nachspeise – oder ja gesagt und dann Vorspeise, Hauptspeise und Nachspeise von sich und ihren Nachbarinnen der freundlichen Toilette am Ende des langen Ganges übergeben.

Diese miteinander konkurrierenden Lebensentwürfe haben zu einer weiteren Konkurrenz geführt: der gegen sich selbst – oftmals in Gestalt eines Mutter-Kind-Konflikts. Allerdings nicht wie bei Schneewittchen, sondern: Die eigenen Bedürfnisse an das Leben und die persönliche Entfaltung und die des Kindes ergänzen sich nicht, sondern konkurrieren miteinander – und das nicht mit den sanftesten Methoden.

In all diesen Jahren, in denen ich unterwegs war, die Wahrheit zu suchen, und allmählich begriff, daß ich mich selber suchte, kamen weitere Kinder von Freundinnen und Bekannten zur Welt. Ich wurde Zeugin, wie Gundula, die keinen Kontakt mehr zu ihrem Elternhaus hatte, weil sie die Erziehung ihres Vaters nur mit Mühe überlebt hatte, nun aus Sachzwängen heraus ihr Kind eben diesem Vater und dieser Mutter, die nie etwas gesehen hatte, anvertraute, die natürlich ganz anders geworden waren. Ich wurde Zeugin, wie Gundula, die es einigermaßen geschafft hatte, sich von ihrer geschlagenen Vergangenheit zu befreien, sich rückverwandelte in das kuschende Kind ihrer Eltern und vor Dankbarkeit überfloß, daß die Eltern sich um ihr Kind kümmerten, und deshalb alles schluckte, denn wie sollte sie sonst ihren Alltag schaffen mit einem zweistündigen Arbeitsweg? Gundula nickte, wenn der Vater auf den Erzeuger des Kindes schimpfte, den Gundula liebte, und die Mutter schwieg, doch im Schweigen und Wegsehen nickte sie, ein Taugenichts war der Erzeuger. Ich sah, daß das Kind die Hände bettelnd aneinanderschlug, wenn es trinken oder essen wollte, dressiert wie ein Pudel, aber Gundula zuckte mit den Schultern: „Was soll ich denn machen?“ War das noch die Gundula, die ich früher gekannt hatte? Und wie ging es ihr?

„Wie geht es dir, Gundula?“

„Ach, man macht sich keine Gedanken, Hauptsache, man funktioniert irgendwie.“

„Es steht dir ein Kindergartenplatz zu, Gundula. Dir würde überhaupt sehr viel zustehen, wenn du willst, gehen wir zusammen auf die Ämter und erkundigen uns. Daß deine Situation so ausweglos erscheint, liegt natürlich zum Teil an den herrschenden Strukturen, die Frauen mit Kindern benachteiligen. Aber bestimmt gibt es Möglichkeiten. Hast du schon mal versucht, einen besser erreichbaren Arbeitsplatz zu finden?“

„Ach laß mal. Das wird schon irgendwie.“

„Aber du bist doch nicht glücklich!“

„Glück“, sagte Gundula in einem Ton, der mir Gänsehaut machte.

Andere waren weniger hilflos, doch auch sie waren verstrickt in Erwartungen und Abhängigkeiten – angewiesen auf Fremdbetreuung der Kinder, damit sie ihren Alltag irgendwie managen konnten. Aber deswegen haben sie doch kein Kind gewollt, dachte ich, um dann durchs Leben zu hetzen und dauernd das Gefühl zu haben, sie hätten zuwenig Zeit für das Kind.

Ich will mir gar nicht ausmalen müssen, wie tiefschwarz sich mein schlechtes Gewissen in einer solchen Situation verfärbte, es könnte sich sofort neben eine vierzigjährige Raucherlunge legen, und die beiden würden sich gleichen wie ein Ei dem anderen. Je mehr ich hetzte, desto weniger Ruhe hätte ich, mich um das Kind zu kümmern, und ich hätte alles ganz anders machen wollen, ich habe es mir so schön erträumt – aber dann bin ich aufgewacht.

Da die wenigsten Menschen soviel Geld zur Verfügung haben, sich eine Haushaltshilfe zu leisten, pflegen manche aus „Sachzwängen" (Kind) den Umgang mit Mitmenschen, die sie eigentlich gar nicht so gern haben, wie sie vorgeben. Oder sie geben es nicht vor, sondern glauben es schon selbst. Hauptsache, das Kind ist aufgeräumt.

Ich wurde Zeugin vieler solcher Spagate. Sie befremdeten mich, und die Kunstturnerinnen taten mir leid, denn es ist nicht angenehm, auf Dauer im Spagat zu leben. Nach und nach reißt es eine dabei nämlich entzwei. Zuerst nur ein paar Muskelfasern, mikroskopisch klein, aber mit Schmerzen verbunden, und dann reißt immer mehr, und dann ist eine nur noch halb und merkt es aber nicht, weil die Hülle ja noch ganz ist.

Deshalb ist die Diagnose auch so schwierig. Vielleicht laufen Millionen Frauen durch unsere Städte und Wälder, die innerlich zerrissen sind – aber niemand kann es sehen, weil außen alles tippi-toppi in Ordnung ist. Ich wußte und weiß keine Alternative. Vielleicht könnten spezielle Röntgengeräte erfunden werden, die das Ausmaß der Zerrissenheit aufdeckten, doch das wäre noch keine Therapie, und da die meisten Forscher Männer sind, möchte ich auch bezweifeln, daß sie erstens Interesse an solchen Aufdeckapparaten hätten und zweitens, selbst wenn es sie gäbe und die fähigen Männer hindurchblickten, ob sie dann sehen könnten, was unübersehbar ist, oder ob sie zu einem abweichenden Befund kämen, zum Beispiel: Die Sehnen und Gelenke sind zu schwach, deshalb ist alles zerrissen, typisch weibliches Fahrgestell, alles viel zu instabil und zart ausgelegt, das alte Lied, ein Konstruktionsfehler.

Obwohl alle meine Freundinnen vor ihrer Mutterschaft selbständige und finanziell unabhängige Frauen waren, hatten sie nun die Ganztagsmutterschaft gewählt. Wenn sie nicht sowieso alleinerziehend waren und „nebenbei" arbeiteten, machten sie nun gemeinsame Kasse mit dem Vater des Kindes, wenigstens vorübergehend, sagten sie. Jede noch so kleine Aktion mußte langfristig geplant werden. Und dann konnte es erst recht passieren, daß das Kind krank wurde oder schlecht drauf war, und sie blieben besser daheim. So ist es nun mal mit Kindern. Ja, dachte ich. So ist es. Und sie haben es sich so ausgesucht. Aber deswegen muß ich das doch nicht tun. Ich mache meinen Freundinnen doch nicht alles nach, wenn ich ihnen auch mehr nachgemacht habe, als gut für mich war.

Ich habe es gern und fühle mich wohl, wenn etwas reibungslos funktioniert. Wieso soll ich mich plötzlich wohlfühlen, wenn alles im Chaos absäuft? Ich bin überzeugt, daß manche meiner Freundinnen und Bekannten frustriert davon waren, daß sie nichts mehr zu Ende bringen konnten. Das mußten keine großen Projekte sein. Sie fingen vielleicht an, ein Fenster zu putzen, da schrie das Kind. Und die Lauge trocknete, und das halbe Fenster sah schlimmer aus als vorher, und sie konnten jeden Tag auf die verschmierte Scheibe starren und denken, gleich, später, morgen, aber zwischendurch war die Wäsche dran, und die war auch wichtig, und dann war es außerdem gleich sechs, und der Laden um die Ecke schloß, und sie hatten noch nichts eingekauft. Wo war dieser Tag geblieben? Er war durch den Abfluß gezischt wie die Tage zuvor. Eben erst hat sie sich gefragt, wo der heutige Tag geblieben ist, da ist er schon gestern. Und wieder hat sie keine Zeit gehabt, einmal richtig pädagogisch mit dem Kind zu spielen, warum eigentlich nicht, dauernd war irgendwas, aber was, und beim Finanzamt hat sie auch nicht angerufen, aber morgen. Und morgen muß sie das Fenster und die Betten und einkaufen.

Und so schiebt sie alles vor sich her, und der Berg wird immer größer, und dann bleibt ihr nichts anderes mehr übrig, als sich abzuwenden. Und es gibt nicht nur diesen einen Berg, der keine große Bedeutung hat, der allerdings verhindert, daß die anderen Berge, die bedeutsam sind, erklommen werden können: Mal wieder ausgehen. Mal eine Freundin treffen. Oder wenigstens anrufen. Mal ins Kino gehen. Mal ein Buch lesen. Mal einen Babysitter nehmen und mit dem Mann ausgehen. Mal wieder etwas Schönes zum Anziehen kaufen. Allein einen Stadtbummel machen. Sich die Zehennägel lackieren. Mal wieder Haare färben. Oder gar zum Friseur! All das ist nicht zu schaffen. Und was ist es schon wert? Es gibt doch auch noch den anderen Berg: Sich mehr um das Kind kümmern. Mit dem Kind öfter rausgehen. Mit dem Kind in einen

Schwimmkurs. Sich darum kümmern, welcher Kindergarten der beste ist. Ein Buch über Waldorfschulen lesen.

Ich habe viele Mütter kennen gelernt, deren Leben nur noch aus Abbrüchen bestand, allen voran der ganz große Abbruch der persönlichen Interessen, die geopfert wurden. Für mich war dies unvorstellbar. *Aber wenn du erst mal in der Situation bist, kommst du bestimmt damit zurecht.* Sicher. Ich komme mit jeder Situation zurecht. Aber ich muß mich doch nicht in jede Situation bringen!

Natürlich gibt es Menschen, die mit solchen Abbrüchen gut umgehen, die ihnen vielleicht sogar etwas abgewinnen können, anstatt sich davon stückchenweise abgebrochen zu fühlen. Das sind vielleicht solche, die nicht das Gefühl haben, sie müßten alle zurückrufen, die ihnen auf Band gesprochen haben. Aber wenn man dazu neigt, in klaren Verhältnissen leben zu wollen, was auch ohne Kinder eine Herausforderung bedeutet, ist es schwierig.

Ja aber, höre ich da eine innere Stimme, die ich damals oft hörte. *Ist es nicht besser, du lernst das? Ich finde, wenn du das nicht kannst, mußt du es lernen. Der Berg besteht nicht aus den unterbrochenen Tätigkeiten der anderen, der Berg symbolisiert deine eigene Unfähigkeit, deine starren Regeln und Normen und Verhaltensweisen, die du aus Angst vor dem Leben und der Spontanität hortest und dann auch noch als besonders solide und gefestigt zu verkaufen versuchst. Du willst keine Überraschung in dein Leben hineinlassen, und deswegen lebst du auch nicht richtig, du redest es dir nur ein. Du und deine hemmungslose Angst vor Kontrollverlust.*

Na und, sage ich heute. Ich will eben nicht. Und ich brauche keine Erklärungen und Entschuldigungen. Ich habe meinen Weg gefunden, und darauf ist kein Platz für ein Kind. Wir müßten uns beide zu sehr einschränken. Ich würde das Kind vom Weg abdrängen oder es mich. Ich bin lieber selber spontan von Zeit zu Zeit, als daß ich mir Spontanität von anderen diktieren lasse.

Aber das sind doch nur öde, schnöde Gedanken! Du hast keine Ahnung, wie es sich anfühlt, wenn dein Kind dein Leben durcheinanderwirbelt. Wie glücklich es dich macht, wenn die Wäscheberge sich bis zu den Heizungsrohren stapeln. Denn das alles sind Zeichen dafür, daß dein Kind lebt. Dein Kind hat in die Hosen geschissen und über die T-Shirts gekotzt. Das sind Äußerungen seines Lebens. Eines Lebens, das du hervorgebracht hast. Ist das nicht wunderbar?

Nein.

Das sagst du nur, weil du es nicht fühlen kannst.

Na und? Muß ich es fühlen? Ich muß doch auch nicht fühlen, wie es ist, mit gebrochenem Bein abzuwaschen oder Rad zu fahren, muß nicht unbedingt fühlen, wie es sich anfühlt, wenn mein Mann stirbt, ich bei der Beichte bin, muß keine Nahtoderfahrung haben und auf keinem ohne Sauerstoff bestiegenen Achttausender mein Geschirrtuch hissen. Ich kann es mir vorstellen, wenn es mich interessiert, und da ich mit Fantasie gesegnet/gestraft bin, vertraue ich, daß ich es mir ziemlich gut vorstellen kann. Wenn ich mich täusche, macht das nichts, Hauptsache, ich selber glaube an meine Visionen.

Der Vorteil daran ist, daß ich nicht ständig an einer der gefährlichsten Krankheiten unserer Zivilisation teilnehme: dem Wettbewerbswahnsinn. Alles muß höher, schneller, weiter als gestern noch geschehen. Die Gefühle müssen noch tiefer, tiefst, intensivst, impulsivst sein und roter und greller und heller als die der anderen, es müssen die Höchstgefühle floaten, überall, immer auf Vollgas, aber das totally layed back und selbst in der Entspannung in Höchstform und absolutest relaxt, und vor allem muß man alles haben. Alles, was es gibt, egal ob man es braucht, ob es gefällt, paßt oder nicht, aber alles haben gehört dazu und das bitte schneller, höher, weiter, stärker, fester, besser. Bloß nichts, bitte auf keinen Fall und bloß nichts versäumen.

Je sicherer ich mich in meinem Leben fühlte, je klarer es mir wurde, daß ich mich selbst versäumte, wenn ich glaubte, ich versäume das Leben, sobald ich nicht krasser, nasser, wasser mitmachte, desto offener konnte ich die Frauen fragen: *Wie geht es dir im Spagat?* Und sie sagten entweder: *Das ist halt so.* Oder sie sagten, sie machten sich keine Gedanken. Oder sie freuten sich, endlich mal einer wirklichen Herausforderung begegnet zu sein. Oder sie sagten, daß die Fähigkeit zum Spagat in ihren Ausstattungskit integriert sei. Oder sie fragten: *Welcher Spagat? Siehst du hier einen Spagat?* Oder sie hatten eine Religion um ihre Mutterschaft herum aufgebaut. Als unverstandener Jesus hingen sie im Kreuz ihres Alltags, niemand kapierte, was sie leisteten, sie zerbrachen fast und taten Übermenschliches. Eines fernen Tages würde ihnen dieser Dienst am Nächsten vergolten. Denn die sie quälten, waren Kinder und wußten nicht, was sie taten.

Viele dieser Mütter konnte ich überhaupt nicht verstehen. Sie priesen das Glück der Mutterschaft euphorisch, als verkauften sie

Waschmittel in einem Werbespot. Automatisch wurde auch der Ton lauter, wie es eben ist, wenn der Werbeblock beginnt, damit er auch noch gehört wird, wenn die Klospülung rauscht. Die Mütter mußten aufdrehen, weil sie sich selbst ihr großes Glück um den Leib schlagen mußten. So laut wie möglich. Oder hatte ich sie nur dazu provoziert, indem ich mich schwerhörig stellte? Sie hatten einen Rund-um-die-Uhr-Job – wenigstens während der ersten Jahre, und oft kam ja dann, wenn das erste Kind aus dem Gröbsten raus war, das zweite. Rund um die Uhr auf dem Sprung. Innerlich angespannt. Aber natürlich empfanden sie das nicht so, was mir wiederum schleierhaft war, so wie es ihnen schleierhaft war, daß ich leben konnte ohne, und mir war schleierhaft, wie sie es schafften, die unglaublichsten Dinge mit dieser zwanghaften Freude zu tun.

Das ist etwas, das mich mit am meisten gestört hat an vielen von ihnen. Dieser Zwang zum unwiderruflichen, unveränderbaren, ein für allemal endgültigen Leibseeleglück dank Mutterschaft. War denn das so anders als in jenen Zeiten, von denen meine Mutter mir erzählte? Muttersein darf nicht anstrengen, sondern muß Freude und Vergnügen pur sein, und wenn es das nicht ist, dann stimmt etwas nicht mit dir.

Dann stimmt etwas nicht mit dir. Vielleicht war das überhaupt der Schlüsselsatz in jenen Jahren. Denn in jedem Gespräch, das ich mit Müttern führte, fragte ich mich insgeheim: Stimmt etwas nicht mit mir?

Ich bin noch nie in meinem Leben begeistert kreischend in einen Kinderwagen gesprungen.

Ich habe es noch nie toll gefunden, wenn mich die Außenwelt nicht mehr interessierte und ich mich in den eigenen vier Wänden verkroch, ganz im Gegenteil, das wertete ich, dauerte es länger als ein Woche, als Alarmsignal, denn ich erlitt in solchen Phasen eine Krankheit, die ich als Schrumpfung bezeichne. Viele Frauen kennen dieses Gefühl, klein und durchsichtig zu werden. Selbstverständlich kann dies auch als Vorstufe zur Erleuchtung gelten, zulassen, klein zu werden und noch kleiner und unsichtbar und schon gleich nicht mehr da. Sich nicht mehr so wichtig nehmen. Keine Wünsche mehr haben. Einfach loslassen. Alles. Auch sich selbst und was einst von Bedeutung war. Was ist es denn schon? Ist doch nur Haschen nach Wind. Und noch ein bißchen weniger, und schwupps ist eine schon mit ihrem Spülmittelkonzentratfläschchen verschmolzen.

Ich war rhetorisch und verbal immer viel zu schwerfällig und plump und geistig träge, um für dieselben Dinge täglich neue Umschreibungen und vor allem Argumente zu finden. Man macht sich lächerlich als Elternteil, wenn man das Zähneputzenmüssen mit einem Argument aus der Gesundheitspolitik begründet. Genauso unpassend erschiene es mir, auf die Methoden meiner Eltern zurückzugreifen, die solche Diskussionen, die vielen Eltern heute schlaflose Nächte bereiten, gar nicht erst aufkommen ließen. Das ist nicht demokratisch.

Es geht hier nicht um Synonyme für Zähneputzen, was eine leichte Übung wäre, es geht um die sinnvolle Begründung. Sage ich beispielsweise zu einem Mädchen, das sieht nicht hübsch aus, wenn du später mal mit fauligen Zahnstümpfen lächelst, mache ich eine Tussy aus ihr. Sage ich es zu einem Jungen, raube ich ihm seine Männlichkeit, denn ein echter Mann legt doch keinen Wert auf so was.

Dann legt auch keine Frau Wert auf dich.

Na und. Küssen ist doof.

Wer hat hier von Küssen gesprochen?

Ich gehe sowieso ins Kloster. Oder ich werde schwul.

Glaubst du, Schwule küssen nicht?

Fehler! Falsche Altersgruppe. Wenn du nicht Zähne putzt, darfst du keinen Flipper sehen ... gibt es den noch? Nein, wahrscheinlich nicht. Heute gibt es den Fernseher im Kinderzimmer. Aber keinen Flipper mehr im Wohnzimmer? Kurz: Mir fehlt von Beginn an das Talent und der Einfallsreichtum, um als Erpresserin erfolgreich zu sein. Doch nur die wirklich taffen ErpresserInnen sind erfolgreiche Elternteile. Denn die meisten, die allerhand probieren, landen schlußendlich doch bei der Erpressung. Wenn – dann. Egal, wie sehr sie sich vorgenommen haben, keine kriminelle Laufbahn einzuschlagen, Kinder treiben in den Untergrund.

Was mir ferner fehlt, ist die Geduld. Ich bin einfach nicht so weit wie die erlaucht erleuchteten Eltern, die aus einfachen Sätzen wie *Geh ins Bett, schüttle dein Kissen, wasch die Hände* ein Mantra gemacht haben, das sie gebetsmühlenartig Tag für Tag in unzähligen Wiederholungen herunterleiern, bis sie ganz leer sind, bis sie nicht mehr wissen, wer sie sind, bis sie an das Wesen der Dinge gelangen: das große Nichts. Und das alles, ohne die Stimme zu erheben, im stets gleichen Tonfall und ohne jegliche Erregung. Einfach nur wie das Atmen. Ein und aus.

Ich bin auch an meiner Aufgabe als soziales Mitglied eines Wohnblocks oder einer Siedlung oder eines Dorfes gescheitert, mir kein steht Kind zur Seite. Kinder knüpfen die Fäden des sozialen Netzes. Von Haushalt zu Haushalt, von Schaukel zu Rutsche arbeiten Kinder daran, die anonyme Zivilisation human zu gestalten.

Da prozessieren die Meiers, deren Peter den Ball bestimmt nicht auf den Kopf von der blöden Babsie geworfen hat, denn Peter ist ein Junge, und Jungen können werfen, gegen die Hubers, die etwas fortschrittlicher denken und argumentieren, auch Jungen müßten Werfen üben ... man lernt sich kennen. Man erfährt, daß die Nachbarn zwei Stockwerke höher keine Vorräte in den Küchenschränken haben, was die Nachbarn rechts nachts so treiben – sie legen sich auf- und reiben sich aneinander –, man kann einen anregenden und neidvollen Wettbewerb genießen, welches Kind das hübscheste, klügste, geschickteste und so weiter ist. Das alles bringt die nötige Farbe, die Lebendigkeit in unsere öden, grauen Wohnsilos. Worüber sollte man sich unterhalten, gäbe es nicht Kinder und Hausmeister und Kindergeschrei und verdreckte Sandkästen. Ohne Kinder wäre das Leben arm, ganz ohne Gesprächsstoff. Was haben wir uns denn schon noch zu sagen? Eben. Kinder helfen uns, uns mitzuteilen. Sie bringen Menschen auseinander und zusammen – das ist die Dynamik, die wir so notwendig brauchen, die wir so schmerzlich vermissen und die uns das wunderbare Gefühl gibt, es menschle wieder ein wenig zwischen uns.

Und außerdem – dies zum vorläufigen Ende dieser Stimmung: Ich kann mir nicht vorstellen, daß sich ein Großteil meiner Gespräche auf Wörter wie Furzkanone, Knallfrosch, Drucki machen, Stinki machen und so weiter beschränkt und ich sage: *Da hast du aber ein schönes Furzi gemacht, du kleiner süßer Knallfrosch.* Vor allem kann ich mir nicht vorstellen, davon begeistert zu sein, daß mein Knallfrosch besser knallt als der der Nachbarin und ich als Beweis für die Durchschlagskraft der eigenen Stinkbombe anführe, daß man die Fürze meines Knallfrosches durch die Wand riecht, während die des Knallfrosches der Nachbarin nur durchs geöffnete Fenster schwach und fade schmeckend wahrgenommen werden können.

Ja, aber das sagst du doch alles, weil du es dir nicht vorstellen kannst. Wenn du in der Situation wärst, würdest du es wunderbar finden. Glaube mir. Das ist so. Das ist in der Natur so angelegt. Sonst würde etwas nicht stimmen bei dir.

Ja, mit mir stimmt was nicht. Ich kann das heute sagen, ich kann es sogar hinschreiben. Stimmt was nicht mit mir. Gerne sogar. Was für eine Auszeichnung! Mit mir stimmt was nicht! Wenn ich mir die Gesellschaft so ansehe, bei der alles stimmt, die sich mit kalorienfreier Limonade und fettreduzierten, würzig krossen Chips auf das Sofa vor den Fernseher legt und genüßlich nascht, während zuerst die Leichen aus den Nachrichten, also die echten, und dann die aus den Filmen, also die falschen, in das Wohnzimmer hineinbluten. Aber mit denen stimmt alles.

Da habe ich doch überhaupt nichts dagegen, wenn bei mir was nicht stimmt. Wenn ich nicht esse, während ich das sehe. Und angenommen, ich sei eine Disharmonie von Zeit zu Zeit. Das gefällt mir gut. War viel zu lange unhörbar im harmonischen Einklang. Dachte, das gibt mir Halt, und da bin ich gut aufgehoben. Merkte dann: wahrscheinlich für andere. Nicht für mich selbst. Lernte meine Stimme hören und lernte sie einzusetzen. Tonleiter rauf und runter. Richtig und falsch. Falsch und richtig. Hauptsache, der Klang meiner Symphonie stimmt. Den höre nur ich. Und bin natürlich überzeugt, sie sei Teil eines großen Werkes. Das muß ich heute keinen anderen beweisen. Aber früher glaubte ich, ich müßte beweisen, daß die, die glaubten, bei ihnen stimme alles, dies nur glaubten, weil sie einer Gehirnwäsche zum Opfer gefallen waren, die ihnen weismachte, daß das Glück der Erde in den Windeln der Kinder liege. Das zu verkaufen, ist ein Kinderspiel dagegen, überzeugende Argumente zu finden, warum Zähneputzen unverzichtbar ist.

Früher zum Beispiel. Als die Menschen noch keine Zahnbürsten hatten.

Da hat es aber auch keine Schokolade gegeben.

Dann eß ich eben keine mehr.

Vorhin habe ich von Tania erzählt, der ersten schwangeren Frau, die in meinem Leben passierte. Ich ließ sie mit geschwollenem Bauch irgendwo stehen. Ich möchte entbinden: Tania bekam eine Tochter, wollte nicht mehr als Schauspielerin arbeiten, weil das doch alles nur Show war. Arno arbeitete soviel, daß er Tania und Tochter nur mehr am Wochenende sah, aber sie brauchten Geld, schließlich trug Tania kaum zum Unterhalt bei, und dann heirateten sie, obwohl sie es nie gewollt hatten, es kriselte schon bei der Hochzeit, und als die Tochter ein Jahr alt war, zog Arno aus, und Tania setzte ihre Ausbildung als Schauspielerin beim

Sozialamt in Bares um. Dazwischen habe ich sie immer mal besucht. Sie fragte: „Was machst du so?"

„Ich bin gerade dabei, ein ..."

„Ui kuck mal, wie süß sie schaut."

„Ja. Sehr süß. Also ich wollte sagen, daß ..."

„Weißt du, wenn sie diesen Blick aufsetzt, dann könnte ich sie glatt auffressen."

„Aber dann hättest du sie ja nicht mehr. Also, ich wollte ..."

„Ja. Weißt du, das ist auch ganz schrecklich. Wenn ich mir vorstelle, sie wäre ... wäre nicht mehr da." Tania schluchzte. Ich rückte näher zu ihr und streichelte ihre Hand.

„Mal dir doch nicht so was aus!"

„Doch! Das würdest du auch tun, wenn du lieben würdest. Man hat dann diese Angst."

„Vielleicht", sagte ich.

„Wie geht es dir eigentlich mit ihm?" fragte Tania. Sie hatte den Namen vergessen, und ich war schon so verletzt, daß ich ihn ihr nicht mehr verraten wollte.

„Ihm geht es gut."

„Arbeitet er noch da?"

„Er hat noch nie da gearbeitet."

„Sabinchen, nicht! Nicht eideimachen an der Tante du! Entschuldigung. Stell dir vor, was sie gestern gemacht hat. Ich beim Einkaufen, räumt sie dieses Display aus, an der Kasse, du weißt schon."

„Ah ja?"

„Und wie geschickt sie das gemacht hat. Aus der wird bestimmt mal eine tolle Handwerkerin. So toll machst du das, gell mein Sabinchen klein."

„Vielleicht wird sie auch eine erstklassige Diebin?"

„Nein, bestimmt nicht. Du solltest mal mitkriegen, was für ein Gerechtigkeitsempfinden die hat, das ist wirklich unglaublich!"

„Und wie geht es Arno?"

„Er spielt so nett mit der Kleinen. So süß ist das. Unbeschreiblich."

Irgendwann stellte ich meine Besuche bei Tania ein. Ich besuchte Susie oder Petra oder andere. Die meisten Freundinnen, die ein Kind bekamen, habe ich verloren. Oder sie haben mich verloren. Allerdings konnte ich das damals nicht so sehen. Ich fühlte mich geopfert und glaubte, unter einem Verlust zu leiden, den sie anscheinend nicht erlitten, erstens hätten sie sich sonst anders benommen, und zweitens hatten sie ja was dazubekommen, waren nun zu zweit, hatten das Kind gegen mich getauscht, während ich weiterhin ohne war. Unsere Wege hatten sich getrennt.

Heute weiß ich, daß Weggabelungen Chancen sind. Für die Menschen, die mich verlassen, die ich verlasse, rücken neue nach, die ich nun, die mich nun wieder ein Stück begleiten. Und es ist logisch, daß ich mich am liebsten in der Gesellschaft solcher Menschen aufhalte, die meine Lebensthemen teilen. Die anderen, die fremden – für mich die Nur-noch-Mütter – sind Bereicherungen für andere Lebensentwürfe. Ich tausche mich mit ihnen gern von Zeit zu Zeit aus. Doch ich habe sie nicht zu meinen hauptsächlichen Begleiterinnen erwählt.

Früher machte mir Vergänglichkeit von Freundschaft Angst. Ich glaubte an Freundschaft für immer. Liebe zerbricht. Die wahre Freundschaft reicht bis in die Ewigkeit. Ich glaubte an die beste Freundin und an die Freundschaft bis ins Rentenalter. Ich wollte gern mit meinen Freundinnen auf Bänken in der Abendsonne sitzen, über die Jugend lächeln und lästern und meine Sätze beginnen lassen mit *Weißt du noch?* In dem Augenblick, in dem meine Freundinnen Kinder bekamen, wurden sie zu Verräterinnen. Sie wollten das Weißt-du-noch nicht mehr mitspielen. Sie verstießen mich. Ließen mich allein und hilflos im Alter zurück – und das verzieh ich nicht. Sie würden ihre müden Knochen an Enkeln wärmen können – und ich!?! Gerade da, wo es aufeinander ankam, verdrückten sie sich.

Erst später habe ich begriffen, daß wir uns gegenseitig verließen. Daß auch sie sich verraten fühlten. Und daß Freundschaft auf ewig möglich ist – wenn man sich viel Platz läßt. Enge taugt nicht für die Ewigkeit. Schau in den Himmel. Wir müssen loslassen und Freiheit gewähren, um so sicher zu sein, wie es Sicherheit eben gibt im Leben, und das ist sowieso ziemlich wenig. Heute weiß ich auch, daß mich manche der zu Müttern gewordenen Frauen langweilten. Es interessierte mich nicht mehr, worüber sie sprachen. Sie konnten mich nicht zum Brennen bringen. Sie forderten mich nicht mehr heraus. Es war nicht anregend, mit ihnen zusammenzusein. Ich langweilte mich in ihrer Gesellschaft.

Wahrscheinlich langweilten sie sich auch in meiner Gesellschaft. Denn das, worüber ich sprechen wollte, interessierte sie nicht. Ich forderte sie nicht mehr heraus. Es war nicht anregend für sie, mit mir zusammenzusein. Also trafen wir uns selten. Es war nett, die Geschichten von den Kindern zu hören und mit den Kindern zu spielen. Für sie war es vielleicht nett, die Geschichten von dem Leben ohne Kinder zu hören. Das reichte in großen Abständen. Und letztlich besuchte ich nicht mehr die Frauen, sondern eine mir fremde Lebenssituation. Es war ein bißchen, als ginge ich ins Kino und sähe einen Film aus einem fremden Land mit mir völlig fremden Gegebenheiten. Ich versetzte mich ein bißchen hinein, und dann war der Film aus, und ich war froh, daß ich nicht in diesem Film leben mußte, sondern in mein Leben zurückkehren durfte. Ich wußte natürlich, daß ich – wenn ich mich wirklich in das fremde Leben hineinversetzen und mir Zeit geben würde, mich auch zurechtfände – aber wieso sollte ich das?

Rückblickend erinnere ich mich nur an zwei Frauen mit Kleinkindern, mit denen es möglich war, ein normales Gespräch zu führen, bei dem nicht die meisten Sätze nach der Hälfte in einem Stammeln über das Wunder Kind endeten. Oder diese Frauen nagelten mich mit Wörtern regelrecht fest. Kaum saß ich, kaum hatten sie mir eine Tasse Kaffee serviert, begann der Wörterfall. Ich kam mir vor wie eine Besucherin in der Einzelhaft. Ich sollte mir anhören, was die andere tage-, wochenlang aufgespart hatte. Oft beschwerten sie sich über Mütter auf dem Spielplatz, die nicht zuhören konnten und/oder nur über ihre Kinder sprachen. Auch die, dachte ich, Opfer der Einzelhaft. Mir wurden fast nie Fragen gestellt. Das wertete ich als Gleichgültigkeit. Vielleicht wollten sie aber auch bloß nichts wissen von der Welt da draußen, zu der ich gehörte. Vielleicht mußten sie ihre Sehnsucht danach kleinhalten, und anstatt sich auszutauschen, wählten sie den Weg des Abschneidens. Deshalb durfte ich in ihre vier Wände vieles nicht hineintragen, es war gefährlich, feindlich.

Oder hatte ich sie so geschickt provoziert, daß sie genau das sagten, was ich hören wollte, was dem Bild entsprach, das ich mir von ihnen machen wollte? Denn hätten sie mir erzählt, sie läsen keine Bücher, hätte ich gedacht, sie wären dabei zu verblöden. Und hätten sie mir erzählt, sie läsen viel, hätte ich gedacht, sie nutzten ihre armen Männer oder den Sozialstaat für die persönliche Freizeitgestaltung aus. Hätten sie sich ausnehmend gut und modisch gekleidet, wären sie gänzlich verflacht. Hätten sie sich gehen lassen, wäre dies ein Zeichen für ihren auch innerlichen Verfall. Egal, wie sie sich benahmen, es war nicht wiedergutzumachen, daß sie den Fehler begangen hatten, Mutter zu werden. Sie waren mir in den Rücken gefallen.

Würde ich genauso werden, wenn? Wahrscheinlich. Auch wenn ich es mir überhaupt nicht vorstellen konnte. Das mußte wohl so sein. Ich wollte nicht so werden. Ich wollte nicht, daß sich mein Leben total veränderte, denn so, wie es war, gefiel es mir gut, und ich hatte hart daran gearbeitet, es genau so zu gestalten. Wieso sollte ich es wegwerfen, eintauschen gegen etwas, von dem ich nicht überzeugt war? Andererseits merkte ich es selbst wahrscheinlich gar nicht, wenn ich so würde.

Wieso ist das so? Viele Jahre habe ich nicht verstanden, warum das so sein mußte, warum die Frauen nicht auch meine Freundinnen bleiben konnten und wir voneinander lernten.

„Gib ihnen drei Jahre", sagte meine kluge Schwester. „Laß ihnen diese drei Jahre, um nur Mutter zu sein. Um sich völlig dem Leben mit dem Kind hinzugeben. Lenk dich in der Zwischenzeit ab mit dem Krieg zwischen Hundehalterinnen und Müttern von Kleinkindern. Nach drei Jahren sind die meisten von ihnen wieder bei Sinnen. Sie sind nicht mehr die, die sie vorher waren. Aber sie sind wieder Frauen und laufen nicht mehr als Handtaschen herum, in denen sich vom Schnuller bis zur Windel alles befindet, worum ihr Leben kreist. Aber diese drei Jahre mußt du warten. Wendest du dich schon nach zwei Jahren resigniert ab, wirst du nicht mitbekommen, wie sie zu sich selbst zurückkehren, verändert zwar, aber wieder als Ansprechpartnerin, und sehr interessiert und neugierig, wie das Leben bei den anderen weitergegangen ist. Denn nun suchen manche von ihnen Anknüpfungspunkte an ihr altes Leben. Sie haben mehr Zeit, es gibt kein Erziehungsgeld mehr, die Kinder sind im Kindergarten, und sie machen sich vielleicht Gedanken, wie die Zukunft aussieht, wenn das Kind in die Schule, in die Pubertät, in sein eigenes Leben zieht."

Bärbel

Ich habe kein Kind. Okay. Meinetwegen verzichte ich darauf. Na und! Ich verzichte auch darauf, Fallschirm zu springen, obwohl es mich echt weiterbringen könnte. Und ich verzichte darauf, eine Weltreise zu machen und mit zwei Männern oder einer Frau ins Bett zu gehen, ich verzichte darauf, umzuziehen und ein Haustier zu halten. Ich könnte stundenlang erzählen, worauf ich verzichte. Aber niemand fragt mich das. Niemand fragt: Warum verzichtest du darauf, als Entwicklungshelferin zu arbeiten? Warum verzichtest du darauf, Sport zu treiben? Sie fragen nur, warum ich auf ein Kind verzichte. Als wäre das etwas Besonderes. Sie meinen, es wäre zwingend notwendig zu gebären. Es liege in der Natur der Frau. Bin ich ein Tier? frage ich da. Und die, die immer so wahnsinnig viel Wert darauf legen, daß wir uns von den Tieren und besonders von den Affen unterscheiden, die Tiere essen und quälen, die finden dann plötzlich, daß ich ein Tier bin. Und es tun muß. Aber hat schon mal jemand ein Tier gefragt, ob es vielleicht nicht doch lieber die Pille nehmen würde? Natürlich nicht. Denn wir brauchen die Tiere, damit wir sie aufessen können.

Ein Interview

Fragt mich die Frau am Ende des Gesprächs: „Haben Sie Kinder?"
    „Wieso fragen Sie mich das?" frage ich.
    Sie ist verunsichert.
    „Würden Sie mich das auch fragen, wenn ich ein Mann wäre? Würden Sie einen Mann, den Sie am Telefon in seiner Eigenschaft als Krimiautor interviewen, fragen, ob er Kinder hat?"
    „Ich weiß nicht."
    „Wenn ich sage, ich habe drei Kinder, denken Sie: Wie kann die gute Krimis schreiben, das ist doch eine Hausfrau, die das als Hobby betreibt, wahrscheinlich besucht sie Schreibkurse an der Volkshochschule, und ihre Leichen versteckt sie in der Tiefkühltruhe. Und wenn ich sage, daß ich keine Kinder habe, bin ich eine karrieregeile Emanze. Ist es so?"
    „Ich weiß nicht."
    „Ich weiß auch nicht, ob es für Sie so ist, aber für mich ist es naheliegend."
    „Hera Lind hat auch Kinder und schreibt!"
    „Eben. Das ist das beste Beispiel."
    „Wofür?"
    „Das überlasse ich Ihnen."

Lisa

Sie findet die Fragestellung falsch. Hier werden doch nur Konzepte ausgetauscht. Es geht um: Willst du dies oder jenes? Mein Weg ist es, gar nichts zu wollen. Es kommt, was sein soll. Und ich pfusche da nicht hinein. Demut! Uns allen fehlt Demut! Ich kann das doch nicht entscheiden, will ich einen anderen Menschen oder nicht und dann auf dem Schachbrett das Leben hin und herschieben. Bin ich Gott? Wenn sich ein Mensch ankündigt, wenn eine Seele zu mir möchte, dann habe ich das anzunehmen. Da brauche ich keine Meinung. Es ist doch nur, weil wir alles festhalten und alles haben wollen, auch Meinungen und Bilder. Ohne das wären wir im Fluß, und dann brauchte es die vielen Wörter, die du in deinem Buch geschrieben hast, nicht.

Früher Nachmittag

Die Kaffeekannen und Kuchenbleche waren leer und die Grillkohle fast ganz aufgebraucht, obwohl noch niemand grillen wollte. Die anwesenden Männer hatten es nicht sein lassen können. Wir würden also später den Grill mit Holz anheizen. Es kursierten ein paar Witze über Männer, die anscheinend immer grillen mußten, das wußte ich nicht und ließ mich aufklären, daß Männer zeitweise einen Hang zum zwanghaften Zündeln zeigen.

Mona erzählte, sie habe im Radio gehört, Männer hätten früher auf der Jagd Feuer gemacht, deshalb grillten sie so gern. Annette sagte, das Feuer habe nicht zum Arbeitsbereich der Männer, sondern zu dem der Frauen gehört. Auf einmal hatte sich ein Grüppchen gebildet – ohne Männer, weil die sich jetzt um Holz kümmerten –, das hitzig Argumente ins Feuer warf.

„Auf der Jagd waren doch keine Frauen dabei!"

„Glaubst du, die warteten daheim auf die Männer?"

„Natürlich! Sie haben gehofft, daß die Männer Fleisch bringen!"

„So wie sie heute darauf warten, daß Männer anrufen, oder?"

„Wahrscheinlich wurde das Handy von einer Frau erfunden, die einen Wohnungskoller hatte."

„Frauen haben nicht nur gewartet! Sie haben Kräuter und Pflanzen gesammelt und Kleintiere erlegt!"

„Das habe ich auch gelesen. Deswegen gehen Frauen angeblich so gern einkaufen. Weil das noch in ihnen steckt vom Sammeln. Deshalb horten Frauen so gern Sonderangebote."

„Klar, alles, was Frauen tun, ist negativ. Männer machen Feuer, toll. Und gehen auf die Jagd, toll!"

„Was soll daran negativ sein, wenn Frauen auf Sonderangebote achten?"

„Eine Frau, die Sonderangebote hortet, kompensiert. Mit der stimmt was nicht. Sie ist frustriert. Wahrscheinlich klaut sie auch. Ein Mann, der Sonderangebote kauft, ist klug und geht planvoll und weitsichtig vor."

Allgemeines Kichern.

„Übrigens war die Jagd nicht wirklich wichtig, sondern ein Hobby. Zu jagen war eigentlich viel zu risikoreich. Es gefährdete die Gruppe. Außerdem dauerte es zu lange. Tagelang waren die Männer weg. Auf die Jagd bereiteten sie sich mit tage- und nächtelangen Ritualen vor. Und wenn sie dann wieder zurück waren, wurde das wochenlang gefeiert. Sehr effektiv!"

„Sollten sie nichts erbeutet hatten, ließen sie sich von ihren Frauen trösten, die die besten Bissen, die sie gesammelt hatten, für ihre Helden zurücklegten ..."

„Im Tierreich jagen männliche Tiere bis auf wenige Ausnahmen nicht für den Nachwuchs und die Weibchen. Da jagen die Weibchen für sich selbst und versorgen auch noch ihren Nachwuchs."

„Ich kenne eine Studie, nach der der Jagdtrieb des Mannes von seiner Suche nach Geselligkeit kommt. US-Anthropologen haben bei der Beobachtung von Schimpansen in Uganda ..."

Gelächter der ganzen Gruppe.

„...von Schimpansen in Uganda", genüßliches Wiederholen, „herausgefunden, daß die Jagd in erster Linie der Kontaktpflege gilt. Das gemeinsame Verspeisen der Beute unterliegt einem festen Ritual, das die freundschaftlichen Beziehungen der männlichen Affen untereinander stärkt."

„Da können sie die Weibchen dann erfolgreich im Verbund unterdrücken."

„Daß du alles immer gleich so männerfeindlich siehst!"

„Ich bin nicht männerfeindlich, ich verschließe meine Augen nur nicht vor der Wirklichkeit!"

„Immerhin ist es schön, daß Männer auch mal mit Affen gleichgesetzt werden, nicht nur immer Frauen. Der Mann ist Mann, weil er zum Mann sozialisiert wurde, die Frau ist Frau von Natur aus."

„Das stimmt doch gar nicht! Frauen werden zu Frauen gemacht! Das wissen wir doch seit ..."

„Ich habe eine interessante These gelesen, warum Männer lebenslänglich und Frauen lediglich bis zur Menopause fruchtbar sind", unterbrach ich. „Die weit verbreitete Meinung lautet, daß die Frauen jung, sozusagen in Saft und Kraft stehen sollen, wenn sie Mutter werden. Zum einen sei dies für die körperliche Gesundheit von Mutter und Kind vorteilhaft, zum anderen sollten die Kinder die Chance haben, so lange wie möglich mit ihren Müttern zusammenzusein. Das würde aber bedeuten, daß Väter gänzlich überflüssig sind. Mit achtzig können sie ein Kind zeugen und in den letzten Zuckungen verenden – wer braucht schon einen Vater! Konservative Männer finden diese These vielleicht reizvoll, da sie sie zum Spender reduziert und ihnen jegliche Verantwortung abnimmt. Wenn man gläubig ist und Spenden somit als höchste Erfüllung betrachtet, dürfte diese Art der Spende die einzige sein, die voller Lust gegeben wird."

Keine lachte. Wahrscheinlich hatte ich zu schnell gesprochen. Langsamer fuhr ich fort: „Ich weiß nicht, ob es so wichtig ist, daß Mütter noch mindestens zwanzig, dreißig Jahre lang das Leben ihrer Kinder begleiten. Heute würden wir das damit begründen, daß wir die in unserer Kindheit gezüchteten Neurosen später mit einem lebendigen Du klären können. Das ist aber nicht nötig. Mal abgesehen davon, daß das lebendige Du widersprechen kann und nicht so handsam ist wie das internalisierte – es ist außerdem auch eine Erfindung der Neuzeit, denn vor der Entdeckung des Unbewußten und der Bedeutung der Kindheit für die psychische Entwicklung hat sich darüber bestimmt niemand Gedanken gemacht. Was ist mit all den Kindern, deren Mütter im Kindbett starben? Aber damals wußten Kinder noch nicht, daß sie ihren Eltern später Vorwürfe machen können für das in der Kindheit erlittene Leid, und das war oft um einiges schlimmer als das, was heute aufgezählt wird. Ich sage nur: schwarze Pädagogik. Wegen der geringeren Lebenserwartung wäre es früher oft nicht möglich gewesen, die Eltern zur Rechenschaft zu ziehen. Ich habe die These gehört, daß es die Menopause gibt, weil in primitiven Gesellschaften Frauen gebraucht wurden, die unabhängig von der Versorgung eigener Kinder arbeiten konnten. Wenn die Männer auf der Jagd waren und die Frauen mit den Kindern im Lager blieben – und vielleicht noch alte Männer, die aber zu gebrechlich waren, um der Gruppe zu dienen – wer kümmerte sich um Alte, Kranke, Frauen mit Säuglingen und Kleinkindern, die keine Nahrung sammeln konnten? Wer versorgte die Sippe? Denn ob die Jagd erfolgreich war, das war die andere Frage. Man geht heute davon aus, daß die Menschen sich damals hauptsächlich von der kontinuierlichen Sammeltätigkeit und nicht vom erjagten Fleisch ernährten. Fleisch fiel mal an – aber eben nicht immer. Man konnte sich nicht darauf verlassen."

„Typisch Mann", rief Silke dazwischen.

„Eine vergleichbare Versorgerrolle übernehmen heute oft Großeltern. Aber sie sind verwandtschaftlich gebunden, während es in den früheren Gesellschaften egal war, wer zu welcher Blutgruppe gehörte. Die älteren Frauen waren verantwortlich, und das war gut so. Hätten sie selbst bis zu ihrem Tod ein Kind nach dem anderen geboren, hätten sie der Sippe nicht beim Überleben helfen können."

„Hey, das ist toll!" rief Annette. „Ich mag Kinder sehr gern. Ich finde, sie bereichern ein Leben ungemein. Aber eigene Kinder wollte ich nie. Ich bin der Meinung, es gibt schon mehr als genug Kinder auf der Welt. Ich habe eine ziemlich große Familie", erklärte Annette den Frauen, die sie nicht so gut kannten wie ich. „Mit einundzwanzig bin ich zum ersten Mal Tante geworden – und dann ging es Schlag auf Schlag. Übrigens immer abwechselnd: Junge und Mädchen. Derzeit habe ich sieben Neffen und sechs Nichten. Um einige von ihnen habe ich mich von Anfang an gekümmert. Ich habe sie übers Wochenende eingeladen und bin mit ihnen in den Tierpark, ins Kindertheater, ins Kino – sie waren natürlich begeistert von den tollen Wochenenden mit ihrer Tante. Jedes Wochenende hätte ich das nicht gewollt, aber zweimal im Monat Tante sein, das hat mir viel gebracht – und den Kindern auch. Jetzt sind sie in der Pubertät, wir gehen zu Rockkonzerten oder in die Disko. Sie reden mit mir anders als mit ihren Eltern. Ich nehme sie anders wahr, als meine Geschwister es tun, die in ihrer Erzieherrolle festsitzen. Meine Nichten und Neffen sind mir sehr wichtig – und ich glaube, auch wenn ich nicht verwandt wäre mit ihnen, würde ich gern Kontakt zu ihnen halten. Es ist zum Teil meine Aufgabe, mich um sie zu kümmern. Ich denke, ein Mensch ohne Kind legt mehr Wert auf Individualität. Das tut den Kindern gut."

„Ich habe auch zwei Nichten und einen Neffen", sagte Silke. „Sie interessieren mich überhaupt nicht. Es reicht mir, wenn ich sie

Weihnachten und an Geburtstagen und Familienfesten sehe. Das ist einfach nicht meine Welt."

„Hast du Kinder?"

Silke schüttelte den Kopf.

„Aber dann wären diese Nichten doch eine Chance für dich, mit Kindern Umgang zu haben!"

„Muß ich das? Als mein Bruder und meine Schwester Eltern wurden, dachte ich zuerst, ich kümmere mich ein bißchen darum. So komme ich zu einem Kind, ohne daß ich selbst eins kriegen muß. Das wollte ich sowieso nie. Dafür liebe ich meinen Beruf zu sehr."

„Was machst du?"

„Ich bin Bühnenbildnerin. Und dann habe ich also die Babys gesehen, sie waren ganz putzig, aber ich konnte nichts mit ihnen anfangen. Ich habe sie alle zwei Monate besucht und fand es niedlich, und wenn ich wieder ging, dachte ich, ich sollte öfter mal vorbeischauen. Aber ich hatte eigentlich nicht das Bedürfnis. Es war mehr die Idee: Ich bin Tante, irgendwann werde ich mit ihnen in den Tierpark gehen. Dann waren sie Kleinkinder, dann kamen sie in den Kindergarten – und ich war eine Fremde für sie. Ich habe es versäumt, mich ihnen zu nähern. Ich habe immer geglaubt, eines Tages würde ich was mit ihnen anfangen können, eines Tages würden sie mich begeistern. Der Tag ist nie gekommen. Also mußte ich einsehen, daß ich eine Rabentante bin. Ich hätte die Chance gehabt, meine Rolle als Tante auszufüllen – doch es hat mich eben nicht so gereizt wie andere Unternehmungen. So habe ich mich von der Rolle verabschiedet. Meine Schwester und meinen Bruder habe ich damit bestimmt verletzt. Irgendwann mal dachte ich, jetzt bin ich die Erbtante Silke. Wahnsinn! Solche Gestalten gibt es doch nur in Büchern und Filmen, und um sie herum weht ein gruseliger Hauch von Bittermandel. Jetzt bin ich selbst eine solche Erbtante, und wenn ich weiterhin so fleißig Geld verdiene und kein Testament hinterlasse, werden diese Kinder eines Tages alles erben. Ist das nicht verrückt?"

„Vermißt du nichts?" fragte Annette. „Mir würde sehr viel fehlen, wenn ich keinen Kontakt zu Kindern hätte."

„Ich muß doch nicht zu allem, was mich umgibt, Kontakt finden! Ich habe auch keinen Kontakt zu Soldaten oder zum katholischen Frauenbund oder zu ..."

„Du bist ganz schön rigoros", mischte Mona sich ein. „Hast du dich schon mal gefragt, ob du nicht eigentlich wegläufst?"

„Wovor?" fragte Silke gereizt.

„Vor dem eigenen inneren Kind zum Beispiel", erwiderte Mona.

„Dann ist mir das auch egal! Ich meide dann eben mein inneres Kind, wie ich meinen inneren Soldaten meide – und ich lebe damit besser, was dich wiederum nichts angeht."

Jemand zupfte mich am Kleid. „Hast du irgendwo Zahnstocher?" Unwillig drehte ich mich um.

„Komm mit", sagte ich zu Brigitte und ging voran zum Haus.

„Du, wer sind die Komischen mit dem Kinderwagen unter dem Apfelbaum?" fragte Brigitte.

„Helene und Achim und ihr Kind", sagte ich, öffnete einen Küchenschrank und war in Gedanken noch bei der Erbtante Silke.

„Sie haben mich angepflaumt, weil der Rauch meiner Zigarette zu ihrem Kinderwagen gezogen ist."

Ich grinste.

„Wieso findest du das lustig?"

„Weil Helene bis zu ihrer Schwangerschaft sechzig Zigaretten pro Tag geraucht hat."

„Dann hat ihr die Mutterschaft ja gut getan", sagte Brigitte und zog eine Augenbraue hoch, wofür ich sie bewunderte. Ich konnte das nicht. Jedesmal, wenn ich es bei anderen beobachtete, wollte ich es üben. Dann vergaß ich es wieder. Brigitte nahm nicht nur einen Zahnstocher, sondern das ganze Gefäß mit nach draußen.

Helene, Achim und ihr Kind saßen, wie Brigitte gesagt hatte, unterm Apfelbaum. Helene war bis vor einem Jahr meine Lektorin gewesen. Eine aufmerksame, liebevolle, warmherzige und sehr intelligente Frau, deren trockener Humor so manches grammatische Problem in Lachen aufgelöst hatte. Helene und Achim waren seit fünf Jahren zusammen und wollten Ende Dreißig ein Kind. Helene wurde Mitte Dreißig schwanger. Schwangerschaft und Geburt verliefen unkompliziert, und die Tochter, Selena, war ein ruhiges Kind, das nachts schon bald durchschlief und so selten schrie, daß man sich freute, wenn es sich überhaupt äußerte.

Ich besuchte Helene einige Male. Helene konnte nicht mehr richtig sprechen, sondern nur hauchen. „Ich bin so glücklich", hauchte sie. Oder: „So glücklich war ich noch nie in meinem Leben." Sie erkundigte sich ein bißchen nach Intrigen und Verhältnissen im Verlag, ich berichtete und erfand, doch es machte keinen Spaß, denn Helene interessierte sich nicht wirklich dafür. Dennoch fühlte ich mich nicht gekränkt davon, daß sie ihre Arbeit, die zum Teil auch meine war, nicht mehr als Nabel der Welt betrachtete. Und ich dachte auch nicht, daß Helene mit dem Kind Wesentliches leistete, während ich ohne Kind nur vor mich hinwurschtelte, kommt eh nichts dabei raus.

Du, Helene, hast dich so entschieden, ich habe mich anders entschieden. Keine von uns braucht ein Recht dazu. Keine von uns ist auf der richtigen Seite. Wir beide sind – jede für sich – auf ihrer richtigen Seite.

Ohne Vorbehalte drückte Helene mir Selena in die Arme, ich hielt das Kind, war fasziniert von diesem kleinen, feinen, schon kompletten und so zarten Lebewesen und vereinte mich in andächtiger Demut mit Helene in der Betrachtung von Selena.

Dann verabschiedete ich mich bald. Denn was gab es noch zu sagen? Daß es nichts zu sagen gab, war nicht schlimm, wir hatten nett beieinander gesessen und Kuchen gegessen. Nach zwei bis drei Malen Gottesdienst mit Helene um Selena fragte ich mich allerdings, warum ich Helene besuchte, denn ich war danach so müde, daß ich mich zu Hause hinlegen mußte.

Achim, der vor Selenas Geburt irgendeinem Job nachgegangen war, engagierte sich nun aufstrebend in einer Firma. Er hatte es innerhalb von drei Monaten zur eigenen Sekretärin gebracht und kam erst nach Hause, wenn Helene Selena zu Bett brachte. Manchmal arbeitete Achim auch am Wochenende. Wenn nicht, machten sie es sich zu dritt in ihrer kleinen Wohnung bequem, die nur ein bißchen größer war als ihre alte kleine Wohnung und in der es nach Schublade roch, daß ich das Bedürfnis hatte, alle Fenster aufzureißen. Es roch eng dort. Erstickend. Dann dachte ich, daß diese Enge und Erstickung vielleicht schön für Selena waren, vielleicht hatte Selena eine glückliche Kindheit. Kinder fühlen sich wohl in Begrenzungen, denn die Welt ist groß, einschüchternd und unberechenbar. Weder Achims noch Helenes Eltern wohnten in der Stadt, so daß die drei eine geschlossene, harte Kernfamilie bildeten.

Eines Tages brachte ich Helene einen Katalog vorbei. Es war schon spät, Achim kam nach Hause. Sie begrüßten sich mit einem kraftlosen Küßchen. Helene war immer noch im Morgenmantel. Dessen ursprüngliches Muster war kaum mehr zu erkennen, so fleckig war er. Von aufgestoßener Milch über Brei zu anderen Absonderungen, deren Herkunft zu kennen ich nicht erstrebenswert fand. Nachsichtig ausgedrückt würde ich sagen, Helene machte einen leicht ungepflegten Eindruck. So hatte sie allerdings immer

ausgesehen, wenn ich sie vormittags besuchte. Ich hatte angenommen, sie würde sich vielleicht, wenn ich fort war, also gegen
Mittag, ankleiden. Daß frische Mütter alt aussehen, war mir nicht
verborgen geblieben, ich kenne keine, die es schaffte, mit Kind
um neun filmreif ausgehfertig dazustehen. Da dauert alles länger,
und manchmal fällt es eben ganz aus. Warum auch nicht. Wenn
ich den ganzen Tag zu Hause arbeite, sehe ich genauso alt aus.
Macht doch nichts. Bloß wenn jeder Tag so verliefe ... würde ich
mir Sorgen um mich machen.

Helene schob die Pizza für Achim in den Ofen. Achim hatte zugenommen und neigte zu einem Brustansatz, was allerdings kaum
zu sehen war, da sein Bauch sich weit nach vorn wölbte. Helene
und Achim saßen nebeneinander auf dem Sofa mit Blickrichtung
zu einem Monument von Fernsehapparat, und am Boden zwischen ihnen und dem Gerät lag Selena, in deren Antlitz hinein die
beiden Gottesdienst verrichteten. Da sah ich, Helene war zur
Mama geworden, und Achim war zum Papa geworden. Vielleicht
würden sie sich eines Tages so ansprechen: Mama und Papa.
Helene war eigentlich keine Frau mehr und Achim eigentlich kein
Mann. Sie waren geschlechtslose Wesen, Nonne und Mönch vielleicht, die das Jesuskind anbeteten. Wenn Achim mit Selena
sprach, sie im Arm hielt, dann hörte ich in seiner Stimme einen
weichen, weiblichen Singsang, der wahrscheinlich fürsorglich und
zärtlich war und dennoch aus dem massiven Körper eines fast
Zwei-Meter-Mannes so ungewöhnlich tönte, daß er mir weibisch
erschien. Vielleicht verwandelte sich dieser bullige Mann durch
das Kind in seinem Arm und durch den Singsang, der aus seinem
Körper aufstieg, für Helene oder für andere in ein besonders ero-
tisches Wesen. Ich sah nicht mal Spurenelemente von Erotik.

Ich schimpfte ein bißchen mit mir, denn natürlich hätte ich sehr
gern den fürsorglichen, liebevollen, zärtlichen, verständnisvollen,
einfühlsamen, zartbesaiteten, menstruierenden Mann begehrenswert gefunden, das wäre fürs Zusammenleben eine schöne und
friedliche und bereichernde Lösung. Doch die Erotik geht ihre
eigenen Wege – meistens dorthin, wo es Reibung gibt, also auch
Mißverständnisse und Konkurrenz und Erobern und Begehren
und Abhängigmachen und Locken und Verschmähen, das ganze
aus Film und Fernsehen hinlänglich bekannte Programm.

Wo die Funken springen, entzieht sich meiner Befehlsgewalt.
Ich stelle nur resigniert und amüsiert fest, daß sich der Funken-

sprung nicht nach meiner politischen, humanistischen, psychologischen, philosophischen, literarischen, feministischen Bildung richtet, sie ganz im Gegenteil vehement und rücksichtslos boykottiert und mir in meinem Leben so manches Feuerwerk beschert hat, das mit meinen oben genannten Überzeugungen nicht unter eine Decke paßt. Aber die hat ja dann auch gebrannt. Zuweilen habe ich mich verbrannt. Das alles sind andere Geschichten. An dieser Stelle nur soviel: Der Singsang eines Kolosses hat meine Funken nie zum Stieben gebracht.

Helene ging durch die stickige, wabernde Weiche der Wohnung in die Küche. Die Harmonie im Miteinander Helene-Achim-Selena dünstete aus, vielleicht nebelte sie diese Schwaden, ich konnte Achim nur noch schemenhaft erkennen.

„Ist die Pizza schon fertig?" fragte er.

„Wie bitte?" fragte Helene.

„Ob die Pizza schon fertig ist?"

„Was?"

„Ob die Pizza schon fertig ist?"

„Ich verstehe dich nicht, die Abzugshaube ist so laut, was hast du gesagt?"

„Ob die Pizza schon fertig ist?"

„Sprich doch deutlicher."

„Das habe ich doch. Ich habe dich schon fünf Mal gefragt, ob die Pizza fertig ist."

„Fünf Mal? Nein, das kann nicht sein. Das hätte ich doch gehört. Du nuschelst manchmal."

Ich kicherte. Die beiden sahen mich an, zuckten unmerklich zusammen, und ich hatte das Gefühl, sie erschraken. Denn war dieser Dialog nicht ein Kratzer in ihrer Harmonie? Achim streichelte Helene über die Hand. Sie zog sie ein wenig zurück, nicht viel, gerade so, daß sie gewonnen hatte. Beide lächelten. Dann war die Pizza fertig. Achim aß und unterhielt sich mit Helene über seinen Arbeitstag: Stressig, aber dann doch noch auf die Reihe gekriegt, das Fax kam erst um zwei, morgen um neun eine Besprechung, das Ding schon hinkriegen. Helene erzählte etwas weitschweifiger von anderen Müttern, die unmöglich waren, weil sie nur von ihren Kindern sprechen konnten und von ihren schrecklichen Männern, was Helene überhaupt nicht verstand, die Welt, in der diese anderen Mütter lebten, war ihr fremd. Die Stimmen von Achim und Helene klangen, als hätten sie Kreide gegessen.

Viel Kreide. Strahlend weiße Kreide. So sanft und so ohne Erregung, so monoton und so freundlich. Und dennoch passierten hin und wieder kleine, schnelle, schrille, spitze Kratzer auf der Tafel, die sofort mit einem tropfnassen Schwamm sauber gewischt wurde.

„Gib mir mal ein Kissen", bat Achim.

„Du bist doch selbst gut gepolstert", erwiderte Helene.

Es braucht kein Kind, um Tafel, Kreide und Schwamm aufzustellen. Aber bei Kindern gehören sie oft zum Lieferumfang. Viele Menschen wissen das und versuchen Kreide und Schwamm zu entsorgen. Und dennoch scheitern sie. Muß ich übers Hochseil, wenn ich weiß, daß die meisten abstürzen?

Helene vermißte ihren Job überhaupt nicht und war kein bißchen neidisch auf Achim, der so weiterlebte wie bisher, sogar noch besser, weil er jetzt einen Superjob und ein Kind hatte. Sie war auch überhaupt nicht wütend, weil er ihr ein Kind angehängt hatte; er hatte vergessen, Gummis zu kaufen. Und sie hatte auch überhaupt kein schlechtes Gewissen dem Kind gegenüber, daß sie so etwas gedacht haben könnte. Und überhaupt war alles bestens. In Butter. Total in Butter.

Manche Menschen essen Butter pur und auch das Fett am Fleisch. Am liebsten sogar. Wammerl. Speckschwarte, Schweineschmalz. Das Fett in der Liebe ist die größte Gefahr für die Liebe. Ich bin keine zwanzig mehr und weiß, daß Liebe nicht einfach so für immer hält. Weiß auch, daß man wahrscheinlich nicht lebenslänglich ineinander verliebt sein kann wie in den ersten Wochen – außer man stirbt in diesen ersten Wochen. Die ersten Tage, Nächte, Wochen! Dieses Herzflimmern und die Aufregung und wie bunt alle Farben sind, Frühling bricht aus, auch mitten im Winter. Und dann ist wirklich Frühling, aber der Winter hat Einzug gehalten, und alles, was geblieben ist, ist die Erinnerung an diesen ersten Frühling – damals im Winter.

Es erfordert Konzentration, einen Frühling zu bewahren. Und es wird dennoch nicht gänzlich gelingen – aber wir können immer wieder neue Blumen pflanzen, welke Blätter abzupfen, gießen und düngen – und den Garten unserer Liebe hegen und pflegen. Wenn wir meinen, wir brauchten nichts zu kultivieren, wenn wir meinen, wir könnten uns nur gelegentlich zum Sonnenbaden in den Garten legen, und den Rest richtet die Natur von selbst, werden wir wahrscheinlich eines Tages beim Blick aus dem Fenster keinen Garten mehr sehen. Er wird nicht romantisch verwildert, sondern unbegehbar überwuchert sein. Jetzt mit der Hege und Pflege zu beginnen, fordert Opfer. Der rechte Zeitpunkt ist verpaßt. Dornen und Gestrüpp sind gewachsen.

Einst, zum rechten Zeitpunkt, hätten sie sich uns sanft entgegengeschmiegt und wären leicht wie Zahnstocher an Mittagstischen zu pflücken gewesen. Doch in den Tagen der Mißachtung sind sie zu Dolchen geworden. Es kostet Zeit und Mühe, den Garten der Liebe am Blühen zu erhalten, und gut beraten ist, wer rechtzeitig damit beginnt: am allerersten Tag, mit den ersten Schritten schon, mit denen wir ihn betreten. Es gibt Zeiten, in denen blüht wenig, da darf man das Vertrauen nicht verlieren, es wird auch wieder ein Frühjahr kommen – und wer seine Beete gut abgedeckt hat, wird keinen Schaden zu beklagen haben.

Das große Geheimnis einer liebevollen Beziehung – ob zwischen erotischen Partnern oder zwischen Eltern und Kind oder auch in einer Freundschaft – liegt darin, ob es gelingt, den anderen als eigenständigen Menschen wahrzunehmen und zu behandeln, anstatt ihn sich zuerst einzuverlieben und dann nach und nach einzuverleiben, bis er nur noch als Auswuchs existiert. Ist der Auswuchs schön, lobt man sich selbst dafür, erfahrungsgemäß bleibt der Auswuchs allerdings nicht lange schön; ist der Auswuchs ein Kropf oder Furunkel, kratzt man daran herum. Der andere blutet. Man selbst blutet. Man wird immer ungehaltener, wütender, trauriger. Aber das Geschwür bleibt. Kein Wunder. Hat man selbst es sich doch einverliebt/einverleibt, also kann auch nur man selbst es wieder befreien ... um es dann vielleicht leben lassen zu können als Ganzes.

Die Liebe hatte mich dieses Geheimnis gelehrt, und ich versuchte damit zu leben. Dennoch spürte ich die Angst, daß meine schöne Liebe mit Lui enden könnte wie so viele andere. Denn obwohl das Geheimnis einfach zu beherzigen scheint, ist es im Alltag schwierig umzusetzen. Es braucht Zeit und Aufmerksamkeit, Mut und Selbstsicherheit, den Partner wirklich wahrzunehmen, nachzufragen – anstatt zu glauben, man wisse Bescheid. Manchmal weiß man selbst erst inmitten eines langen Gesprächs ohne Thema, inmitten eines Gesprächs, in dem man sich den wunderbaren Luxus leistet, die Gedanken schweifen zu lassen, was einen beschäftigt, was in diesen Momenten entsteht, was man sich wünscht – und was man gern in der Partnerschaft verändert hätte. Es gehört Mut dazu, sich diese Ängste und Wünsche anzuvertrauen. Denn gewinnen sie nicht erst Bedeutung, indem wir sie aussprechen?

Angenommen, eine Freundin, die blendend aussieht, stöhnte mir vor, wie gerädert sie sich fühle nach nur zwei Stunden Schlaf. Klar. Sie war frisch verliebt. Ich hatte acht Stunden geschlafen. Obwohl Lui bei mir übernachtet hatte. War das der Anfang vom Ende? Früher wäre das nicht möglich gewesen, daß Lui bei mir übernachtete und ich acht Stunden schlief. Und ich hatte nach solchen Nächten wahrscheinlich auch besser ausgesehen als jetzt.

„Wie sehe ich aus?" fragte ich Lui und meinte etwas anderes.

„Wunderschön", sagte Lui.

Natürlich war ich damit nicht zufrieden. Es wäre ja wohl das Mindeste, das er von selbst darauf kam, mir das zu sagen, denn was war diese Antwort auf Nachfrage schon wert! Außerdem kannte er mich lange genug, um zu wissen, was ich wollte. Wenn er sich wirklich für mich interessierte, wüßte er, was mich beschäftigt. Wenn ich mich wirklich für uns interessiere, dann sage ich ihm jetzt, was los ist. „Lui, glaubst du eigentlich, wir sind noch ineinander verliebt?"

Schweigen. Staunen. Lächeln. „Ich schon. Und du?"

Jetzt könnte ich schnell „Ja" sagen. Oder nachdenken und dann ja sagen. Aber ich sage nicht nur ja, sondern: „Ja. Aber es hat sich verändert."

Und dann können wir ein Gespräch beginnen. Ein schönes Gespräch, bei dem wir uns sehr nahe kommen. Kein Kind schreit, weil seine stets auf Empfang gestellten Antennen melden: *Vorsicht, Eltern wenden sich ab. Mittelpunktstellung gefährdet. Sofort Prioritäten klären.* Wir müssen kein Fläschchen zubereiten. Wir sind nicht so erschöpft von unserem Alltagskampf, daß wir keine Kraft mehr hätten, uns aufeinander einzulassen und wahrzunehmen und statt dessen den Fernseher einschalteten – vielleicht dabei ein bißchen kuscheln, aber ohne Worte.

Wenn die Wochen durchs Land ziehen und es keine Worte mehr gibt, trocknen die Bäche aus, in denen sie murmeln, und dann dauert es lange, bis sie sich wieder füllen, oft erst nach der Schneeschmelze, der geht ein langer Winter voraus, ein harter, kalter Winter ohne Worte. Wenn ein Kind da wäre, zwischen uns wäre, würden wir wahrscheinlich nicht so sprechen, wie wir es nun tun. Wir liegen beide auf unseren Flößen auf einem See, Wasser haben wir genug, schaukeln aufeinander zu und voneinander weg, entspannt und vertraut und von Welle zu Welle inniger. Es ist eine herausfordernde Aufgabe, Liebe lebendig zu halten ohne Kind. Mit Kind ist diese Aufgabe bei Orkan zu bewältigen. Sehr oft zerbricht die Liebe daran. So stark schienen die Masten der Schiffe, und dann waren es doch nur brüchige Streichhölzchen.

Wenn wir ein Kind hätten, würde uns vielleicht geschehen, was den meisten Eltern geschah, die ich kenne. Wir würden unsere Liebe im Kind bündeln. Wir sind auch nur Menschen und können nicht übermenschlich lieben, das heißt, wir hätten weder Zeit noch Kraft, uns aufeinander zu beziehen. Selten, sehr selten nimmt die Beziehung eines Paares zu durch ein Kind. Meistens wird sie kleiner. Selbst wenn das Kind eine starke Verbindung darstellt und man sich wegen des Kindes niemals verlassen möchte. In den meisten Eltern-Fällen schwinden der Bezug zueinander, die Vertraulichkeit im Umgang miteinander – und die Nähe. Vorausgesetzt natürlich, diese intensive Beziehung im Miteinander war gewollt und gefördert. Es gibt Menschen, die es vorziehen, sich nicht zu nahe zu kommen, für die das mit anderen Unteilbare stets größer ist als das Mitteilbare. Solche Menschen machen oft einen starken und unabhängigen Eindruck, manchmal wirken sie auch gefühlsarm und rücksichtslos, oder sie haben traumatische Erfahrungen gemacht, oder sie sind so erwachsen im Bewußtsein ihrer Verantwortung dem Leben gegenüber, wie die meisten anderen es niemals oder erst in späten Jahren erreichen werden.

Heute, da die Paarbeziehung viele Wünsche erfüllen muß, die früher im Umfeld erfüllt wurden, ist der Drang zur absoluten Beziehung zuweilen bedenklich. Der Partner soll alles sein und uns für alles entschädigen, was uns jemals, was wir selbst uns jemals angetan, für die ganze große, böse, kalte Welt. Die Sippschaft ist weggebrochen, die Oma mit ihrer Rente nach Mallorca abgehauen, die andere haut ihr Geld mit jugendlichen Liebhabern auf den Kopf, die Verwandten kennt man kaum – nichts ist übrig geblieben vom Halt in einer Gruppe, keine Sippe, keine Suppe, da muß der Partner geschlachtet werden und uns wärmen mit seinem Blut, uns Mutter und Vater sein, erotischer, leidenschaftlicher Geliebter, beste Freundin, total häuslich, draufgängerisch, immer zuhören, anregen, beschützen und Geborgenheit vermitteln, Anerkennung geben, das Selbstwertgefühl steigern, eigenständig und finanziell unabhängig sein, keinen Wert auf Geld legen, treu, sexy und so weiter.

Ist er es nicht, hat man einen Kropf am Hals, an dem man rumkratzen kann. Auch ein interessantes Thema – besonders, weil sich die Partner meistens so liebevoll angleichen, daß beide dasselbe wollen, was die Situation verschärft –, das ich leider nicht ausführlicher behandeln kann, denn das Kind schreit. Und wenn das Kind schreit, müssen wir uns ums Kind kümmern. Da können wir nicht reden oder etwas klären oder uns um einander kümmern oder gar schmusen, uns in die Augen schauen oder auch nur zusammen einkaufen gehen. Da ist es besser, ich bleibe beim Kind, du kaufst ein. Und später können wir auch nicht mit den Rädern zum Baden fahren, weil 20 km zu weit sind für das Kind, und der See, wohin wir früher so gerne radelten, hat ein Steilufer, also blasen wir das Planschbecken auf und stellen es auf den Balkon. Haben wir keinen Balkon, gehen wir auf den Spielplatz. Schöner Sonntag. Sollen die Kinder leise schreien auf dem Spielplatz. Geht nicht. Wir können uns nicht unterhalten, weil wir aufpassen müssen, daß das Kind nicht von einem Klettergerüst fällt oder eine fremde Schaufel auf den Kopf oder Sand in die Augen kriegt. Wir reden. Nicht miteinander. Aneinander hin: Schau mal, was sie/er mit dem Sandkuchen macht. Ui, hast du gesehen, wie er/sie eben den Eimer weggeschleudert hat.

Wir würden uns vielleicht wohlfühlen, dennoch hätten wir weitere Wörterschulden angehäuft, und dann wäre Montag, und unsere Wege trennten sich, und vielleicht fühlten wir uns unverstanden und einsam, du in deinem Job, ich mit Kind oder umgekehrt. Und vielleicht hätten wir das ganze Wochenende keinen Sex gehabt. Na und, es war trotzdem schön. Aber auch letztes Wochenende hatten wir keinen Sex, weil wir am Abend eingeschlafen sind, so müde waren wir, morgens können wir es nicht mehr tun, weil das Kind sofort aufwacht, wenn es merkt, wir sind wach, und mittags, wenn es schläft, horchen wir, ob es aufwacht – wir kommen einfach nicht mehr zueinander.

Manchmal schlafen wir sogar ein, während wir die Gutenachtgeschichte vorlesen, da liegst du, liege ich über dem Bett des Kindes zusammengesunken, und das Kind sitzt quietschvergnügt im Bett und zeigt dem hereinkommenden Elternteil, wie es das wieder geschafft hat, daß der Papa, die Mama eingeschlafen ist. Da nimmst du das Buch aus den Händen deines Partners und führst ihn ins Bett wie ein Kind. Bist du gut drauf, kann das sehr schön sein und das Herz erweichen. Bist du nicht so gut drauf, nervt es dich vielleicht, daß dein Leben aus Dienstbotentätigkeiten zu bestehen scheint. Dann nervt es dich vielleicht, daß sich dein Sexualleben auf wilde Träume beschränkt, die du deinem Parter nicht mehr erzählst, weil er dir fremd geworden ist durch das Fehlen von Nähe, daß du dich schämst vor ihm. Und wenn es doch ab und an zu einer erotischen Begegnung kommt, bist du dabei vielleicht unsicher, weil du dich fragst, ob du noch schön bist und begehrenswert und wie es dem anderen ergeht und ob er es ernst meint oder vorspielt, vielleicht streichelt er so, wie du es nicht gern hast, aber du sagst es nicht, sonst störst du ihn, und alles ist ein bißchen fremd, und letztlich tust du es für die Statistik, du bist schon so weit weg, du hast die Bäche gestaut, als die Wörter murmelten, und jetzt mußt du warten, und im Warten wird es Winter.

„War da was?"

„Was?"

„Hast du nichts gehört?"

„Nein."

„Ich glaube, er hat gerufen."

In den meisten Fällen nimmt die Qualität der Paarbeziehung nach einer ersten Zeit der Gewöhnung an das neue Familienmitglied rapide ab. Den Eltern bleibt nur noch der kärgliche Rest von dem, was das Kind nicht verschlingt oder erbricht. Kann sein, daß das an der Art liegt, wie wir unseren Alltag organisieren. Kann sein, daß es nur ein Zeitproblem ist. Kann sein, das Verhängnis beginnt dort, wo wir alles richtig machen wollen und auf andere hören, die uns sagen, was richtig ist. Sicher aber ist, daß der kärgliche Rest, den das Kind übrig läßt, nicht genügt, eine ins Wanken geratene Paarbeziehung auszubalancieren. Das hat sie in dieser Situation, in der so gar keine Zeit dafür ist, am allernötigsten. Doch zugunsten des Kindes muß man immer wieder verzichten. Wenn das Kind schreit, läßt sich keine Beziehungsdiskussion beginnen. Läßt sich auch nicht erzählen, wie wir uns in der veränderten Rolle fühlen. Und so verlieren wir uns aus den Augen. Werden fremd.

Dieser Schwund in der Paarbeziehung, der gegenseitigen Anerkennung als Mann und Frau – und eben auch der erotischen Dimension – macht traurig. Immer wieder nimmt man sich vor, es anders zu gestalten – oder sich zusammenzureißen. Zusammenreißen, um wieder mal Lust zu haben. Aber dann ist man müde, oder es kommt irgend etwas dazwischen, vielleicht hat das Kind Fieber. Sobald ein Kind da ist, kommt dauernd etwas dazwischen.

Manche kinderlosen Paare, die beruflich sehr engagiert sind, können Lieder davon singen, wie schwierig es ist, zueinander zu finden, wenn beide nach einem anstrengenden Arbeitstag nach Hause kommen. Beide leer und auf Bekommen und Auftanken eingestellt. Der Tag war hart, jetzt sollst du mir zuhören, mich streicheln, mich verstehen, mich bekochen, mich verführen, mit mir reden, total für mich da sein.

Der Tag wird noch härter, wenn das beide voneinander erwarten. Haben sie ihre Pflichten erledigt – oder fängt der Feierabend mit einem Streit an? Hat eine eingekauft, hat es ein anderer vergessen, wer kocht, ich habe keinen Hunger, wie teilen wir den Haushalt auf? Ist noch Zeit für Zweisamkeit, oder wollen wir beide bloß unseren Stress abbauen?

In früheren Zeiten gab es kein Aufmerksamkeitsdefizit, unter dem heute viele leiden. Da wartete im klassischen Fall die brave Frau den ganzen Tag auf den fleißigen Mann und machte sich leer und bereit für ihren Gatten, der sich dann am Feierabend in sie kippen konnte. Während sie das Essen auftrug, begann er zu erzählen, und sie hörte zu und nickte und bestärkte ihn, ja, der Bürovorsteher ist ein dummer Schnösel, ja sicher, wenn er selbst das in die Hand genommen hätte, läge der Fall anders, ohne Zweifel war er nur aus Neid übergangen worden – ach, wie war der Feierabend feierlich. Auch die Frauen genossen ihn. Endlich mal ein Gespräch mit einem Erwachsenen, nachdem sie den ganzen Tag allein oder mit Kindern verbracht hatten. Wenn der Mann dann alles über den Tisch und die Frau gekippt hatte, durfte die Frau ein wenig erzählen von den Kindern, aber nicht zuviel, das langweilt einen Mann, und dann war die Zeitung dran oder der Fernseher oder die Frau.

In schweren Stunden des Verzichts hält man sich vielleicht damit aufrecht, daß das Kind größer wird. Jeden Tag wächst es in sein eigenes Leben hinein, und eines Tages wird es uns verlassen, und da müssen wir aufpassen, daß wir an etwas anknüpfen können, uns nicht verlieren. Daß wir uns nicht als Fremde gegenüberstehen, wenn das Kind uns verläßt.

Obwohl das vielen Menschen bewußt ist, schaffen sie es doch nicht. Das liegt nicht daran, daß Kinder endlich einen würdigen Platz in der Gesellschaft gefunden hätten. Es liegt daran, daß die Gesellschaft sich die Kinder auf den Kopf gesetzt hat und sie zum Tanzen animiert. Es liegt daran, daß diese Gesellschaft Elternteile zuwenig unterstützt und entlastet. Finanziell, mit Einrichtungen für Kinderbetreuung und was die allgemeine Meinung betrifft, in der die Rabenmutter immer noch zum aktiven Sprachschatz statt in die Märchenstunde gehört.

Dieser Kinderbetreuungswahnsinn verursacht, daß Eltern sich nicht mehr umeinander kümmern können, wie es nötig wäre, um das Familienhaus aufrechtzuerhalten. Kinder sind zu schwach, diese Aufgabe zu erfüllen, und wer sie ihnen zuweist, wer sein Familienhaus auf die Schultern eines Kindes stellt, wird das Kind darunter begraben.

„Hey, was tust du denn hier?"

„Mona!"

„Ich habe dich gesucht! Komm doch wieder mit raus! Dein Lui ist wirklich süß. Aber diese Silke! Was die da vorhin abgelassen hat."

„Wieso?" fragte ich angriffslustig. Schließlich hatte Mona Elvira mitgebracht.

„Also daß sie Kinder so haßt ..."

„Das hat sie nicht gesagt."

„Ich hatte den Eindruck."

Ich mußte wider Willen grinsen. „Weißt du, Mona, daß du bis zu deinem sechsunddreißigsten Lebensjahr die größte Kinderhasserin warst, die mir jemals begegnet ist?"

„Nein!"

„O doch! Du hast Kinder einmal sogar als Fickabfall bezeichnet und ..."

„Niemals!"

„Die Zeiten ändern sich. Wir ändern uns. Du hast damals eben keine Kinder gekannt, mit denen du zurechtkamst. Man muß nicht jedes Kind toll finden. Es ist Unsinn, das von sich zu verlangen. Du magst doch sonst auch nicht jeden Menschen."

„Du meinst, daß diese Silke es auch noch kapieren wird?"

„Nein. Ich meine, daß es dich nichts angeht."

„Okay, okay, es ist deine Party. Ich geh mal für kleine Mädchen", trällerte Mona, als hätten wir ein paar Komplimente ausgetauscht, und verschwand.

Ich blieb am Fenster stehen und schaute in den Garten. Helene und Achim und Selena unterm Apfelbaum. Lui hackte Holzstücke für den Grill. Egal, was wir uns vornehmen würden, dachte ich. Wir würden auch in die Falle gehen. Es ist dumm zu glauben, es passiert nicht. Alle haben das geglaubt, und den meisten ist es passiert. Und dann haben sie sich getrennt.

Übrig bleiben die Kinder – sie sind die Leidtragenden. Egal wie glimpflich eine Scheidung abgehen mag, ein Kind leidet darunter, hatte ich erst kürzlich in einer Wartezimmerzeitschrift gelesen. Oft benutzten Eltern die Kinder nach der Scheidung als Waffen, denn durch die Kinder konnten sie sich erfolgreich verletzen. Egal, wie befreiend die Eltern ihren Schritt empfänden, für ein Kind sei er keine Befreiung, sondern Belastung, und manche zerbrächen daran. Oft käme der psychische Knacks erst viel später ans Tageslicht: wenn das Kind selbst in einem Alter sei, wo es sich binden wolle und nicht könne. Wer dachte an die Kinder als „ungelegte Eier"?

Ich dachte nicht an Kinder als Scheidungsopfer, wenn ich kein Kind wollte, ich selbst wollte kein Trennungsopfer werden. Angenommen, Scheidungskinder würden nicht so verheerend leiden, wie es zu propagieren derzeit anscheinend gerade in Mode war, denn auch Leid gehört zum Leben, und wer den Umgang damit nicht konstruktiv lernt, leidet am Leben – 200 000 Scheidungen jährlich und 900 000 getrennt lebende Ehepaare –, brachte Mama und/oder Papa eben einen neuen Partner nach Hause. Vielleicht auch mit Kind(ern). Mischte man sich neu zusammen. Viele Konflikte, aber auch viele Möglichkeiten. Patchworkfamilie heißt das. Schön bunt. Habe ich gar nichts dagegen. Man muß ja nicht zusammen sein für immer und das auch nicht an Kinder koppeln. Ich bin mir darüber im klaren, daß es zur Identitätsbildung eines Menschen wichtig ist zu wissen, wer seine Mutter, wer sein Vater ist. Dennoch halte ich es für verhängnisvoll, wenn das eigene zwanghafte Fürimmervereint an die Kinder geklebt wird.

Als ich Kind war, galten Geschiedene als gescheiterte Existenzen. Frauen natürlich mehr als Männer. Geschiedene Männer hatten zu Hause die Hölle erlebt, waren interessant und brauchten dringend eine Frau, die sich um sie kümmerte. Geschiedene Frauen rochen säuerlich, waren unerträglich, und deshalb hatte sich der Mann von ihnen abgewendet. Wieviel hat sich in so kurzer Zeit gewandelt! Mußte auch, bedenken wir, daß in Deutschland derzeit 23 Prozent aller Kinder nichtehelich zur Welt kommen. Das ist nicht viel – in Schweden sind es 55,3 Prozent. Wie rasant sich die Verhältnisse geändert haben, dafür mag das katholische Irland stehen, wo der Anteil bei 31,8 Prozent liegt (1980 waren es dort gerade mal 5 Prozent).

Nichteheliche Kinder sagen nichts aus über die Beständigkeit von Beziehungen, die Scheidungszahlen allerdings schon, und die werden gern als alarmierend bezeichnet. Den Alarm stellt allerdings niemand ab. Denn jeder glaubt, bei ihm ginge er nicht los. Nur bei den anderen. Wenn es so weitergeht, ist die Patchworkfamilie bald das Normale. Dann setzt ein Elternpaar ein Kind in die Welt, und später hat das Kind zwei Väter und zwei Mütter, die es gegeneinander ausspielt. Alles ganz normal.

Vielleicht sind wir fortschrittlicher, als wir glauben. Niemand muß mit seinem Todfeind zusammenbleiben. Wir können uns trennen, ohne deswegen gesellschaftlich geächtet zu sein. Sogar der edle Adel darf das, wenn auch eine Spur feiner, indem der Papst persönlich anulliert – man sollte darauf achten, die richtigen Leute zu kennen.

Das Ammenmärchen von der Liebe, die nicht groß genug war, glaubt auch fast niemand mehr. Eine Liebe, die am Beginn groß war, hat keine Garantie, groß zu bleiben. Vielleicht hat sie sogar schlechtere Chancen, da die große Liebe meistens mit Romantik aufgeblasen ist, und die wiederum entsteht in den Köpfen der ProtagonistInnen – jede/r für sich mit ihren/seinen Bildern. Die Zeit wird zeigen, ob das Gegenüber dem Bild gleichgemacht werden kann. Heute wird kaum mehr jemand behaupten, die Liebe hätte nicht gereicht, wenn sich ein Paar mit Kind trennt. Das Kind als Liebesprüfung hat ausgedient: Reicht eure Liebe wirklich aus? In guten wie in schlechten Zeiten? Und es werden viele schlechte Zeiten kommen!

Ist eure Liebe stark genug, Kinder in die Welt zu setzen und zurückzustecken und zu verzichten zum Wohl der Kinder? Ist eure Liebe groß genug, daß eine/einer von euch auf seine Ausbildung oder seinen Beruf oder sein Hobby verzichtet? Ist eure Liebe groß genug, daß ihr die Lasten des Lebens tragt?

Komische Vorstellungen. Da ist eine Liebe, und sie ist groß und schön und wunderbar, und dann muß auf diese Liebe eingeschlagen werden, ein Kipper Unrat muß über sie geschüttet werden, sie muß durch den Fleischwolf gedreht werden, um zu beweisen, daß es wirklich Liebe ... war. Spätestens im Fleischwolf wurde sie zerfetzt, denn Liebe wohnt in Menschen, und wenn du die durch den Fleischwolf drehst, zerfetzt du sie, das ist ein Naturgesetz. Also – was ist geblieben, was war es dann? Eine schöne Zeit! Glück! Ein unvergeßlicher Sommer! Mehr davon! Je mehr unvergeßliche Sommer ihr anhäufen könnt, desto eher übersteht ihr einen Winter! Her damit! Einpacken! Genießen! Das Leben ist vielleicht noch lang, und es kann nicht alle Jahre Sommer sein! Meidet den TÜV für die Liebe! Liebt statt dessen. Und laßt euch von niemandem eine Plakette verkaufen. Auf der steht garantiert, wie lange sie gültig ist. Verrückterweise erneuern aber gerade diejenigen dauernd ihre Plaketten, die eigentlich gar keine ausgehändigt bekommen dürften. Solche, die noch nie geliebt, sondern lediglich Belastungsproben und Härtetests bestanden haben. Eisern bleiben sie zusammen. Schlagen sich und machen sich das Leben zur Hölle. Aber sie bleiben zusammen. Bewundernswert. Hassen sich, verachten sich, reden abfällig voneinander und wünschen sich das Schlechteste, das sie sowieso voneinander halten, können sich nicht riechen und träumen davon, sich umzubringen. Aber sie bleiben zusammen. Wenn das keine Liebe ist! Wenn das keine Treue ist! Wenn das keine schwere Abhängigkeitserkrankung ist! Trennen ist gesund! Wie Trennkostfans verkünden: Wer trennt, lebt länger. Und ohne Kinder trennt es sich leichter.

Beziehung ist für mich keine Einwegwegwerfgeschichte, paßt er mir nicht, nehm ich den nächsten. Ich habe erfahren, wie leicht Vertrauen verletzt wird und wie wunderbar das Gefühl ist, mit einem anderen Menschen zusammenzugehören und zu wissen: Der andere Mensch steht zu mir. Sommer und Winter. Doch ich bin alt genug zu wissen, daß das Leben für viele Überraschungen gut ist und daß wir heute nicht wissen können, was übermorgen ist. In solchen Rechnungen hausen Unbekannte. Was ich tun kann, tue ich: Ich gestalte das Heute so aufrichtig wie möglich, denn es ist die Stufe zum Morgen und Übermorgen. Zudem bin ich natürlich romantisch. Und trotz besten Wissens ist der Glaube an das Fürimmer für mich mit der Liebe verschmolzen. Kinder sind ein unaufkündbares Fürimmer. Sogar wenn das, was schön war, zerbrochen ist – die Kinder bleiben. Fürimmer ist nicht für immer schön.

Würde ich so sitzen wollen unterm Apfelbaum? Gemeinsam sorgen für ein Drittes. Die stärkste Verbindung überhaupt. Ein Teil von mir, ein Teil von dir. Schönes Bild unterm Apfelbaum ... aber nicht mein Bild. Ist es nicht ein herrlicher Liebesbeweis, wenn ich sage: *Dieser Mann ist mir so wichtig, daß ich ihn nicht verlieren will durch die Aufmerksamkeit, die ich einem Kind schenke? Mit diesem Mann habe ich soviel auszutauschen, daß ich erfüllt bin*

bis in mein innerstes Wesen? Mit diesem erwachsenen Menschen
will ich leben und wachsen und lernen und mich mitteilen.
Ich würde lieber mit Lui unterm Apfelbaum sitzen. Dort saßen
wir wegen der lästigen Mücken nie. Wir saßen bei den Birnen. Lui
und ich und der Himmel über uns.

Yasmin

Also ich kann dir ganz schnell erklären, warum ich kein Kind will,
warum ein Kind für mich überhaupt der Horror wäre. Ich schwim-
me gern. Ich springe nicht so gern vom Steg in den See, sondern
gehe Stück für Stück hinein und genieße das Gefühl des steigen-
den Wassers. Dort, wo es so aussieht, wie ich es gern habe, gibt
es auch viele kleine Kinder. Ich sage jetzt nicht, daß es mich stört,
daß das Wasser da dampft, weil sie alle reinpinkeln. Ich sage auch
nicht, daß mich das Geschrei stört, Kinder können nämlich nicht
in erträglicher Lautstärke sprechen. Ich erzähle dir nur eine willkürlich herausgegriffene Szene. Und die reicht dann auch. In der
ist alles drin, was ich nicht haben möchte, was ich dann aber unter
Umständen hätte.

Ich gehe von einem gesunden, meinetwegen hübschen Kind
aus. Sie glauben alle, daß ihr Kind hübsch ist. Sitzen mit den häß-
lichsten Bälgern inmitten ihres Equipments und kriegen sich nicht
mehr ein ob der Schönheiten, die in ihrem Leib herangereift sind.
Aber egal. Ich will mich darüber gar nicht auslassen. Die Optik
interessiert mich nicht. Denn ob sie hübsch oder häßlich sind,
spielt keine Rolle. Es ist der Lärm.

Also stell dir vor: blauer Himmel, Sonne, der Strand, das Wasser
und das Kind.

„Mami, Mami kuck mal, kuck mal Mami, wie ich Steine werfe,
Mami, Mami kuck, jetzt werfe ich gleich, Mami schau, jetzt, jetzt
werfe ich, Mami, ich werfe, hast du gesehen, Mami, Mami ich habe
geworfen, Mami, Mami!"

Das Kind hat also – es ist mir nicht, dir nicht, es ist niemandem
am Strand entgangen – einen Kieselstein ins Wasser geworfen. Am
Ufer liegen viele Steine. Hunderte. Tausende, Millionen. Und es
muß vielleicht weiter werfen. Zwanghaft.

„Mami, Mami kuck mal, kuck mal Mami, wie ich Steine werfe,
Mami, Mami kuck, jetzt werfe ich gleich, Mami schau, jetzt, jetzt

werfe ich, Mami, ich werfe, hast du gesehen, Mami, Mami, ich habe geworfen, Mami, Mami!"

Es muß vielleicht beweisen, daß es zwei Steine auf einmal werfen kann: „Mami, Mami kuck mal, kuck mal Mami, Mami, ich werfe zwei! Zwei auf einmal, Mami! Kuck! Mami, Mami kuck, jetzt werfe ich gleich, Mami schau, jetzt, jetzt werfe ich, Mami, ich werfe, hast du gesehen Mami, Mami! Zwei auf einmal! Mami! Hast du gesehen?" Es erhöht auf drei Steine ... Ich erspare es dir.

Aber denk mal darüber nach, wie weit ein Kind zählen kann. Es muß nicht richtig zählen können. Es kann irgendwelche Zahlen durcheinander ins Wasser werfen. Manche Kinder sind sehr geduldig – das freut die Eltern, sie heben hervor, wie geduldig und stundenlang die Kinder sich mit sich selbst beschäftigen. Ja, wenn sie dabei den Ton abstellen würden, wäre mir das auch recht. Und es geht nicht nur um die Steine. Das Kind kann vielleicht auch mit Wasser spritzen oder nach einem Stein tauchen oder ein Stöckchen werfen oder einen Purzelbaum machen – ich will es mir gar nicht vorstellen müssen. Ich will damit einfach nichts zu tun haben und damit basta.

Schwarzfahren

Der Zug ist abgefahren, sagt heute fast niemand mehr. Subtil wirkt besser. Als Warnung zum Beispiel: *Paß auf, sonst ist der Zug abgefahren.* Ein kleiner Satz, in dem mehr Gift steckt, als verdaut werden kann.

Ich fahre nicht gern Zug. Man kann sich auf Züge nicht verlassen. Meistens haben sie Verspätung. Es heißt, der Zug sei abgefahren, laut Fahrplan ist er seit einer Stunde weg, in Wirklichkeit ist er noch gar nicht in den Bahnhof eingefahren. Züge sind häufig überfüllt. Und laut. Und die Toiletten sind verstopft, keine sehr angenehme Art zu reisen, deshalb weiß ich wirklich nicht, warum ich mich grämen soll, wenn der Zug ohne mich gefahren ist. Kann ich doch froh sein! Nehme ich einen Flieger oder den nächsten Zug, der dann hoffentlich nicht so überfüllt ist.

Nein, meine Liebe, ein nächster Zug fährt nicht, dieser eine, den du eben so mutwillig verpaßt hast, war der einzige.

Das glaube ich nicht, daß es keine andere Möglickeit gibt.

Es existieren keine Flugzeuge.

Irgend jemand hat bestimmt eins. Es gibt immer eine Möglichkeit. Sogar in Kevin Costners Waterworld gab es ein Flugzeug, obwohl Kevin Costner in Wirklichkeit ein Indianer ist, und auch in den Mad-Max-Filmen habe ich Flugzeuge gesehen. Wenn nicht, bleibe ich eben da. Im Grunde wollte ich sowieso nie dorthin, wo der Zug enden wird. Warum muß man eigentlich auf jeden Zug aufspringen, bloß weil er gerade abfährt?

Damit man nichts versäumt.

Hat schon mal jemand überlegt, was man versäumt, wenn man nicht da bleibt?

Was hier ist, das weißt du, das kennst du, deshalb warst du interessiert, wegzukommen, etwas Neues kennen zu lernen.

Stimmt. Ich wollte mal was Neues kennenlernen. Einfach so.

Aber jetzt ist dein Zug abgefahren.

Dann lerne ich eben was anderes Neues kennen.

Was soll denn hier noch übrig geblieben sein?

Ich lerne zum Beispiel kennen, wie neu es ist, das Neue nicht kennen gelernt zu haben und das Alte kennen zu lernen wie neu.

Das wirst du eines Tages bitter bereuen. Jetzt bist du jung. Doch auch du wirst älter. Und dann.

Und dann?

Dann wirst du bereuen, daß du es versäumt hast, auf diesen Zug aufzuspringen.

Man soll nicht auf fahrende Züge aufspringen. Ich könnte mir beim Aufspringen das Bein brechen oder eine Querschnittslähmung zuziehen.

Besser auf einen fahrenden Zug aufspringen, als da zu bleiben, wo man ist.

Lieber bleibe ich da und bin gesund, als daß ich unterwegs auf einem Zug bin, auf den ich nie wollte und der mich irgendwohin bringt, wohin ich nie wollte und das alles mit gebrochenen Knochen.

Bitter wirst du es bereuen – denn dann ist es endgültig zu spät, dann hast du auch diese klitzekleine Möglichkeit nicht mehr, die du jetzt vielleicht noch hast, in das gelobte Land zu kommen.

Bitter bereuen werde ich müssen, wenn ich einsam und allein und von allen verlassen in einem Altenheim dahinvegetiere. Ohne liebe Kinder, die mich besuchen alle zwei Wochen für eine Stunde zwanzig Minuten, mit nervösen Blicken die Wände entlanghetzen und mit den Füßen scharren, immer auf dem Sprung, gerade mal mit einer Pobacke auf dem Stuhl, und jedesmal bringen sie mir Pralinen mit, dabei habe ich die noch nie gemocht, Kekse wären mir lieber, aber die kriege ich nicht, obwohl ich es schon öfter gesagt habe, und sie sitzen unruhig und fragen mich alle zwei Wochen das gleiche: Wie es geht und was ich so mache den ganzen Tag und was es zu essen gegeben hat mittags. Ich weiß nicht, ob sie allmählich vergeßlich werden, ich kann doch nicht jemanden besuchen und jedesmal dieselben Fragen stellen, sie tun mir leid, auch sind sie mit ihrem Zeitmanagement überfordert, denn kaum sind sie bei mir, erzählen sie mir von einem anderen Termin, den sie vergessen haben, so daß sie nicht lange bleiben können, was ist denn das für ein Tohuwabohu, es wäre mir lieber, sie würden nicht mehr kommen, es deprimiert mich mitanzusehen, wie wenig präsent sie sind – und das ist kein schönes Gefühl, wenn man einen dermaßen zerstreuten Nachwuchs hinterläßt. Von mir aus könnten sie gern wegbleiben, es interessiert mich auch nicht besonders, was sie tun, denn sie erzählen seltsam, so sprunghaft, und sie sprechen komisch mit mir, als wären sie Ausländer. Ich bin wirklich sehr ungehalten über diese Besuche und froh, wenn sie weg sind, dann kann ich zurück zu meinen Freundinnen. Ich bringe es dennoch nicht übers Herz, ihnen zu sagen, sie sollen nicht mehr kommen, schließlich hat man seine Verpflichtungen. Manche meiner Freundinnen wären froh, sie bekämen Besuch, doch ich frage sie dann: Nimmt euch der Besuch das Leben ab? Natürlich nicht, sagen sie. Ich meine, wenn ich es bis heute nicht gelernt habe, mit mir selbst zurechtzukommen, dann lerne ich es nicht mehr, und wenn ich auf diese Besuche warte, ist das ein Zeichen dafür, daß ich einen Fehler gemacht habe, und diesen Fehler würde ich bitter bereuen. Am liebsten knipse ich meinen inneren Fernseher an und erinnere mich an alte Zeiten – in denen kommen keine Kinder vor, sondern die erwachsenen Menschen, die ich liebte.

Eben! Du wirst es bitter bereuen, wenn alle um dich gestorben sind. Rein statistisch gesehen werden nur deine Kinder dich überleben.

Ich traue keiner Statistik, und ich finde, man sollte aus diesem Grund auch immer zwei Kinder, besser noch drei zur Welt bringen, stirbt eins, hat man wenigstens noch eins. Manchmal sterben auch gleich zwei auf einen Streich. Die Leute leben sehr gefährlich mit dieser Einzelkindmarotte, da geben sie sich alle Mühe, im

Alter gut versorgt zu sein, und dann stirbt das Kind mit achtzehn an Drogen oder an einem Verkehrsunfall, blöd gelaufen. Natürlich kann mein Mann vor mir sterben, statistisch ist das sogar wahrscheinlich. Aber ich liebe meinen Mann sehr, und ich finde es richtig, wenn er vor mir stirbt, weil ich glaube, er käme ohne mich nicht zurecht. Viele Männer, deren Frauen sterben, kommen nicht zurecht. Frauen kommen ohne Männer gut zurecht. Ich glaube, deswegen liegt die Lebenserwartung von Frauen höher. Denn sie haben ja eigentlich ein arbeitsreicheres und verschleißgefährdeteres Leben als Männer.

Insofern möchte ich es ihm also nicht antun, daß er übrigbleibt. Er soll schon mal vorausgehen und sich einrichten, ich komme dann später nach.

Ich bereue es auch nicht bitter, wenn all die schönen Dinge, die ich im Leben anhäufen könnte, in fremde Hände gerieten. Erstens will ich nichts anhäufen, denn das ist eine Last, die mich am Leben hindert, je mehr ich habe, desto mehr Angst muß ich haben, daß es mir weggenommen wird, habe ich wenig, habe ich die Angst nicht und kann mich dem Leben widmen. Und dann weiß ich, daß die Dinge, die mir etwas bedeuten, nicht zwangsläufig meinen Kindern dasselbe bedeuten, und es täte mir weh, wenn ich sehen müßte, was sie damit tun. Lebenslang habe ich an meine kleinen, süßen Porzellanentchen hingesammelt, und schwupps haben sie sie für ein paar hundert Euro verschleudert. Ich finde prinzipiell nicht, daß man Kindern etwas hinterlassen muß, mir selbst wurde auch nichts hinterlassen, und das hat meinem Selbstbewußtsein nicht geschadet, ganz im Gegenteil, was ich bin und besitze, das habe ich mir erarbeitet – ein gutes Gefühl. Sollte ich doch noch zuviel angehäuft haben, werde ich mir beizeiten Gedanken darüber machen. Ich glaube nicht, daß es schön ist, einen Nachlaß zu sortieren, also werde ich selbst dafür sorgen.

Ich werde es nicht bitter bereuen, daß niemand Mama zu mir sagte und ich nie das erhebende Gefühl genoß, eine Lohnsteuerkarte in der Hand zu halten, auf der ein Kinderfreibetrag eingetragen ist.

Sollte ich meinen Lebensabend nicht im Altenheim, sondern rüstig zu Hause verbringen, werde ich es nicht bitter bereuen, wenn ich Sonntagvormittag keinen Kuchen backe, weil nachmittags die Kinder kommen. Ich werde es nicht bereuen, mich nicht die ganze Woche darauf gefreut zu haben, die Kinder am Sonntag von drei bis vier zu Kaffee und Kuchen zu sehen. Heute bin ich in einem Alter, in dem andere zu den Eltern fahren, sonntags zu Kaffee und Kuchen von drei bis vier. Mir fällt niemand ein, der gern fährt. Es sind Pflichtbesuche. Und sie finden nicht wöchentlich statt, eher monatlich. Ausnahme: Die eigenen Eltern sind eingespannt in die Kinderbetreuung, sprich kümmern sich um ihre Enkel. Dann ist der Kontakt intensiv. Immer wenn man etwas von den Eltern will oder sie braucht, ist der Kontakt intensiv. Wenn sie beispielsweise stille Teilhaber der Firma sind, die man leitet, wenn sie sich um die Kinder oder Haustiere kümmern, wenn sie im Gegensatz zu einem selbst solvent sind, wenn man den Schlüssel für ihr Ferienhaus abholt oder den eigenen Schlüssel vorbeibringt, damit sie den Heizungsablesedienst in die Wohnung lassen, wenn man etwas eingekauft braucht, wofür man lange anstehen muß, wenn man eine Party plant oder einen Botengang zu erledigen hat, wenn man sich den Wagen leiht. Ich glaube nicht, daß ich es bitter bereue, wenn ich an meinem Lebensabend nicht zur durchgehend geöffneten Tankstelle mutiere.

Ich werde es nicht bitter bereuen, daß mir die Bekanntschaft einer Unmenge von Menschen entgeht, die mich nicht im Geringsten interessieren, die nur die eine Gemeinsamkeit mit mir hätten: Sie wären Elternteile. Ich werde es nicht bitter bereuen, daß ich nicht so lebte wie meine Eltern, die keine Männer- oder Frauenfreundschaften hatten, sondern stets nur im Doppelpack empfingen und empfangen wurden.

Ich werde es nicht bitter bereuen, sondern genießen, daß mich niemand total braucht. Gebraucht zu werden heißt unfrei zu sein, ich kann nicht tun, was ich will, weil ich dauernd gebraucht werde. Ich brauche das Gefühl, gebraucht zu werden, nicht, denn ich kenne meinen Wert auch ohne gebraucht zu werden. Wenn ich unabkömmlich bin, habe ich einen schweren Fehler gemacht, dann habe ich die anderen nicht in die Freiheit geführt, sondern in die Abhängigkeit. In diesem Sinn werde ich es auch nicht bitter bereuen, wenn alle gingen und nur das Kind bliebe, denn dann hätte ich wirklich ein Problem, ein Kind, das bleibt, ist eines. Aber ich würde es bitter bereuen, wenn in einer Welt, in der alle Beziehungen aufkündbar scheinen, es die zu meinem Kind nicht ist.

Ich werde es nicht bitter bereuen, meine Supereinsagene nicht weitergegeben zu haben, da ich geizig bin. Wirklich schade darum, da meine Supereinsagene doch die einzigen gewesen wären, die die Welt hätten retten können. Aber das mit dem Geiz ist bei mir genetisch festgelegt. Sorry, Leute. Und da wir gerade beim Thema sind: Ich werde es auch nicht bereuen, wenn nach mir nichts kommt und ich also nicht durch Stellvertreterinnen und Nachfahrinnen weiterhin am Geschick der Welt feile, und frage mich, ob ich vielleicht sehr religiös bin, wenn ich das nicht nötig habe, weil ich weiß, ich bin auch im Jenseits verbunden, und ob all die Christen, die sich vermehren müssen, das doch nicht glauben, sonst könnten sie ihren Platz hier sauber aufgeräumt verlassen und müßten nichts zurücklassen.

Ich werde es nicht bitter bereuen, daß ich kleinere Hausarbeiten nicht delegieren konnte, da ich gern hausarbeite.

Und ich werde auch nicht das Gefühl haben, ich hätte im Leben etwas Entscheidendes versäumt, wenn ich nicht an den Depressionen leide, die Frauen überfallen, wenn die Kinder aus dem Haus gehen. Zum Glück dauert dieser Zustand meistens nicht lange, denn schon bald bringen die Töchter und Söhne die ersten Enkelkinder, und die Depressionen verschwinden.

Ich werde es nicht bitter bereuen, daß ich nicht mit Kindern, sondern ohne Kinder reife. Viele Wege führen ins Altenheim.

Marlies

Ich bin Einzelkind und das sehr gern. Meine Eltern waren jung, als ich zur Welt kam, das habe ich immer genossen. Ich bin jetzt Mitte Dreißig, und sie sind Mitte Fünfzig. Wenn ich ein Enkelkind bringen würde, wäre ich nicht mehr das Kind meiner Eltern, sondern mein Kind würde aufrücken an meine Stelle. Davon hätte ich nur Nachteile. Sie würden mir reinreden. Ich würde meine Position als Einzelkind verlieren. Ich würde wahrscheinlich auch in der Erbfolge übergangen. Ich sehe das alles klar vor mir, weil es meiner Freundin so ergangen ist. Und da ich sehr gern Kind und vor allem im Mittelpunkt bin – das bezieht sich nicht nur auf die Beziehung zu meinen Eltern –, finde ich es einfach schön, daß nach mir nichts kommt und daß ich diese Unbeschwertheit genießen kann, nicht die drückende Verantwortung. Also da ich gern diese Position behalte und mit Kindern sowieso nicht viel anfangen kann, werde ich kinderlos bleiben. Ich bin die Kinder los, oder ich lasse sie los, wie du willst, auf jeden Fall ist das mein großes Los.

Verliebt, verlobt, verheiratet ...

... geschieden, zerhackten wir in Silben und hüpften den Gummi-twist. Verliebt, verlobt, verheiratet hatte meine Oma mir schon lange vorgesungen. Geschieden war neu hinzugekommen. Woher und was das genau bedeutete, wußte niemand, aber in unserer Siedlung gab es ein geschiedenes Paar. Alle beneideten dessen Tochter Jutta, weil sie am Wochenende von ihrem Papa abgeholt wurde, der viel Zeit für sie hatte und ihr jeden Wunsch erfüllte. So manches Kind hätte es gern gesehen, wenn sich seine Eltern hätten scheiden lassen. Und vielleicht taten sie es dann auch, denn Scheidungen waren in den 70ern modern. Ein Zeichen für Fort-schrittlichkeit und Freiheit. Manche Paare wußten bald danach nicht mehr, warum sie es getan hatten, es war einfach modern, und man konnte ja erneut heiraten, wie Richard Burton und Elisa-beth Taylor, vielleicht kriegte man dann auch eine solche Leiden-schaft.

Ich war in Werner verliebt, was Heidi wußte, und wenn ich sang, „verliebt-verlobt-verheiratet", und hoffte, das träfe bald zu, fügte sie „geschieden" hinzu, und das machte mich wütend, als stünde ich tatsächlich kurz vor der Hochzeit mit Werner, und Heidi, meine gelegentlich beste Freundin, hätte ihn mir ausge-spannt. Heiraten hieß für mich auf jeden Fall, Kinder zu bekom-men, obwohl ich bestimmt keine gewollt hätte, wenn ich gefragt worden wäre.

Heiraten und Kinderkriegen, das gehörte zusammen wie Milch und Cornflakes. Als Kind habe ich mir keine Gedanken darüber gemacht, sonst hätte ich mir auch Gedanken über meine Existenz machen und meine Eltern fragen müssen, warum es mich gibt. Alle verheirateten Paare in dem Haus meiner ersten Jahre hatten Kinder. Die meisten mehrere. Ich gehöre zu einem geburtenstar-ken Jahrgang, wie es so schön heißt. In meinem ersten Schuljahr wurden vierundvierzig Kinder von einer Lehrerin unterrichtet. Bis zur vierten Klasse waren wir stets um die vierzig Kinder in einem Klassenzimmer. Fast alle Menschen in unserer Umgebung bildeten Familien.

Ein junges, attraktives Paar fiel aus der Reihe. Herr und Frau Rossmann. Frau Rossmann war sehr schlank, immer sehr gut gekleidet und blau-rot geschminkt. Herr Rossmann hatte ein leicht glänzendes, rotbackiges Gesicht und war stets übermäßig gut gelaunt. Neben seiner nervös wirkenden Frau, die losschnauben und mit ihren Stöckelschuhen auf dem Boden hätte scharren können, ohne daß es mich gewundert hätte, machte er den Eindruck eines gemütlichen Weinbauern. Rossmanns hatten kein Kind. Es ging das Gerücht, Frau Rossmann wäre schwanger gewesen und hätte das Kind verloren. Seitdem sei sie traurig.

Alle Kinder grüßten die Rossmanns besonders höflich und rissen die Haustür auf, wenn sie sich näherten. Vor allem für Frau Rossmann. Die mochte zwar niemand, aber sie war sehr traurig wegen des verlorenen Kindes, und wir wollten ihr etwas Gutes tun. Oder wollten wir ihr schon damals zeigen, was sie mit dem Kind noch alles verloren hatte? Nach ein paar Jahren, als die Rossmanns doch wohl nun endlich mal über das verlorene Kind hinweggekommen sein sollten und immer noch keinen Nachwuchs hatten, wurden sie verdächtig. Sie waren bestimmt egoistisch. Vielleicht stimmte das mit dem verlorenen Kind gar nicht. Vielleicht hatten sie sich so eine Wohnung erschlichen.

Niemand fragte mich, ob ich einmal Kinder wollte, diese Frage stellte sich nicht. Ich war ein Mädchen, ich spielte mit Puppen, die Puppen waren meine Kinder, ich bereitete mich auf meine Rolle als Mutter vor. Der Trieb in mir lebte sich in den Puppen aus. Meine Bestimmung, für andere da zu sein, zu dienen und fürsorglich Nächstenliebe zu spenden, zeigte sich früh. Kleine Unfälle wie das mutwillige Ausreißen von Puppenhaaren und -beinen und das zornige In-den-Puppenkopf-Beißen würden sich noch verwachsen. Jungs spielten nicht mit Puppen, Jungs waren echte Kerls, weinten unter der Bettdecke und lebten ihre Natur als Eroberer und Forscher aus. Sie mußten in die Welt ziehen, während die Mädchen mit ihren Puppen um die Wohnblocks zogen.

Welche Auswirkungen das Azorenhoch auf die Wechselwirkung Natur/Sozialisation in der Erziehung von Mädchen und Jungen hat, darüber gibt es aufschlußreiche Literatur. Ganz wie Sie wünschen, können Sie Bücher lesen, in denen wird eindeutig bewiesen, daß besonders Mädchen naturgesteuert sind, während Jungen eher triebgesteuert sind. Sie können Bücher lesen, in denen eindeutig bewiesen wird, daß besonders Mädchen triebgesteuert sind, während Jungen eher naturgesteuert sind. Sie können aber auch Bücher lesen, in denen eindeutig bewiesen ist, daß der Mensch durch Erziehung zu dem gemacht wird, was er ist: also Junge oder Mädchen, und Sie können sich eindeutig beweisen lassen, daß die Biologie gegen die Umwelt keine oder alle Chancen hat. Am besten lassen Sie eine Buchhändlerin Ihres Vertrauens beweisen, wie gut sie ihre Bestände kennt. Es lohnt sich!

Ich glaube nicht, daß das Spielen mit Puppen etwas damit zu tun hat, ob eine Frau später eigene Kinder möchte, wenn auch manche Frauen, die keine Kinder haben, hervorheben, daß sie nicht mit Puppen gespielt hätten. Für mich ist das Spiel mit Puppen keine Vorbereitung auf eine spätere Rolle, sondern die Verarbeitung einer aktuellen Rolle, nämlich der des Kindes. Ich habe mit Barbiepuppen gespielt, daran erinnere ich mich wesentlich besser als an die anderen Puppen, was daran liegen mag, daß ich älter war. Ich erinnere mich an Ken, den Liebhaber von Barbie, und frage mich, warum es uns nicht irritierte, daß alle Liebhaber Ken hießen. Ich erinnere mich jedoch nicht an eine schwangere Barbie, obwohl wir Ken mit Leidenschaft an Barbie preßten und stöhnende Geräusche dabei machten, bis wir solche Lachanfälle hatten, daß wir es fast nicht mehr zur Toilette schafften.

In der Schule wurde von mir erwartet, daß ich alle Prüfungen bestand, guter Durchschnitt reichte, Durchschnitt wäre auch in Ordnung gewesen. Niemand spornte mich zu besonders herausragenden Leistungen an, es sagte aber auch niemand, ich würde sowieso heiraten, die Schule sei deshalb nicht so wichtig. Meine Mutter hielt es für erforderlich, daß ich auf eigenen Füßen stehe, doch lebenslang auf eigenen Füßen zu stehen war für eine Frau wahrscheinlich nicht unbedingt erstrebenswert, denn wenn sie auf eigenen Füßen stand, hatte sie keinen Mann abbekommen, der sie durchs Leben trug.

Ich weiß sicher, daß ich zwei Freunde meines Vaters heiraten wollte, doch ich war damals noch nicht schulpflichtig, und keiner der beiden nahm meinen Antrag an, den ich zum Entsetzen meiner Mutter selbst stellte, statt auf ihn zu warten, was auf meine Mutter zurückfiel, indem mein Vater gefragt wurde, wer wen geheiratet hätte: er meine Mutter oder sie ihn. Werner, in den ich dann verliebt war, wollte ich dann schon nicht mehr ernsthaft heiraten. Ich wollte eigentlich nur, daß er mich heiraten will.

Das zieht sich als roter Faden durch mein Leben. Alle Männer sollten mich heiraten und Kinder von mir haben wollen – während ich meine Freiheit bevorzugte oder jahrelang überlegen mußte oder ihnen schonend beibrachte, daß das nichts mit Liebe, sondern mit Besitzdenken zu tun hätte. Als Jugendliche hatte ich sowieso andere Prioritäten: erwachsen werden, die Schule hinter mich bringen und eine eigene Wohnung. Das war der Fixpunkt in meiner Zukunft, den ich vor mir sehen konnte. Von dieser eigenen Wohnung aus würde ich dann losstarten. Ich kann mich nicht erinnern, daß ich eine Familie plante. Ich weiß allerdings, daß ich ab meinem zehnten Lebensjahr Schriftstellerin werden wollte, aber nicht wußte, wie das zu erreichen wäre, und deshalb auf die immer wieder gern gestellte Frage von Erwachsenen, *Und was willst du einmal werden?*, „Journalistin" antwortete. Ich hatte sicher die Vorstellung von einem Mann oder Männern, die mich begleiteten. Aber ich kann mich nicht an Kinder erinnern. Ich war doch selbst dabei, dem Kindsein zu entwachsen, da wollte ich mich nicht schon wieder damit befassen.

So ähnlich ist es bis heute geblieben. Ich wohne nicht mit Lui zusammen. Wenn wir ein Kind hätten, würden wir zusammenziehen, es wäre praktischer. Ich will aber nicht zusammen wohnen beziehungsweise lediglich zu fünf Prozent, also ganz manchmal und eigentlich nur gelegentlich mal zwischen November und Januar und stets nach 18 Uhr. Diese fünf Prozent beabsichtige ich bis zu meinem fünfzigsten Lebensjahr, das ich mir als angebrachtes Datum gesetzt habe, um die Sache mit der gemeinsamen Wohnung neu zu überdenken, nicht aufzublasen – außer eine plötzlich auftauchende Gebrechlichkeit machte es nötig, weil ich oder Lui auf tägliche Hilfe angewiesen wären.

Ich habe einmal zusammen gewohnt. Nach fünf Jahren als Paar in getrennten Wohnungen. Wunderbare fünf Jahre. Wir sahen uns drei-, viermal in der Woche und hatten Zeit füreinander. Wenn ich ihn traf, war mein Kopf frei, ich hatte mich eingestimmt und vorgefreut auf ihn, war ganz da. Er war auch ganz da. Wir nahmen uns wichtig. Ganz am Anfang dieser Beziehung hatte ich einmal den Spleen gehabt, zusammenzuziehen. Zur gleichen Zeit hatte ich auch den Spleen, mit diesem Mann ein Kind zu haben.

Ich schreibe Spleen, weil die meisten Frauen, die ich kenne, und viele andere, von denen ich gehört/gelesen habe, sich gerade am Anfang einer Beziehung ein Kind wünschen. Das liegt wahrscheinlich daran, daß sie glauben, das Kind sei eine Art Sicherheit – was für ein Trugschluß! Man hat den anderen Menschen noch nicht so ganz im Griff und wünscht sich etwas Verbindliches. Ein Zeichen für die Zukunft. Zudem symbolisiert das Kind die Liebe. Du und ich verschmelzen miteinander – in der häufig auftretenden romantischen Stimmung während der ersten Verliebtheit ist diese Fantasie eines der am häufigsten abgebildeten Motive. Es kommen auch viele Kinder auf die Welt, deren Eltern sich erst kurz kennen – und die sich dann im Folgenden auch nicht mehr besonders intensiv kennenlernen.

Nach fünf Jahren Beziehung zogen wir also zusammen. Hätten sich nicht gewisse äußere Umstände verändert, hätten wir das wahrscheinlich nicht getan. Ich war sehr aufgeregt. Es war mein erstes Mal. Andere waren dauernd ein- und ausgezogen, und bis dato hatte ich dabei nur als Umzugshelferin und Gesprächspartnerin fungiert: *Soll ich wirklich? Wie wird sich unsere Beziehung verändern? Was ist, wenn ich mal seitenspringe? Muß ich jetzt jeden Tag kochen? Soll ich seine Wäsche mitwaschen? Kann ich meine Epilationsutensilien offen herumliegen lassen? Wer zahlt die Telefonrechnung? Brauchen wir zwei Nummern? Wie teilen wir die Räume auf? Ist es wichtig, daß jede/r ein eigenes Bett hat? Wer putzt das Klo?*

Ach wie aufregend und spannend. Alles einrichten und besprechen und jede Nacht beisammen! Viele Momente waren traumhaft schön. Auch die Selbstverständlichkeit. Immer noch freute ich mich jeden Tag, ihn zu sehen. Ich freute mich, wenn ich nach Hause kam und Licht brannte, ich freute mich manchmal sogar über seine Bartstoppeln im Waschbecken oder über eine auf dem Weg vom Schlafzimmer zum Bad ausgesetzte Socke. Aber obwohl wir nun eigentlich viel mehr Zeit zusammen hatten als zuvor, verbrachten wir weniger Zeit miteinander. Einen großen Teil unserer Zeit beanspruchte die Organisation des Zusammenlebens. Wer kauft ein, was essen wir am Wochenende, sollen wir jemanden einladen, Fenster putzen oder den Keller räumen? War dies geklärt, begannen wir aber nicht mit den früher geführten intensiven Gesprächen. Wir redeten dies und das – nichts Besonderes. Oder wir schalteten den Fernseher ein.

Seltsam. Ich habe nie zuvor soviel ferngesehen wie in dieser Beziehung – doch erst in der gemeinsamen Wohnung. Als wir in zwei Wohnungen lebten und zwei Fernseher hatten, schalteten wir die fast nie an. Das gemütliche Sofa in unserer gemeinsamen Wohnung vor dem Fernsehgerät hingegen zog magnetisch an. Wir kuschelten und schauten irgendwas an – und ich fühlte mich bestimmt sehr wohl. Ob ich es manchmal seltsam fand, daß ich nun, zu zweit, wo ich mich doch austauschen könnte, mehr fernsah als allein? Wir kamen nicht mehr auf die Idee, tanzen zu gehen, ein

Brettspiel zu beginnen, uns eine Geschichte vorzulesen oder sonst etwas miteinander und aufeinander Bezogenes zu tun. Irgendwann gingen wir ins Bett, und da wir den ganzen Abend irgendwie zusammen gewesen waren, lagen wir nun auch irgendwie im Bett. Wir wohnten zusammen, wir waren ganz nah – und trotzdem fühlte ich mich nicht so erfüllt, wie ich mich gefühlt hatte, als wir nicht zusammen gewohnt hatten. Mein Liebster war dauernd da, aber ich erreichte ihn nicht. Zuvor war er nicht dauernd gewesen, und ich hatte ihn, wir hatten uns erreicht. Im Zusammenwohnen entfernten wir uns voneinander.

Ich brauche nicht weiter in diesem Drehbuch zu blättern – viele kennen es. Wenn ich zum Beispiel nach einem anstrengenden Tag nach Hause kam und mich auf ihn freute – und er nichts eingekauft hatte, obwohl das besprochen war. Und obwohl ich ihm zusätzlich einen Zettel geschrieben hatte – den hätte ich mir sparen sollen, dann hätte es wahrscheinlich geklappt. Wir hatten völlig verschiedene Vorstellungen von Heimeligkeit. Ich fühle mich im Überschaubaren wohl, er war ein Höhlenbauer. Obwohl unsere Wohnung 130 Quadratmeter groß war – beide hatten ihren eigenen Arbeitsbereich, gemeinsam waren Küche, Wohnzimmer, Schlafzimmer –, breitete ich meine Ordnung aus, die er boykottierte. Wir stritten nicht, wir sprachen über Lappalien. Wir unterhielten uns zwischen Tür und Angel. Wir nahmen uns nicht mehr wichtig, sondern selbstverständlich wie Möbelstücke. Und als wir es merkten und erschraken und sofort begannen, uns zu verabreden, ein, zwei Tage in der Woche, die uns gehörten, wo wir Programm machten statt konsumierten, schafften wir es nicht mehr, unsere Liebe zu retten, die im Nebeneinanderher stumpf geworden war.

Wir trennten uns. Viele schöne Momente nahm ich mit. Und ich nahm die Erkenntnis mit: Wer zusammenzieht, muß wachsamer sein, als wer getrennt wohnt. Es ist leichter, nicht zusammen zu wohnen. Es ist manchmal auch schöner. Manchmal ein bißchen umständlich. Doch wie das Kind zur Grundausstattung der Liebe zu gehören scheint, an dem auch der Grad der Zuneigung gemessen wird, so ist es auch mit dem Zusammenwohnen. Ein Paar, das nicht nach einer bestimmten Zeit zusammenzieht, bei dem stimmt was nicht.

Ihr habt doch nur eine Wochenendbeziehung?

Etwas in mir möchte sich rechtfertigen: *Nein, ganz bestimmt nicht, wir sehen uns unter der Woche, und auch andere, die zusammenwohnen, sehen sich unter der Woche selten, weil da arbei-*

tet man ja und ist müde vom Job. Etwas anderes in mir regt sich über dieses eine Etwas, das sich rechtfertigen will, auf und sagt ruhig: *Na und. Es ist die gleiche Geschichte wie im Krieg der Mütter gegen die Nichtmütter, es gibt auch den Krieg der Paare, die zusammenwohnen, gegen die Paare, die nicht zusammenwohnen.*

Ich finde es schwierig, dafür zu sorgen, daß die Wochenendbeziehung nicht als Alltagsbeziehung endet.

Was soll denn an einer Alltagsbeziehung schlecht sein?

Nichts. Nur ist mir die Liebe sehr wichtig, und ich möchte sie gern hegen und pflegen und wertschätzen und mit vollster Aufmerksamkeit behandeln. Wenn ich ausgelaugt bin, gelingt mir das nicht so gut. Ich finde das Wochenende für die Liebe einen angebrachten Zeitraum, da das Wochenende etwas Besonderes ist wie die Liebe. Es muß nicht das ganze Wochenende sein, Häppchen eines Wochenendes oder andere freie Tage, wenn ich am Wochenende arbeite, tun es auch. Hauptsache, ich bin mit mir so im Reinen, daß ich meinen Partner aufmerksam wahrnehmen kann.

Nach dem Motto, ich nehme, was ich brauche?

Genau. Wenn ich habe, was ich brauche, kann ich geben. Leere Hände haben nichts zu verschenken. Und leere Herzen lassen kalt. Nach einem stressigen Arbeitstag mit Stau zur Krönung, wenn ich verschwitzt und müde und genervt nach Hause komme, bin ich nicht in der Verfassung, etwas zu geben. Da muß ich erst mal wieder bei mir selbst ankommen.

Aber was ist die Liebe im Sonntagsgewand schon wert?

Die besten Stunden, die beste Laune – von allem nur das Beste.

Und in schweren Zeiten?

Wird sie dank dieses Vorrats an Bestem wunderbar tragen und schützen und bergen, denn ihre Speicher sind voll.

Ja, das sagst du so leicht, weil du ja auch kein Kind hast, da kann man sich hopplahopp einfach zwei Wohnungen leisten. Ist ja alles auch eine Geldfrage. Wollen wir das mal nicht vergessen. Wenn du ein Kind hättest, würdest du auch zusammenwohnen.

Das kann gut sein.

Siehst du!

Ich sehe nichts, denn ich habe kein Kind. Ich möchte nicht zusammenziehen. Beim Zusammenwohnen mit Kind müßte ich täglich kochen. Ich müßte mich um Ernährungsfragen kümmern. Ich müßte Gutenachtgeschichten vorlesen, statt Bücher zu lesen, die mich interessieren.

*Aber es ist wunderbar, wenn das Kind auf ein bestimmtes Mär-
chen wartet, das es schon auswendig kann!*

Ich finde es wunderbar, wenn ich ein Buch aufschlage und
nicht weiß, worum es geht.

Du bist egoistisch!

Ich finde, ich bin neugierig.

*Dein Mann findet dich bestimmt auch egoistisch. Deshalb wird
er dich verlassen. Viele Männer verlassen ihre Frauen. Und dann
stehst du da mit Kind. Dann wirst du dich drum kümmern müssen. Dann mußt du die Gutenachtgeschichten vorlesen. Dann
mußt du in den bitteren Apfel beißen.*

In den beißt mit Verlaub Schneewittchen. Das gibt es sicher auf
Hörkassette.

*Dein schlechtes Gewissen wird dich schon noch vom hohen Roß
stoßen! Du wirst schon noch merken, daß eine Mutter ihr Kind
nicht im Stich lassen kann!*

Warum haben Männer kein schlechtes Gewissen, wenn sie
nicht nur Frau, sondern Frau und Kind im Stich lassen?

Weil sie keinen Busen haben.

Dort also sitzt das schlechte Gewissen?

Ja. Mädchen kriegen es mit der Muttermilch eingeflößt.

Pat ...

... war unschlüssig, ob sie ein Kind wollte. Ihr Mann war auch unschlüssig und überließ ihr die Entscheidung, schließlich sei sie es,
die es neun Monate herumtrage und dann wohl auch die meiste
Zeit dafür zuständig sei. Im Urlaub in Italien lief ihnen ein Welpe
zu. Halb verhungert und sehr anhänglich. Pat wollte keinen Hund, sie
konnte ihn aber auch nicht seinem Schicksal überlassen. Ihr Mann
war der gleichen Meinung. Sie nahmen ihn mit. Brachten ihn zur
Tierärztin, päppelten ihn auf. Der Hund ist nun zwei Jahre alt.

Was ein Kind für mein Leben bedeuten würde, habe ich durch
unseren Hund begriffen, sagt Pat. Früher habe ich es mir manchmal ganz schön vorgestellt, eine Familie zu sein. Aber ich habe
immer nur die Zuckerseiten gesehen. Jetzt haben wir einen Hund.
Das erste halbe Jahr war dieser Hund sicher mit einem Kind zu
vergleichen. Man schläft weniger, man stellt das ganze Leben um.
Hund oder Kind verstehen nicht, wenn man lange Auto fährt oder

sie allein läßt oder genervt ist. Das Leben mit Hund ist anders als ohne Hund. Der Hund zwingt mich zu einem Maximum an Umstellung. Mehr ist nicht drin. Mehr könnte ich nicht leisten, ohne das Gefühl zu haben, ganz erheblich an Lebensqualität und auch Innigkeit in der Paarbeziehung zu verlieren. Insofern hat mir der Hund gezeigt, daß es besser für mich ist, wenn ich kein Kind habe. Durch den Hund habe ich gesehen, was auf mich zukäme, wenn etwas Drittes mit eigenen Bedürfnissen permanent seine Ansprüche stellte. Einen Hund kann ich in seinen Korb schicken. Ich kann ihn auch zu einer Freundin geben, wenn wir mal länger verreisen. Ich kann ihn im Auto lassen, wenn ich einkaufen gehe. Mit einem Kind könnte ich das nicht machen. Und da das, was mit dem Hund machbar ist, schon sehr nah an meine Toleranzgrenze drängt, weiß ich nun, daß wir die richtige Entscheidung getroffen haben. Mein Mann hat sich sterilisieren lassen. Ich habe allerdings Wert darauf gelegt, daß er vorher eine Samenprobe einfrieren läßt. Denn wer weiß, ob wir für immer zusammenbleiben. Wir sind erst Anfang Dreißig. Und wenn wir uns mal trennen sollten und eine andere Frau gern Eltern würde mit ihm, dann soll unsere heutige Entscheidung das nicht verhindern. Mein Mann wollte das übrigens nicht. Er ist sehr romantisch.

Nachmittag

Ich wurde gerufen. Ich traute meinen Augen nicht. Laura! Meine Freundin Laura von der anderen Seite der Alpen! Ich kenne Laura seit meinem ersten Urlaub in Italien. Urlaub hieß damals Schulferien. Laura kam aus Rom, ich wußte nicht, wo das ist, sie behauptete, es gäbe dort auch ein Meer, was ich erst im nächsten Schuljahr glaubte, als Italien auf dem Lehrplan stand. Laura ist Malerin. Sie studierte in Florenz, Paris und uns zuliebe zwei Semester in München. In dieser Zeit wohnte sie mit mir in meiner Studentinnenwohnung. Laura ist wie eine Schwester für mich. Und sie war gekommen! Als Überraschungsgast! Meine italienische Schwester. Nachdem ich Lui stürmisch befragt hatte, wie er das hingekriegt habe, denn es war klar, er steckte dahinter, wollte ich mir Zeit für Laura nehmen.

„Ich bleibe bis übermorgen", lachte sie, „du kannst dich um deine anderen Gäste kümmern."

„Laura, du bist mein Stargast! Später die anderen. Erzähl mir erst etwas. Wie geht's? Was gibt's Neues? Wir haben mindstens sechs Wochen nicht telefoniert!"

„Zwei Monate", sagte Laura.

„Aha", nickte ich. Seltsam, daß Laura das so genau wußte.

„Ich war schwanger."

„Nein!" rief ich.

Laura musterte mich irritiert.

„Entschuldige", stammelte ich, „es hat überhaupt nichts mit dir zu tun. Es ist nur – anscheinend steht dieser Geburtstag unter dem Motto Kinderkriegen. Erzähl! Mit Massimo? Was ist passiert? Und wieso war? Erzähl mir, Laura!"

Bevor ich Laura erzählen lasse, möchte ich noch etwas über Laura erzählen: Laura ist vierzig, seit fünf Jahren mit Massimo, einem Jazzschlagzeuger, zusammen. Sie ist eine temperamentvolle, intelligente und sehr kreative Frau. Eine Persönlichkeit, an deren Freundschaft mir viel liegt, da sie mich oft genug aufmerksam gemacht hat, wenn ich selbst Gefahr lief, im Trott einzunicken. Laura ist zwar Italienerin, das heißt, sie lebt in einem Land, das insgeheim von Kindern regiert wird, dennoch hat sie das Thema Kind ähnlich kritisch bearbeitet wie ich.

„Stell dir vor!" rief Laura in ihrer typischen impulsiven Art. „Ich habe Rückenschmerzen und lasse mich von einer Osteopathin behandeln, und die schafft es nicht nur, meine Rückenschmerzen in Luft aufzulösen, sie schafft es zusätzlich, meinen Eisprung um zehn Tage zu verschieben."

„Was ist denn eine Osteopathin?"

„Ein Wunder. Aber das erzähle ich dir später. Weiter also: Natürlich muß es nicht an der Behandlung gelegen haben. Aber es erscheint mir so. Ich bekam keine Regel. Es vergingen Tage. Keine Regel. Aber dauernd ein Bauchgefühl, als würde es stündlich losgehen. Dieses Gefühl über Tage. Als mein Busen wuchs, war ich beunruhigt. Ich kann nicht schwanger sein, dachte ich. Dann hätte ich doch nicht das Gefühl, die Periode geht gleich los.

Doch, sagte die Ärztin, während sie das Ultraschallgerät einschaltete. Manche Frauen haben genau dieses Gefühl. Es ist ein Anzeichen für Schwangerschaft.

Und dann sah ich es schon selbst. Eine Art Blase auf dem Monitor, auf dem sonst nur das schwarze Nichts meiner Gebärmutter zu sehen war.

Sie sind schwanger! stellte die Ärztin fest.

Sie sind schwanger! Ich war dieses Sie! Nicht die anderen sie Plural waren schwanger, sondern Sie Singular: ich! Ich, ich, ich war schwanger! Unglaublich! Daß ich das überhaupt konnte! Ich meine, ich bin vierzig, und ich war nie schwanger! Zwischendurch habe ich geglaubt, bei mir geht das gar nicht, denn es hat oft Momente gegeben, da hätte es passieren können. Fast alle meine Freundinnen haben mal abgetrieben. Nur ich nicht. Und jetzt bin ich vierzig und felsenfest davon überzeugt, das Thema Kinderkriegen sei für mich vorbei – und ich werde schwanger. Zum ersten Mal in meinem Leben! Ich fuhr nach Hause. Singend. Ich war fast glücklich. Obwohl ich wußte, ich wollte das Kind nicht. Ich war glücklich, weil es ein Wahnsinn war. Ich und schwanger. Verstehst du?"

„Nein", sagte ich.

„Massimo hat es auch nicht verstanden. Er wußte, daß ich bei der Ärztin bin. Ich kam nach Hause und rief Hallo! Er sagte später, es sei ihm ein Stein vom Herzen gefallen, denn mein Hallo habe so fröhlich geklungen, da habe er gedacht, es sei alles gut, was bedeutete: Es sei nichts. Wir umarmten uns. Und ich sagte: Schwanger!

Um Gottes willen, nein! rief er. Das fand ich nicht so toll. Ein bißchen könnte er sich schon freuen, dachte ich. Er umarmte mich. Tröstend. Sprach besänftigend auf mich ein mit leiser, dunkler Problemstimme. Das machte mich sehr ungehalten. Es geht mir gut, rief ich und fügte hinzu, daß ich im Wartezimmer in einer Broschüre gelesen hatte, das Schlimmste, was ein Mann einer Frau antun könnte, sei, wenn er die frohe Botschaft höre und negativ darauf reagiere. Am allerschlimmsten wäre die Reaktion: Es ist nicht von mir. Das wäre nie wiedergutzumachen.

Aber du willst das Kind doch nicht, sagte Massimo. Es klang nicht nach Feststellung, es klang nach Frage. Und ich dachte, daß er wahrscheinlich denkt, ich taumle im Hormonchaos und bin nicht mehr Frau meiner Sinne.

Na und, sagte ich.

Willst du das Kind behalten? fragte er.

Nein, sagte ich. Du etwa?

Nein, sagte er verzweifelt, korrigierte sich, er wisse es nicht.

Wir kochten erst mal Pasta. Das machen wir immer. Das solltest du auch tun, wenn du in einer schwierigen Situation bist. Pasta beruhigt. Und dann sagte ich ihm, daß es wunderbar sei, schwanger zu sein. Und er sagte mir, daß er niemals verlangen würde, ich solle abtreiben, es sei doch mein Körper, und er finde, daß er da nichts zu melden habe. Wenn ich das Kind behalten wolle, würde er sich darauf freuen, obwohl er bestimmt kein Kind wolle. Aber mich wolle er. Egal wie.

Das hat seine erste unpassende Reaktion natürlich mehr als wiedergutgemacht. Ich sah, er war sehr bedrückt. Zum ersten Mal im Leben habe ich begriffen, wie ein Mann sich in einer solchen Lage fühlen kann. Durch seine Schuld ist die Frau, die er liebt, in dieser Situation. Das mit der Schuld stimmt natürlich nie so, aber bis dato waren die Männer für mich immer diejenigen, die fein raus waren. Das gilt nicht in einer guten Beziehung. Massimo fühlte sich ohnmächtig – da er überhaupt nichts tun konnte. Er war zum Statisten verdammt.

Wir saßen auf dem Balkon und schauten zum Vatikan hinüber – du kennst den Blick ja – und ich war schwanger. Das Kind wollte ich nicht. Aber das Schwangersein gefiel mir. Ich hatte verrückte Bilder im Kopf. Von einer neuen Wohnung und einem schönen Nest und Massimo und das Kind beim Spielen und ob es wohl seine brennend braunen Augen bekommen würde, und alles so wohlig und so wunderbar. Und gleichzeitig dachte ich, ich spinne. Aber die Hirngespinste lockten mich. Einen Platz zu haben. Zu einer Familie zu gehören. Und auch: dieses Symbol der Liebe. Ein Stück von dir und ein Stück von mir verschmelzen zu einem neuen Menschen. Ein Wunder! Das erzählte ich Massimo. Wie schön es sein könnte. Massimo fand das auch und war gleichzeitig beunruhigt. In Wirklichkeit fand ich es gar nicht so. Ich ließ mich nur völlig gehen. Ich paßte nicht mehr auf. Ich suhlte mich in dem Leim, den ich bislang erfolgreich vermieden hatte. Für Massimo war es kaum zu begreifen, was ich trieb. Es war ein gefährlicher Hochseilakt. Keiner von uns durfte abstürzten. Wir mußten unsere Positionen behalten, über die wir uns vor ein paar Stunden und all die Jahre zuvor einig gewesen waren. Wir leben zusammen. Jeder lebt sein Leben. Wir lieben uns. Wir genießen eine exklusive Beziehung voll gegenseitiger Achtung. Wir wollen keine Kinder. Aber ein bißchen schwanger sein war wohl erlaubt.

Nachts gingen wir auf die Piazza, Massimo band meine Schuhe zu. Er tat es, weil ich manchmal Rückenschmerzen habe, für mich war es, als täte er es, weil ich schwanger war. Und da habe ich begriffen, das ist es, was mir gefallen würde, was mir gefällt. Ich möchte gern mal schwanger sein. Ich möchte wissen, wie es sich anfühlt, wenn sich mein Körper verändert. Ich möchte, daß Menschen im Bus aufstehen und mir ihren Platz anbieten, ich möchte verwöhnt werden und geachtet und bewundert allein deshalb, weil ich Leben zur Welt bringen kann. Ich möchte, daß Massimo stolz ist auf mich."

„Aber das ist er doch!" fuhr ich dazwischen.

„Natürlich. Sehr stolz. Aber das ist etwas anderes. Ich war wie zweigeteilt. Ich wußte, daß ich mit dem Leben als Mutter unglücklich wäre. Dennoch war ich begeistert von dieser Schwangerschaft. Allmählich begriff Massimo auch, und wir stellten uns vor, wie es wäre mit Kind. Schlenderten über die Piazza und beobachteten Kinder. So entspannt schlendernd konnten wir uns alles gut vorstellen. Doch wir wußten, daß dieses Schlendern keine Gültigkeit hatte. Wenn ich eine Ausstellung vorbereitete, wenn Massimo Studiotermine hätte – wir würden nicht schlendern, sondern ins Schleudern geraten. Das wollten wir nicht. Und wir wollten auch in Zukunft nachts über die Piazza schlendern.

Ich müßte mehr Geld verdienen, sagte Massimo. Ich müßte Auftritte spielen, die was einbringen. In großen Hotels. Über Silvester.

Wäre das schlimm, fragte ich. Ich fragte es nur so.

Ja, sagte er. Jetzt kommt es mir schlimm vor. Aber ich würde mich damit arrangieren. Ich kann mich mit allem arrangieren.

Ich kannte ihn lange genug, um ihm das zu glauben. Das waren sehr schöne Momente. Massimo legte seine Hand auf meinen Bauch, und wir wußten beide, daß wir nicht geschaffen waren für ein Leben als Eltern. Und dennoch waren wir es in diesen Augenblicken."

„Hattest du denn keine Skrupel? Ich meine – vielleicht hat sich eine bestimmte Seele dazu entschieden, zu euch zu kommen?"

„Dann hat die Seele nicht gründlich recherchiert, sonst wäre ihr doch klar gewesen, daß bei uns kein Landeplatz ist. Außerdem war die Schwangerschaft noch sehr jung. Auf dem Ultraschallbild hat sich nichts bewegt. Wenn ich ein pulsierendes Herz gesehen oder menschliche Umrisse erkannt hätte – ich weiß nicht, was dann gewesen wäre. Ich habe in den letzten Wochen gelernt, daß man sich sehr schnell verändern kann. Ich denke jetzt auch anders über Frauen, die Kinder bekommen. Es ist eine sehr persönliche Entscheidung. Niemand hat darüber etwas zu meinen oder zu den-

ken oder gar zu äußern. Es geht nur die Betroffenen an. Du weißt,
ich habe vor Jahren schon die Entscheidung getroffen, ohne
Kinder zu leben. Nun aber hätte es tatsächlich passieren können,
daß ich sie über den Haufen werfe. Oder Massimo. Wenn Massimo
plötzlich umgeschwenkt wäre. Alles ist möglich, wenn du schwanger bist! Doch wir blieben uns treu. Und so vergingen drei Tage,
ich hatte schon einen Termin zur Abtreibung. Irgendwie wäre ich
gern länger schwanger gewesen, doch das erschien mir unpassend, denn jetzt, das Kind war drei Wochen alt, teilte sich gerade
mal sein Gewebe. Es war noch nichts zu sehen von einem
Embryo, eher eine längliche Bohne, die dabei ist, eine Wirbelsäule
auszubilden. Ich wollte nicht das Gefühl haben, einen kompletten
Menschen abzutreiben, obwohl ich weiß, daß man dieses Gefühl
von Anfang an haben kann. Und dann ist alles anders gekommen.
Zwei Tage vor dem vereinbarten Termin bekam ich meine Regel.
Ich hatte ziemlich Bauchweh und blutete heftiger als gewöhnlich.
Aber wenn ich nicht gewußt hätte, daß ich schwanger war, wäre
mir das nicht aufgefallen. Meine Frauenärztin hat gesagt, daß sehr
viele Embryos mit der Menstruation abgehen. Also befruchtete
Eizellen, die aber nicht alle Voraussetzungen haben, sich weiter-
zuentwickeln und deshalb abgestoßen werden. Ich war traurig",
sagte Laura mit leiser Stimme. „Es war ein Abschied. Und ich wußte, dies ist ein endgültiger Abschied von dieser rosaroten Zucker-
welt voller Familienglück. Sie ist wie Fliegenpapier. Sie lockt dich
an, aber wenn du nicht aufpaßt und dich drauf niederläßt, kommst
du nie wieder weg. Es ist kein schönes Leben, auf Fliegenpapier
zu kleben statt zu fliegen."

„Ich glaube, ich war nie schwanger", sagte ich.

„Würde es dir gefallen, schwanger zu sein?"

„Ich weiß nicht. Ich kenne einige Frauen, die waren rasend
gern schwanger. Eine fällt mir ein, die bekam ihr viertes Kind nur
aus dem Grund, weil sie Schwangersein so toll fand."

„Ist nicht wahr", kicherte Laura.

„Doch!"

„Wenn es ein Spiel gewesen wäre, wäre ich auch gern noch ein
bißchen länger schwanger gewesen. Ich finde, jede Frau sollte es
ausprobieren können."

„Ausprobieren würde ich es auch gern mal", gab ich zu.

„Eine Frau, die kein Kind hat, sollte einen Zyklus von neun
Tagen schwanger sein in ihrem Leben", fantasierte Laura. „Einmal

soll ihr dies zustehen, aber sie kann es auch öfter beanspruchen, wenn sie es möchte. In diesen neun Tagen erlebt sie die neun Monate einer Schwangerschaft. Jeder Tag ist ein Monat. Ihre gesamte Umwelt hat sich danach zu richten. Am ersten Tag ist sie unsicher, am zweiten Tag sagt sie es dem Vater des Kindes – sie wird das Spiel wahrscheinlich nur spielen, wenn sie in guter Beziehung zu ihm lebt –, am dritten Tag feiert sie die Nachricht mit ihrer Familie und ihren Freunden, am vierten Tag sind ihr die Röcke und Hosen zu eng, und sie geht einkaufen, am fünften Tag spürt sie das Kind zum ersten Mal, am sechsten Tag ist sie todunglücklich, weil sie begreift, daß ihr Leben sich von Grund auf ändern wird, am siebten Tag tut ihr alles weh, und sie hat grauenvolle Angst vor der Geburt, am achten Tag sucht sie einen Namen für das Kind, am neunten Tag bleibt sie mit ihrem Mann im Bett und gebiert.'

„Du spinnst", lachte ich.

Lui schaute zu uns herüber.

„Laura hat in neun Tagen ein Kind zur Welt gebracht", rief ich.

„Das schafft nur Laura", erwiderte Lui. Und schon war er wieder unterwegs. Irgend jemand hatte ihn um Ohrenstäbchen gebeten – was die Leute nicht alles brauchten auf einer Gartenparty.

„Zwei Dinge", sagte Laura ernst. „Erstens möchte ich nicht, daß du Lui oder anderen von meiner Schwangerschaft erzählst."

Ich nickte.

„Vor zehn Jahren hätte ich allen davon erzählt. Mein Telefon wäre stundenlang blockiert gewesen. Heute finde ich, Fragen um Schwangerschaft und Kinderbekommen sind eine sehr persönliche Angelegenheit, die ich nur meinen vertrautesten Menschen mitteile. Und zum anderen – so unbeschwert und sogar glücklich ich diese Tage der Schwangerschaft auch wahrgenommen habe – etwas habe ich gespürt, das war wie ein Vorbote, eine Warnung."

„Was für eine Warnung?" fragte ich gespannt.

„Mein Busen", sagte Laura. „mein Busen ist sehr gewachsen. Ich hatte einen solchen Balkon, daß ich am Computer kaum mehr die Tastatur unter mir erkennen konnte. Es war unglaublich. Rund und voll und fest. Ich fand den Busen toll. Der Busen hatte nur einen Nachteil. Er tat weh. Und es war leider nicht möglich, ihn anzufassen. Für mich kaum und für Massimo bestimmt nicht. Und da dachte ich: So fängt es an, daß das Kind Besitz ergreift von dir, deinem Körper, deiner Lust, deinem Leben. Mein Busen war nicht mehr mein Busen. Er verwandelte sich in eine Nahrungsquelle für das Kind. So wie ich, die ganze Laura zu einer Nahrungsquelle für das Kind werden müßte, indem ich es versorgte, ihm zu essen gab, Zeit mit ihm verbrächte, mich um sein Leben kümmerte, rund um die Uhr und in allen Belangen. An meinen Brüsten spürte ich die beginnende Enteignung meines Leibes, meines Lebens. Jetzt ist mein Busen nicht mehr rund und voll und fest wie in der Schwangerschaft. Aber er gehört wieder mir!"

Elisabeth

Ich mag es gern aufgeräumt. Ich putze auch gern. Nicht, daß ich es aseptisch möchte – aber ich habe es gern sauber. Überschaubar und ordentlich. Ich finde, Putzen entspannt. Wenn die ganze Wohnung sauber ist, fühle ich mich auch sauber. Und genau deswegen will ich kein Kind. Ein Kind macht Dreck. Dabei soll ich als gute Deutsche putzen, immer schön putzen und Ordnung halten. Und – machen wir uns nichts vor – putzen und Ordnung sind in Deutschland auch wichtiger als Kinder haben. Nicht jedes Putzmittel hat eine Kindersicherung. Auch in der Werbung rangieren die Putzmittel vor den Kindern. Somit kann ich mich ruhigen Gewissens weiterhin aufs Putzen konzentrieren und die Kinder darüber vergessen.

Immer noch Nachmittag

Neue Gäste waren angekommen. So würde es wahrscheinlich weitergehen. Immer kamen einige später und noch später und zu spät, um gesehen zu werden; nachts würden nur Fackeln leuchten und vielleicht ein Lagerfeuer. Unter den Neuankömmlingen war auch Iris – meine älteste Schulfreundin. Sie hatte Laura Jahre nicht gesehen und stürzte begeistert auf sie zu. Damals, als Laura in München studierte, hatten wir viel zu dritt unternommen, besonders nachts. Zuweilen war es in jenen Zeiten wie ein Sport gewesen, nicht im eigenen Bett zu schlafen – oder wenn, dann nicht allein. Hauptsache, wir hatten den Freundinnen was zu berichten.

Im nachhinein erscheint dies wie ein Aphrodisiakum. Selbstverständlich nahmen wir die Pille. Aids war noch kein Thema. Und auch Kinder waren kein Thema, wir dachten nicht mal dran, daß das, was wir trieben, sich in Kindern niederschlagen könnte. Sex und Kinder gehörten nicht zusammen, so wie heute soziale Elternschaft und biologische nicht mehr zusammengehören, da Elternschaft und Fortpflanzung zwei voneinander unabhängige Kapitel geworden sind.

Wir waren in der Ausbildung, und vor allem waren wir damit beschäftigt, uns selbst zu finden und unser Leben einzurichten. In meinem Umfeld gab es keine Frauen, die vor dem dreiundzwanzigsten Lebensjahr heirateten und Kinder bekamen. Wenn mich nicht regelmäßig stattfindende Klassentreffen eines Besseren belehrt hätten, hätte ich glauben können, ich gehörte zu einer Mehrheit. In Wirklichkeit gehörte ich zu einer Minderheit, denn bei den Klassentreffen kursierten bereits Fotos von Hochzeiten und Taufen. Für mich wäre eine so frühe Mutterschaft nicht vorstellbar gewesen. Aber manche meiner Klassenkameradinnen empfanden sie als Freiheit. So wie meine Mutter es mir erzählt hatte: Ein Kind zu bekommen – natürlich als verheiratete Frau –, war die Eintrittskarte in die Welt der Erwachsenen.

„Und du?" wurde ich bei Klassentreffen gefragt. Den Satz zierten noch keine Widerhaken, wir waren jung.

„Ich weiß nicht", sagte ich und fügte wahrscheinlich an: „Später. Ab dreißig dann." Zum einen lege ich mich nicht gern fest, zum anderen hätte ich das nicht über die Lippen gebracht: Ich möchte kein Kind. Viel zu groß die Angst, etwas zu versäumen.

Niemals spürte ich den brennenden Wunsch, von dem mir manche Frauen erzählt hatten. Dieses sehnende Verlangen nach einem Kind. Das kannte ich nicht. Mein Kinderwunsch – sofern vorhanden – wuchs nie in meinem Herzen. Er entsprang meinem Kopf. Und da fragte ich mich: Gehört ein Kind zu einem für mich glücklichen Leben, und was entgeht mir, wenn ich kein Kind habe? Den ersten Teil konnte ich nicht beantworten, während die Antworten für den zweiten Teil sich geradezu unverschämt vordrängten.

Wunderbarer Sonntag, blauer Himmel, vielversprechender Morgen. Auf der grünen Wiese mit den gelben Blumen der mit weißer Tischdecke leuchtende Tisch voll buntem Geschirr und appetitanregend angerichteten Köstlichkeiten. Ein Stück weiter weg einige Gartenmöbel, ein Bernersennenhund läuft schwanzwedelnd um eine runde Ecke des weißen, wunderbaren, fensterfrontigen Hauses. Und da kommen sie auch schon. Der Mann, groß gewachsen, strahlend, durchtrainiert, Waschbrettmuster drückt durch T-Shirt, ein Tablett mit vier Gläsern selbstgepreßtem Orangensaft balancierend und rechts und links neben ihm die Kinder, Junge und Mädchen, wie aus der Werbung transplantiert, und alle singen: *Zum Muttertag wünschen wir dir!* Und etwas später, während die Kinder auf meine Hände starren, die die Verpackung der Geschenke manierlich öffnen, wechsle ich einen tiefen Blick mit dem Göttergatten, und wir sind inniglichst verbunden, wäre es möglich, müßte auf der Stelle etwas explodieren, so groß ist unsere Liebe und Leidenschaft, doch Explosionen hinterlassen dunkle Flecken – also schweigen wir und senken die Lider.

Wir verbringen einen wundervollen Tag. Und am Montag – nach einem Frühstück, das jenem am Sonntag um nichts nachsteht, nur daß es keine Geschenke für mich gibt, lediglich ein Blümchen, das der Göttergatte auf meinen Teller gelegt hat – *wer hat eigentlich den Tisch gedeckt und das Frühstück zubereitet? Wahrscheinlich die Haushälterin* –, fährt er mit seinem schnittigen Sportwagen zur Arbeit, dreimal hupt er unten an der Einfahrt, und dann bin ich mit den Kindern allein. Sie sind fröhlich und spielen im Garten, ich kümmere mich im Haus um dies und das, dann fahre ich den Familienvan aus der Garage, und los geht's zum Einkaufen. Die Kinder vertrauen mir ihre Sorgen und Hoffnungen an, in den Geschäften beglückwünschen mich fremde Menschen zu meinem wohlgeratenen Nachwuchs. Ich nehme die Huldigungen entgegen. Nachmittags fahren wir an einen See, wir haben viel Spaß, die Kinder beschäftigen sich artig miteinander, ich lese ein Buch. Dann kehrt der Göttergatte heim, das Abendessen ist fertig, wir sitzen diesmal im Wohnzimmer mit dem herrlichen Panoramablick über unverbaute Aussicht, die Kinder erzählen von ihrem schönen Tag, es ist sehr lustig, besonders weil sie manche Verben falsch konjugieren, der Göttergatte erzählt ein bißchen, ich auch, und in unseren Blicken flackert die Vorfreude auf später, wenn die Kinder im Bett sind, das sind sie dann auch bald, weil sie sich widerspruchslos und wohlgelaunt verabschieden.

Irgendeine gute Fee räumt das Geschirr weg, und dann sitze ich mit dem Göttergatten auf der Veranda, wir trinken Rotwein von den Nachbarn unseres Anwesens in der Toskana, und er sammelt einen Korb voller Sternschnuppen für mich. Irgend jemand hat eine alte Platte aufgelegt, und wir tanzen über die Veranda – in unser Schlafzimmer hinein, wo sich die weiten weißen Vorhänge bauschen im sanft aufkommenden, lauen Sommerwind.

Ungefähr so stellte ich es mir also vor. Gut, über den Stil des Hauses konnte man sprechen – auch was die Inneneinrichtung betraf – mit hellblauen Schlafzimmervorhängen hätte ich – zwar nicht glücklich, aber fast – leben können. Darunter würde ich es nicht tun. Und daß ich das auch gar nicht brauchte, zeigten mir unzählige Prospekte – von Bausparkassen über Versicherungen zu Säuglingsnahrung und Margarine. Diese Firmen wollten uns doch nicht verarschen! Die bildeten doch deutsche Wirklichkeit ab. Deutschen Alltag. Schließlich warben sie für viele. Da konnten sie doch nicht mit den Bildern für ein paar Privilegierte anrücken. Oder war es vielleicht so, daß die vielen von dem träumten, was wenige hatten, und sich im Traum vereinten zu einer Wahrheit, einer Wunschwahrheit, und diese Wünsche wurden in der Werbung Wirklichkeit? Ja pfui Teufel! Das muß eine aber erst mal durchschauen!

Tut doch jede! Wir sind doch nicht blöd!

Tatsächlich? Ich habe mich davon einlullen lassen. Und keine Regierung hat mir zugerufen: *Bürgerin Seul, Vorsicht! Sie sind dabei, Neppern, Schleppern, Bauernfängern auf den Leim zu gehen. Bürgerin Seul, sehen Sie klar und handeln Sie verantwortungsbewußt.* Nein, ganz im Gegenteil. Die Regierung förderte diese Wünsche noch, indem sie selbst sich so zeigte – im Privatleben, wenn auch in etwas kleinerem, bescheidenem Rahmen, dennoch wollte sie uns suggerieren: Wir gehören zu denen, zu denen du auch gehören willst, also wähle uns, dann bist du mit im Boot.

Ins Boot wollte ich nicht. Ich wollte ins Haus. In das mit den Panoramafenstern und der grünen Wiese mit den Blumen. Den Hund wollte ich auch, aber bitte eine andere Rasse, etwas Sportlicheres, schließlich hatte ich keine Kinder, die auf dem Hund reiten sollten. Die Kinder ... wollte ich ehrlich gesagt weniger. Den Göttergatten schon wieder lieber, nach eingehender Prüfung auf Herz, Hirn und Hoden. Aber ich hätte die Kinder genommen, wenn sie Bedingung gewesen wären, allerdings hätte ich die Haushälterin kennenlernen wollen. Ach, sie hat Urlaub.

Na, meinetwegen. Ich werde jetzt nicht ins Neubaugebiet fahren und dort einkaufen, wo die abgehetzten Mütter mit den tiefen Nase-Mund-Falten und den Augenringen und Haltungsschäden mit ihren Kindern unter den Armen an der Käsetheke anstehen, während sie Rotzglocken abputzen und dann nach Hause hetzen, wo die restlichen Kinder den Vogelkäfigsand in den Toaster geschüttet haben, während die zwei Wellensittiche an den Herztabletten, die Mutter für Oma aus der Apotheke geholt hat, elendig verendet sind, ich werde nicht warten, bis die gestressten gottlosen Gatten von der Arbeit kommen und von ihren unzufriedenen Frauen angekeift werden, weil sie keine Verantwortung übernehmen, im Haushalt nichts tun, immer nur ihre Ruhe wollen – und ich, ich habe seit Jahren keine Ruhe mehr gehabt – aber du arbeitest nicht, du bist den ganzen Tag zu Hause, wenn du es nicht schaffst, dir deine Zeit so einzuteilen, daß du über die Runden kommst, dann bist du zu Hause am besten aufgehoben, weil du im Berufsleben nicht so haushalten kannst, wie du es tust, so ohne Effizienz und Ökonomie.

Ich gehe also nirgends hin, ich bleibe einfach da, wo ich bin, irgendwann ist der Urlaub der Haushälterin bestimmt vorbei.

Bis dahin kann ich beispielsweise auf die Idee kommen, daß die wenigen, die in solchen Häusern wohnen, nicht glücklich sind. Daß die Häuser zwar existieren, aber die schönen Menschen, die darin und davor glücklich abgebildet, SchauspielerInnen sind. Wer in einem solchen Haus wohnt, denen geht es schlecht. Die sind zerfressen von Neid und Habgier und Raff- und Eifersucht. Die können die schönen Dinge des Lebens nicht schätzen und leiden an Depressionen. Es wäre ungerecht, wenn manche alles und andere nichts hätten!

Bis dahin kann ich auch meine ehemalige Studienfreundin Reni aufsuchen. Reni studierte Soziologie und Psychologie und engagierte sich sehr in der Frauenpolitik. Reni wollte kein Kind. Dann war Reni schwanger und sagte: „Die Gesellschaft an und für sich ist zu kalt und technisiert, wir brauchen etwas, das uns Zugang zu unseren Gefühlen lehrt, um die Stimme unserer Herzen zu hören! Das ist der Appell, den Kinder an uns richten! Dem dürfen wir uns nicht verschließen! Ein Kind macht das Leben spontan, weil es eben nicht automatisch reagiert, sondern triebgesteuert, und da merkt man selbst erst, was das Leben eigentlich ist, man reflektiert ganz anders. Natürlich bin ich mir im klaren über die psychologische Nutzenfunktion eines Kindes, aber man kann es auch in andere Worte fassen und ausdrücken, wie einem ein Kind dabei hilft, die eigene Gelassenheit und Geduld zu entdecken, das sind enorm wichtige Eigenschaften, unabdingbar für das sozial harmonische Miteinander, ganz zu schweigen von Fürsorglichkeit und Zärtlichkeit. Diese unglaubliche Nähe. Eine Nähe, wie es sie zwischen Mann und Frau nicht gibt, besonders nicht in unserem Alter, wo Männer zwar behaupten, sie wollen kuscheln, aber dann steht ihr Schwanz im Weg. Die Nähe, die man mit einem Kind erleben kann, ist so umfassend und so tief wie nichts anderes. Deshalb wächst man daran auch wie an keiner anderen vergleichbaren Situation. Und man wird allgemein viel aufmerksamer.

Ich stricke zum Beispiel gerade einen Pullover. Ich habe lange nicht mehr gestrickt. Seit der Pubertät nicht mehr, da hatte ich mal so eine Phase. Ich stricke nicht besonders gut, doch nun stelle ich mir vor, daß ich mein Kind mit diesem Pullover, in dem jede Masche voller Liebe in meinen Händen entstanden ist, mit einer wunderbaren Umarmung beschütze. Ich glaube, so etwas ist spürbar, früher wäre mir das gar nicht eingefallen, aber dies sind die Dinge, die das menschliche Zusammenleben wirklich verändern, sie erscheinen nur so klein, daß sie gern übersehen werden, und darin liegt der Fehler. Selbstverständlich habe ich mich nach der Herkunft der Wolle erkundigt – auch das wäre mir früher nicht eingefallen, aber ich möchte nicht, daß ein gefoltertes Schaf herhalten muß, mein Kind einzukleiden. Wenn wir unsere Kinder mit dem Besten auffüllen, was wir erlangen können, dann werden sie eine bessere Welt gestalten. Das ist der Weg, wie wir Utopien lebbar machen können. Für mich heißt das nicht, daß ich den Kampf für die Rechte der Frauen aufgegeben habe, ganz im Gegenteil, ich fange ganz unten an, in der Scheiße sozusagen, der Windel meines Kindes respektive der kollektiven Windel einer neuen Gesellschaft. Ein ganzer Kosmos kann sich in einer vollen Windel offenbaren – wer Augen hat zu sehen, der sehe! Wenn wir alle uns kümmern würden, dann würden wir alle uns anders fühlen. Verantwortlicher. Diese Nullbockgesellschaft hätte wieder Bock. Das fängt im Kleinen und Kleinsten an.

Der nächste Schritt ist die Ernährung. Das ist gar nichts Kleines und Kleinstes mehr. Aber Erwachsene nehmen sich oft nicht ernst, erst durch die aufopfernde Liebe zu einem Kind kümmern sie sich darum, insofern politisieren Kinder, das wird auch gern übersehen. Viele Kinder zum Beispiel wollen aus Tierliebe kein Fleisch essen. Was bleibt den Eltern da übrig, als irgendwann ebenfalls darauf zu verzichten? Was wir für uns selbst nicht schaffen – für unsere Kinder schaffen wir es. Da kämpfen wir gegen genmanipulierte Nahrungsmittel und allergieverursachende Schnuller, gegen Handysendemasten und Atomkraftwerke, gegen Mülldeponien und Autobahnen. Für unsere Kinder machen wir uns schlau, wir sind doch verantwortlich für ihr Wohlergehen. Wir meinen immer, wir stecken das schon weg, so ein bißchen Formaldehyd und den verdreckten Sandkasten am Spielplatz, die chemische Fabrik und Hormone im Wasser. Aber so ein kleines zartes Kind – das hat noch nicht das Abwehrsystem eines Erwachsenen. Das ist permanenten Angriffen ausgesetzt – die ihm sein Leben als Erwachsener eines Tages dann vielleicht verunmöglichen. Und damit fordern uns die Kinder heraus.

Sie brauchen keine Partei zu gründen, Kinder sind eine Partei, weil sie nämlich noch Augen haben zu sehen. Weil sie uns mit ihren anscheinend naiven Fragen ganz schön in Verlegenheit bringen. Weil sie die Wahrheit sehen können, sie können sehen, daß der Kaiser nackt ist, und mit einem einzigen Warum schaffen sie es, ganze Kartenhäuser zum Einstürzen zu bringen. Kinder brauchen keinen Luxus, sie zeigen dir, was nötig ist, da kannst du unendlich viel lernen. Und du kannst dir andererseits den Luxus erlauben, mal richtig doof zu sein. Knuddeln und Quatsch machen und all das tun, was in der erwachsenen Welt keinen Platz hat. Mal spielen, ein Schwein zu sein oder eine Katze, grunzen und miauen. Klar ist das gewöhnungsbedürftig. Aber es ist nicht unsinnig. Denn nur mit spielerischer Kreativität löst man Probleme. Alltägliche und weltpolitische.

Kürzlich bin ich mit meiner Nichte eine Pizza kaufen gegangen. Wir hüpften nebeneinander her, ihre Hand in meiner. Die Menschen blieben stehen und lächelten wohlwollend. Beim Pizzabäcker wurden wir vorgelassen. Alle waren ausnehmend freundlich – die Stimmung in der Straße und beim Pizzabäcker war eine völlig andere als sonst. Das haben wir gemacht! Indem wir uns der Unschuld des Kindseins hingegeben haben! Damit haben wir an die kollektive Unschuld, an das Kind in jedem Menschen gerührt. Und das ist die Ressource, mit der wir die Erde retten können. Nicht mit runden Tischen und Konferenzen und Abkommen. Sondern mit der Kraft, in der wir alle gleich sind. Mit der Kraft, die in uns Menschen allen gleichermaßen ruht. Mit der Kraft der Kinder!"

Im dritten Monat verlor Reni ihr Kind und sagte im dritten Monat danach: „Kinderkriegen gut und schön, aber du brauchst Geld dazu. Was tun all die Frauen, die nicht das Geld haben, diesen Mutterschaftswahnsinn mitzumachen? Die billig einkaufen müssen, die sich den Bioladen nicht leisten können, die sich auch keine Ferien zur Intensivierung der Mutterkindbindung leisten können. Bringen die sich um? Dürfen die keine Kinder kriegen? Wie wäre das überhaupt, nur Wohlhabende pflanzen sich fort? Und außerdem – schau dich doch mal um, dann siehst du ganz klar, daß nicht mehr die Eltern die Kinder erziehen, sondern die Eltern wünschen sich, von ihren Kindern erzogen zu werden, und zwar wollen sie Spontanität lernen und sich natürlich fühlen, total pur und authentisch – das ist doch Wahnsinn, was man einem Kind damit antut! Das Kind soll die bessere Welt bringen, von der die Eltern träumen, die sie aber aus Bequemlichkeit nicht durchsetzen können. Das Kind soll als Glücksbringer entschädigen für all das, was nicht optimal gelaufen ist im Leben der Eltern.

Widerlich, sage ich da nur. Und dann wird das Kind ein bißchen älter und möchte fernsehen und computern und so weiter. Natürlich braucht das Kind den Computer – aber was das für eine Zerreißprobe ist ... da müssen Eltern unter Umständen Dinge fördern, die sie überhaupt nicht ausstehen können, nur weil das Kind süchtig nach Konformität ist und jahrelang braucht, ehe es begreift, daß Konsum nichts mit Individualität zu tun hat, da müssen Eltern also den kompromißlosen Fortschritt bejahen, den sie für Unsinn halten, nur damit ihr Kind Schritt halten kann mit einer Gesellschaft, von der die Eltern nichts wissen wollen. Da fängt doch der wahre Krieg an. Der Krieg der Generationen nämlich! Und alles, das sie uns einreden, was am Muttern toll sein soll, das sind Beschwichtigungsversuche. Denn natürlich brauchen sie Konsumenten. So wie sie früher Soldaten gebraucht haben.

Die Konsumenten sind die Soldaten der Postmoderne, das ist meine Meinung. Mütter können sich benehmen wie Vollidiotinnen, und alle lächeln – schau dir mal das Lächeln genauer an, und du wirst finden, daß über die Hälfte der Oberlippe wissend nickt: Ja, ja. Das Kind ist eine Rechtfertigung für die Mutter, eine gesellschaftlich geförderte Tarnung, mit der sie ihr angeborenes Vollidiotinnentum ungefährdet und anerkannt ausleben kann. Und sie ist so blöd, die postmoderne Mutter, daß sie sich auch noch die ökologische Verantwortung für die nächsten paar hundert Jahre reindrücken läßt. Ihre Erziehung nämlich ist es, die über das Wohl des Globus entscheidet. Schafft sie es, nur solche Produkte zu kaufen, die pc sind, wunderbar, kriegt sie einen grünen Punkt auf die Stirn geklebt. Schafft sie es aber nicht, weil sie keine Zeit hat, jeden Tag stundenlang zu studieren, welches Gift in welchen Produkten lauert, schafft sie es nicht, Arbeitskreise zu gründen oder wenigstens zu besuchen, schafft sie es nicht, regional, national, international Druck zu machen, dann hat sie versagt und mit ihrem Kind nicht dazu beigetragen, daß die Welt eine bessere wird, nein, sie hat den Zusammenbruch unverantwortlich beschleunigt. Und sollten ihr – um auf meine vorherige Erwähnung zurückzukommen – die finanziellen Mittel gefehlt haben, dann hätte sie ein Stück Land pachten und dort etwas anpflanzen können."

Drei Jahre später hatte Reni eine zweijährige Tochter.

„Es ist wundervoll! Ich kann stundenlang zusehen, wie sie die Welt erobert. Nichts ist mehr wichtig. Man muß die Fähigkeit in sich entwickeln, alles zurückzustellen. Das fängt schon in der Schwangerschaft an, wenn wir aus der Form gehen. Da können wir keine Eitelkeit, kein Ego gebrauchen. Da müssen wir leben mit Schwangerschaftsstreifen und Krampfadern. Aber was ist das schon! Nichts ist es! Und das lernen wir mit dem Mutterwerden. Männer lernen das nie. Erfahren es nie am eigenen Leib. Deshalb sind Frauen die besseren Menschen, weil sie durch diese hohe spirituelle Schule des Loslassens wachsen. Deshalb kommen Frauen in den spirituellen Hierarchien der Männer nicht vor. Weil sie außerhalb des Systems stehen. Außerhalb jenes Systems, das Männer spirituell erreichen können. Aber nicht unter ihnen. Das wissen die Männer nur nicht. Sie ahnen es. Das haben wir zu büßen. Doch wir atmen weiter. Unbeeindruckt. Alles weich werden lassen. Totales Loslassen. Das ist die Geburt. Und dieses Loslassen hört nicht auf mit der Geburt, es fängt erst an. Denn jeden Tag läßt du ein Stück mehr los. Deine Interessen, die Frau, der Mensch, der du warst. Du läßt es los und schenkst es dem Kind. Einfach so. Ohne etwas zu fordern. Einfach so und im Fluß. Du bekommst soviel. Unsichtbar. Ich weiß gar nicht, wie ich früher leben konnte, ohne Kind. Ich käme mir so leer und sinnlos vor. Was habe ich mich aufgeregt über Nichtigkeiten! Wenn die Kleine Zahnweh hat, dann habe ich ein Problem. Das lernt man mit einem Kind: zu dienen. Und sich selbst nicht mehr wichtig zu nehmen. Sich aufzulösen in dem großen, ganzen, wunderbaren Kreislauf von Leben und Sterben."

Acht Jahre später wanderte Reni mit ihrem neuen Mann nach Silicon Valley aus, vorher traf ich sie noch mal, und sie sagte: „Es wird nicht leicht für mich, denn ich habe gar nichts mehr gemacht und fühle mich ziemlich unsicher. Wir waren bei einer Party eingeladen, wo ich Ehefrauen von Roberts Kollegen kennen lernte –

was die alles tun und können! Manche sind selbst in der Firma tätig – und Kinder haben sie auch noch wie nebenbei. Ich habe ganz schön Angst, daß ich nicht zurechtkomme. Es fällt mir schon schwer genug, mein Englisch aufzufrischen. Ich bin es überhaupt nicht mehr gewöhnt, konzentriert an einer Sache zu arbeiten.

Und wie sie mich angesehen haben, diese Französinnen und Italienerinnen und Schwedinnen und was weiß ich nicht noch, woher die alle kamen. Keine von denen hat auf die Frage, was sie die letzten Jahre gemacht hat, gesagt, daß sie Kinder hat. Bei uns reicht das doch als Erklärung! Kinder sind schließlich ein Fulltimejob! Aber nicht bei denen! Die haben alle nebenher was gemacht. Besser gesagt: Nebenher haben sie noch einen Haufen Kinder erzogen. Zuerst habe ich mich regelrecht geschämt.

Aber dann hat mich eine Frau aus Lübeck aufgeklärt. Das Problem der deutschen Frauen, hat sie gesagt, ist ihr Rabenmutterkomplex. Sie glauben, wenn sie sich nicht hundertprozentig für das Kind wegschmeißen, dann haben sie einen Fehler gemacht. Sich selbst wegwerfen heißt keine eigenen Interessen mehr haben, keine Hobbys, nichts darf mehr sein, was nicht direkt dem Kind zugute kommt. Sie vergessen dabei, meint die Lübeckerin, daß etwas dem Kind auch indirekt zugute kommen kann. Aber für die deutsche Mutter sei es undenkbar, ihr Kind oder ihren Mann zu vernachlässigen. Und so stresse sie sich durchs Leben. Denn es sei nicht möglich, Vollzeitmutter und Ehe- und Hausfrau und eigenständiger Mensch zu sein. Das hätten viele Mütter in Deutschland nicht begriffen. Und da sie es so überzeugend nicht begriffen hätten, brauche in Deutschland auch niemand am Schulsystem zu rütteln. Für die Lübeckerin ist das der Beginn des Dilemmas.

In anderen Ländern sei die Ganztagsschule normal. Bei uns könne eine Mutter nur halbtags arbeiten, weil die Kinder mittags von der Schule nach Hause kämen. Nur für zirka 1,5 Prozent der westdeutschen Kinder gäbe es in Deutschland einen Krippenplatz, die wenigsten davon seien ganztags geöffnet. In Ostdeutschland sei die Versorgung besser. Da könnten 16 Prozent der Kleinkinder einen Krippenplatz beanspruchen. Immer noch viel zuwenig, aber im Osten hätte die berufstätige Mutter Tradition. Andererseits sei der Geburtenrückgang seit dem Mauerfall dramatisch. Für den Krippenplatz brauche man zudem eine Art sozialer Dringlichkeitsstufe. Man müsse nachweisen, daß man den Ausnahmefall bilde: zum Beispiel eine Mutter mit Kleinkind, die arbeitet. Aber was bei uns der Ausnahmefall ist, so sagte die Lübeckerin, sei woanders die Regel."

„Krippe klingt abgeschoben und ausgesetzt", stimmte ich zu. „Ich denke bei Krippe an Heu und Stall und ein Jesuskindlein, das niemand will."

„Tatsächlich? Ich denke bei Krippe bloß Grippe, um Gottes Willen, was mache ich mit dem Kind, wenn es wegen der Grippe nicht in die Krippe kann!"

„Da fällt mir etwas längst Vergessenes ein! In der Nähe meines Turnvereins befand sich ein Internat mit angeschlossener Ganztagsschule. Die Kinder, die dort unterrichtet wurden, waren stigmatisiert. Ausgestoßene waren sie. Denn sie hatten Rabenmütter. Nur wenig über ihnen standen in der sozialen Hierarchie die sogenannten Schlüsselkinder – also Kinder, deren Mütter nicht zu Hause waren, wenn sie mittags von der Schule kamen.

Eine gute Mutter hat mit dampfendem Teller in der Hand freudig das von der Schule kommende Kind zu begrüßen. Wie sie das anstellt, ist ihr Problem. Pünktlich um zwölf muß sie jeden Tag ihre Arbeitsstelle verlassen. Damit verbaut sie sich natürlich jegliche Karriere und feilt eifrig und fleißig an ihrem Ruf als faule Drückebergerin. Deutlicher kann sie kaum zeigen, wie wenig sie die Belange der Firma interessieren. Ein Kind kann doch warten! Sie will es aber nicht warten lassen und hetzt zum Einkaufen und nach Hause und kocht, schließlich will sie ihr Kind gesund ernähren und kein Fertiggericht servieren, und wenn das Kind dann seine Gemüsesuppe löffelt, ist sie kurz vorm Zusammenbruch und bestimmt nicht in der Verfassung, sich geduldig Geschichten aus der Schule anzuhören und die Englischsechs mit ein paar aufmunternden Sätzen zu quittieren."

„Ungefähr so sieht es aus", nickte Reni.

„Seltsam, daß es dann als Vernachlässigung durch unsere Köpfe spukt, wenn das Kind in einer Ganztagsschule zu essen bekommt und anschließend nach einer Pause bei den Hausaufgaben betreut wird. Das ist doch eigentlich für alle Beteiligten das Paradies!"

„Natürlich! Wenn das Kind nach Hause kommt, hat es wirklich frei. Die Mutter ist vielleicht auch etwas entspannter – ich sehe nur Vorteile. Allein die Hausaufgabenbetreuung! Hast du schon mal neben einem Kind gesessen, das ein Brett vorm Kopf hat? Warst du schon mal der Verzweiflung nahe, weil ihr seit zwei Stunden schwitzt und noch nicht mal ein Viertel der Aufgaben gelöst habt?"

Ich schüttelte den Kopf.

„Hausaufgaben sind mein Horror! Doch Schulen, die dir das abnehmen, wollen dafür bezahlt werden. Die wirklich gute, umfassende schulische Betreuung der Kinder ist bei uns nur in Form von Privatschulen zu finden. Du mußt sie dir leisten können. Und du mußt es fertigbringen, dem Rabenmutterkomplex die kalte Schulter zu zeigen. Selbst wenn man sein Kind zu einer professionellen Tagesmutter gibt, ist man eine Rabenmutter.

Meine Nachbarin, sie ist Anwältin, hat ihren Sohn ab dem neunten Monat zu einer Tagesmutter gegeben. Die betreut in einer geräumigen Altbauwohnung sieben Kinder im Alter von sechs Monaten bis zweieinhalb Jahren. Du kannst dir nicht vorstellen, wie begeistert der Kleine von seiner Frau Krüger ist. Meine Nachbarin hat gesagt, woher soll sie, die Anwältin, sich so gut auskennen wie Frau Krüger, die eine Ausbildung als Erzieherin hat und den Job seit zwanzig Jahren macht. Hat sie eigentlich recht. Da sieht man mal wieder, wie niedrig Mutterschaft eingestuft wird. Zur Mutter, zur Erzieherin taugt jede Idiotin. Da mußt du manchmal mehr Qualifikationen vorweisen, wenn du in einem Billigsupermarkt Regale einräumen willst. Überall brauchst du eine Ausbildung – wenn du aber deine Kinder einer ausgebildeten Person überläßt, bist du kaltherzig. Das ist doch absurd!"

„Väter, die sich am Wochenende um ihre Kinder kümmern, werden nicht als Rabenväter bezeichnet", warf ich ein, „ganz im Gegenteil. Vorbildliche Väter sind das, die ihr Wochenende opfern, um sich mit den Kindern zu beschäftigen. Hast du schon mal gehört, daß eine Mutter etwas opfert, wenn sie sich sieben Tage die Woche rund um die Uhr um ihre Kinder kümmert?"

„Nein. Das ist eine Freude für sie!"

„Ich glaube, wenn die Welt als Ganzes nicht zerfallen müßte in die eine Hälfte der heilen Familienidylle und die andere Hälfte eines kalten, bösen, herzlosen Außen, dann würden wir uns alle entlastet fühlen. Mütter würden sich nicht mehr unter Druck setzen, ein Gegenkonzept zur kalten Welt zu liefern, das sie nur noch realisieren können, indem sie sich täglich zur Ader lassen und ihre Kinder in ihrem warmen Blute baden. Dann könnten sie ganz bleiben und würden nicht als anämische Schlechtgewissenschatten herumschleichen. Dann könnten Frauen auch in Deutschland eine Karriere anstreben, obwohl sie Mutter sind. Heute ist es die Realität, daß du dich entscheiden mußt. Entweder Karriere oder Kind.

Versuchst du beides, vernachlässigst du beides. Du bist die Rabenmutter – und im Job taugst du nichts, weil du milchig dünstest. Das ist die in Deutschland verbreitete Meinung. Die Familie muß auf jeden Fall saubergehalten werden. Sie darf nicht beschmutzt werden. Das sieht man besonders an der fortwährenden Bagatellisierung von sexuellem Mißbrauch in Familien. Die Familie ist ein heiliger Ort. Da passiert so was nicht. Das Böse ist draußen. Nicht bei uns. Und wer denkt, es passiert in der eigenen Familie, der ist ein Nestbeschmutzer und gehört nicht mehr zu uns."

„Solange nicht gesellschaftlich ein Wandel passiert, das heißt Kinderbetreuung in Firmen und Krippenplätze für alle, solange kann man die Frauen mit dem Rabenmutterkomplex kleinhalten – und auch dann noch wird es dauern, ehe sie ihre Kinder abgeben und wie Menschen behandeln können, ohne am schlechten Gewissen zu erkranken. Der Preis, den sie gewinnen können, ist, daß sie den deprimierenden Kreislauf Beruf, Familie, Wiedereinstieg hinter sich lassen. Der Preis ist, daß sie verschiedene Ebenen miteinander verbinden können – ohne sich dafür zerreißen zu müssen."

„Wiedereinstieg ist auch kein schönes Wort. Ich bin ausgestiegen. Warum eigentlich? Und warum steige ich jetzt wieder ein? Warum bin ich nicht von vornherein weitergefahren?"

„Weil du ein Kind bekommen hast!"

„Aber das hätte ich doch mitnehmen können."

„Und du?" fragte Reni, „was ist eigentlich mit dir?"

„Ich bleibe da", sagte ich.

Reni war eine der ersten gewesen, die überschwappt wurden von der neuen Mutterwelle. Ich weiß nicht, wann es begann, aber plötzlich war Mutterwerden nichts Konservatives und Abzulehnendes mehr, ein neues Muttertum wurde entdeckt. Vielleicht weil die ersten Frauen, die in der Frauenbewegung aktiv waren, sich nun nach neuen Herausforderungen umsahen beziehungsweise ihre Erkenntnisse umsetzen wollten? Vielleicht war es auch die Regierung oder die Werbung oder meine Altersgruppe – oder alles war nur Einbildung. Ich weiß nicht, woran es lag.

Auf jeden Fall schien das Mutterwerden nun plötzlich überall Thema zu sein. Es wurde als Bereicherung angesprochen – oder als Druckmittel. Männer in Schlabberklamotten und Birkenstocksandalen, in der Jutetasche den Herrn der Ringe, waren plötzlich mit Leib und Seele Vater und natürlich im Kreißsaal dabeigewesen und schwangen sich auf zu Richtern und sagten mir und meinen kinderlosen Freundinnen: *Eine Frau, die das nicht erlebt, ist keine richtige Frau.* Das mußten wir dann ja wohl glauben. Wenn der Mann nicht wußte, was eine Frau ist – wer sollte es dann wissen?

Die Frauen, die kürzlich noch ziemlich salopp von der Mutterfalle gesprochen und dafür beifällige Blicke besonders von Männern geerntet hatten, wurden nun scheel angesehen. Sie waren kalt. Gefühllos. Keine richtigen Frauen. Und da viele Frauen dazu neigen, den männlichen Blick als den einzig wahren und mächtigen, also gottgleichen in sich aufzunehmen – vielleicht geschieht das ohne unser Zutun beim Geschlechtsverkehr, vielleicht sind männliche Geschlechtsteile Propagandamittel –, konnten sie auch anderen Frauen, die keine Kinder hatten, zu verstehen geben: Du bist keine richtige Frau.

Daß Männer maßgeblich urteilen, zeigt sich bis heute darin, daß sie Abtreibungsgesetze verabschieden und Frauen vorschwärmen, wie wunderbar es ist, Kinder zu bekommen: Alles halb so schlimm, und wenn du schlimm findest, was ich nicht aushalten will, dann bist du eine Mörderin. Ein Mann, der schwängert, ist selbstverständlich kein Anstifter zum Mord, sondern Opfer, weil er hereingelegt wurde, weil ihm falsche Tatsachen in bezug auf Verhütung vorgespiegelt wurden. Deshalb wird nur die Frau bestraft. Denn Mann geht allgemein davon aus, daß jede Frau sich ein Kind wünscht. Eine Frau ist eine Frau, weil sie kinderlieb ist. Wenn eine Frau kein Kind will, ist sie auch keine Frau.

Wenn ich ein Mann wäre, würde ich auch finden, daß Frauen das mit den Kindern dramatisieren und aufbauschen – typisch weiblich, machen wir uns nichts vor. Für mich als Mann ist die Rollenveränderung doch auch machbar! Männer sind nun mal flexibler. Ich werde Vater, und ich schaffe das, obwohl ich mich nicht neun Monate lang darauf vorbereiten kann, indem mir alles anschwillt und ich Tritte in den Bauch kriege. Ich schaffe es, meine neue Rolle als Vater anzunehmen, obwohl ich nicht das erleichternde Gefühl haben darf, bei lebendigem Leibe zerrissen und zerfetzt zu werden. Ich schaffe es, Vater zu sein, obwohl ich keinen Milcheinschuß vorweisen kann und sich für mich fast nichts ändert, denn meinem Beruf gehe ich weiterhin nach. Kann sein, ich habe jetzt ein bißchen mehr Erfolg bei Frauen, weil ich väterliche Qualität in mein Portfolio integrieren konnte, aber das ist wirklich nicht ausschlaggebend. Mütter lernen wesentlich mehr Frauen kennen, weil sie dauernd auf dem Spielplatz rumhängen.

Daß Frauen nicht nur damit gestraft sind, daß sie manche Männer ertragen müssen, sondern zudem bestraft würden, wenn sie kinderlos blieben, machte eine Zeit lang die Runde, als nämlich das Gerücht umging, Frauen ohne Kinder bekämen Krebs.

Es ist wie bei den Hündinnen, weißt du. Wenn die keine Kinder kriegen, werden sie scheinschwanger, und dann haben sie Zitzenkrebs. Das ist der Lauf der Natur, und die straft Frauen, die nicht werfen.

Selbstverständlich wollte ich keine Krebserkrankung erleiden, aber noch stärker war meine Angst davor, etwas zu versäumen, wenn ich kein Kind hätte. Diese wahnsinnige Liebe, von der sie alle sprachen. Ein unvorstellbares Liebesgefühl. Wie das wohl wäre? Überfließen vor Liebe. Was fließt und worüber? Lösen sich die Knochen auf? Wie ist es mit der Wirbelsäule? Die soll ja angeblich stärker werden. Frauen verwandeln sich in Löwinnen. Wie sich das wohl anfühlt? Toll, sagte eine Reihe berühmter Frauen, die plötzlich Mutter wurden. Nina Hagen zum Beispiel. Eben noch hatte sie erklärt, sie habe keine Lust, ihre Pflicht zu erfüllen: *Vor dem ersten Kinderschreien muß ich mich erst mal selbst befreien, und augenblicklich fühl ich mich unbeschreiblich weiblich.*

Da fühlte sich eine unbeschreiblich weiblich ohne Kinder. Genau das haben wir gebraucht! Aber dann hat sie eine Tochter bekommen. Verräterin! Und sie war kein Einzelfall! Die ersten schwangeren Frauen posierten bauchfrei in Städten. Sie waren losgezogen, neue Mutterbilder zu suchen, es mußte doch noch eine andere Mutterrasse geben, nicht nur die mit Schürze. Und wenn die Mutti keine Schürze mehr hat, dann ist sie frei und intelligent und offen und sexy und kann sie selber bleiben. Sie bleibt jetzt total sie selbst, und das Kind ist ihr Projekt. Sie wurschtelt nicht mehr in der Küche rum, sondern packt das Projekt Kind an. Umfassend. Da freuen sich viele, die den neuen jungen und alten Müttern sagen können, was wichtig ist. Da kann man sich finanziell sanieren. Denn sie wissen nicht, wie es geht. Sie sind auf der Suche. Sie sind formbar. Brauchen Vorbilder. Wer sucht, holt Angebote ein, also bieten wir ihnen, was wir übrig haben, es muß auch was kosten, nur teuer ist gut, und wir kriegen sie weg von der Straße, Hauptsache, raus aus der Arbeitslosenstatistik.

Irgendeine Broschüre in irgendeiner sozialen Einrichtung willkürlich aufgeschlagen: Rückbildung, Neufindung, harmonische Babymassage, Spielen im Kleinkindalter, was brauchen Kleinkinder wirklich, wenn der Sandmann nicht kommt: Schlafstörungen bei Kindern, reif für den Kindergarten? Suchtvorbeugung im Kindesalter, Schulkinesiologie für Kinder im Grundschulalter, *Selbstsicherheits*training für Mädchen, *Selbstbehauptungs*kurs für Jungen, *Selbstverteidigungs*kurs für Mädchen (das zum Thema Rollenzuweisung), Schminkkurs für Mädchen, wenn meine Tochter ihre erste Blutung bekommt, Kinder und klassische Homöopathie, erste Hilfe am Kind, Schlummertricks, Passivrauchen und Kinder, Neugeborenen-Hörscreening, Kinderkrankheiten auf einen Blick, Sonne und Babyhaut, was brauchen Kinder zum Glücklichsein, Kinder musizieren, Spiele mit Holz, Kinder backen Kuchen, das hyperaktive Kind, der kleine Tyrann, Kinder brauchen Grenzen, spielerisches Erfahren der Kreativität, Spielgruppe für schüchterne Kleinkinder, Einzelkinder lernen teilen ...

Da wundert es doch nicht, daß viele Menschen nur ein Kind wollen und Allüren in Kauf nehmen. Je mehr Aufmerksamkeit man für ein Kind unabdingbar hält, desto schwieriger ist es, diese Aufmerksamkeit mehreren Kindern angedeihen zu lassen.

Mittlerweile war die Forschung weit in das Innere der Mutterschaft vorgedrungen, genauer: in die Gebärmutter, die sogar fotografiert wurde, und Aufsehen erregende Erkenntnisse begeisterten ein breites Publikum. Daß diese Art des Abhorchens und Spähens eine eher männliche ist – schließlich sind sie draußen und spüren nichts, da wollen sie wenigstens knipsen –, wurde großzügig übersehen. Übersehen wurde auch, daß die Dokumentation des werdenden Lebens durch fortwährende Ultraschalluntersuchungen weder unbedenklich ist noch die gefühlsmäßige Verbindung der Mutter zum Kind fördert, indem sie auf einen Bildschirm starrt und ihre gesunde Verantwortung und Kompetenz an Spezialisten für Krankheiten abgibt. Spezialisten für Krankheiten müssen überall Gefahren sehen, sonst stehen sie im Ruf eines Kunstfehlers, und der Verdacht ist ein Fleck am Ärztekittel. Daß Mutterschaft nicht erst mit der Geburt beginne, war eine der Erkenntnisse überhaupt.

Wie, liebe verehrte, präwerdende Mutter, gedenken Sie sich nun, da Sie mit dem Gedanken spielen, innerhalb des nächsten Jahres schwanger zu werden, zu ernähren? Haben Sie das Rauchen bereits eingestellt und trinken Sie nicht mehr Alkohol als täglich ein klitzekleines Gläschen Rotwein? Verzehren Sie biologisch einwandfreie, unbedenkliche Produkte? Sind Sie körperlich fit und haben Sie sich die letzten Jahre auch seelisch nicht überanstrengt?

Wenn Sie dem nicht zustimmen können, sollten Sie vielleicht lieber noch warten, ehe Sie schwanger werden. Besinnen Sie sich ein, zwei Jahre auf Ihre Gesundheit. Denn nur mit einer wirklich gesunden Basis haben Sie die Chance zu einem Traumkind.

Natürlich, wenn es auch ein Kind von der Stange sein darf, dann können Sie jetzt ruhig schwanger werden. Aber auf besondere Dinge lohnt es sich zu warten. Es könnte auch sein, daß wir in der Gentechnik dann schon einen entscheidenden Schritt weiter sind. Ihre Einflußmöglichkeiten, Verehrteste, werden immer größer. Natürlich haben Sie persönlich immer weniger zu melden, und schon gar nicht interessieren uns Ihre Gefühle. Die brauchen Sie auch nicht. Das machen wir schon. Wichtig ist doch das Endprodukt. Da können Sie uns ganz vertrauen. Bei uns steht Qualitätskontrolle an allererster Stelle. Eines Tages wird die gebärende Frau nur noch eine altmodische Erscheinung sein. Wir Forscher der neuen Zeit werden den Fluch, der seit Evas Freßsucht auf den Frauen lastet, nämlich daß sie unter Schmerzen gebären sollen, verwandeln, indem wir das M aus dem Wort Schmerzen herausoperieren, und dann sieht die Situation doch gleich viel entspannter aus: Unter Scherzen sollst du gebären.

So schlagen wir zwei Fliegen mit einer Klappe. Erstens sind wir endlich da, wohin wir Forscher gehören: im Himmel, sitzend zur Rechten und zur Linken oder gleich in der Mitte, zweitens ist es der Allgemeinheit zwar verborgen geblieben, dennoch war es uns Forschern immer ein beträchtlicher Dorn im Auge, daß Frauen Kinder zur Welt bringen. Doch diese Vormachtstellung, die einzige übrigens, derer sie sich brüsten konnten, ist nun auch passé.

Kurz nachdem Laura aus meiner Wohnung ausgezogen und zu ihrem weiteren Studium nach Florenz gereist war, verliebte ich mich. Der Mann wohnte sehr beschaulich in einem von seinen Eltern hinterlassenen Bauernhaus, und ich lernte eine neue Welt kennen. Wald, Wiesen und Felder bekamen Namen, waren nicht nur mehr Natur oder Panorama oder romantisch. Selbstverständlich gehörten Kinder in das Bauernhaus. Aber erst später, da waren wir uns einig.

Bald schon merkte ich, daß mir zwar das Leben in dem alten Haus gut gefiel, daß ich aber einen Partner brauchte, der in der Jetztzeit lebte und nicht geistig im Trüben jenes Jahrhunderts fischte, in dem das ererbte Haus erbaut worden war. Dennoch spielte ich das Spiel mit, meistens wenn wir uns beim Autofahren langweilten: Andrea, hör auf, an die Scheibe zu hauchen. Andrea, nicht mit den Füßen auf den Sitz. Andrea war die Tochter. Einen Sohn gab es auch, den Namen habe ich vergessen. Wir saßen vorn und schimpften mit den Kindern hinten. Allein das hätte mir zu denken geben sollen, daß derjenige, der einmal Vater sein wollte, jetzt schon mit dem Schimpfen begann, aber es gab mir nicht zu denken.

Damals rauchte ich auch leidenschaftlich gern. Aus diesem Grund war es nicht möglich, ein Kind zu bekommen, da ich mir nicht vorstellen konnte, mit dem Rauchen aufzuhören, beziehungsweise es nicht vor meinem dreißigsten Lebensjahr beabsichtigte, weil es dann in Zusammenhang mit der Pille, die ich weiterhin zu nehmen beabsichtigte, zu Komplikationen kommen konnte. Dem hochinteressanten Thema Rauchen habe ich ein eigenes Buch gewidmet: „Das FrauenNichtraucherBuch" (München 2001). An dieser Stelle nur soviel: Natürlich wurde ich schneller dreißig, als ich dachte, und ich habe das Rauchen nicht mit dreißig eingestellt, sondern später. Und ich zweifelte stets, ob ich wegen eines Kindes hätte aufhören können, denn dies erschien mir nicht als freiwilliger Entschluß, weshalb ich Helene, die von sechzig Zigaretten auf Null reduzierte, als sich im Schwangerschaftstest ein blauer Ring bildete, aufrichtig bewunderte.

Marion

Ich denke, daß sich bei mir einfach keine Seele inkarnieren möchte, und deswegen habe ich auch keinen Kinderwunsch. Das muß man akzeptieren. Das sind höhere Gesetze, da haben wir keinen Einblick, das ist nun mal so.

Was ich so dachte ...

... als ich zwischen meinen Gästen herumging:

Die meisten Frauen, die sich bewußt gegen Kinder entschieden haben, lieben ihren Beruf und betrachten ihn als Berufung. Einige davon haben künstlerische Berufe. Laura ist Malerin, Silke ist Bühnenbildnerin. Aber es gibt auch Sabine, Friseurin, und Hilda, Sekretärin, und Angie, Masseurin. Und es gibt Britt, die jobbt, und

Paddy, die am liebsten lange Reisen unternimmt, und Heidi, die sich um den Garten ihrer Schwester kümmert.

Es hat mich immer geärgert, wenn jemand sagte, ich kompensierte mit meinem Beruf, daß ich kein Kind hätte. *Kompensieren* bedeutet laut Duden:

- die Wirkungen einander entgegenstehender Ursachen ausgleichen;
- bei wechselseitigem Verschulden die Strafe ausgleichen;
- Minderwertigkeitsgefühle durch Vorstellungen oder Handlungen ausgleichen, die das Bewußtsein der Vollwertigkeit erzeugen;
- Funktionsstörungen eines Organs oder ihre Folgen ausgleichen.

Das nächste Wort im Alphabet ist übrigens *kompetent*.

Ich nehme an, die Betreffenden meinen Kompensation im Sinn von Streben nach Ersatzbefriedigung als Ausgleich von Minderwertigkeitsgefühlen. Dies setzt voraus, daß Kinder die einzige und wahre Befriedigung sind. Dies setzt voraus, daß an Minderwertigkeitsgefühlen leidet, wer keine Kinder hat. Und es setzt ferner voraus, daß diese ausgeglichen werden müssen.

Ach, du findest keine Erfüllung im Beruf? Tja, dann kompensierst du natürlich mit deinen Kindern.

Ach, du findest keine Erfüllung in der Liebe? Tja, dann kompensierst du natürlich mit deinen Kindern.

Ach, du findest keine Erfüllung im Leben? Tja, dann kompensierst du natürlich mit deiner Rolle in der Familie.

Ich weiß nicht, wer gegen wen kompensiert. Ich weiß aber, daß Menschen im Leben eine sinnvolle Aufgabe brauchen, um das Leben (er)tragen zu können. Das Leben mit Kindern kann eine sinnvolle Aufgabe sein. Es kann aber auch ein Verbrechen sein. Zum Beispiel wenn man Kinder dazu mißbraucht, das eigene Leben als befriedigend zu betrachten, was wiederum von Kindern verlangt, auf die Art und Weise Kind zu sein, wie man selbst sich das als befriedigend ausmalt. Was passiert, wenn die Kinder sich nicht so verhalten?

Bevor ich Kinder für meine Befriedigung und für mein Lebensglück verantwortlich machte, fühlte ich mich aufgerufen, selbst dafür zu sorgen und ihnen das Unglück zu ersparen, mein Glück sein zu müssen.

Rita

Wenn mich jemand fragt, warum ich kein Kind habe, drehe ich den Spieß um und frage zurück: Warum willst du ein Kind? Oder eben, warum hast du ein Kind?

Das ist doch normal, sagen sie.

Dann sage ich, daß es normal wäre, das Überleben der Menschheit zu sichern, und wir sind verdammt noch mal zu viele, viel zu viele, und ich finde, daß mehr Menschen so umsichtig leben sollten wie ich. Indem ich keine Kinder in die Welt setze, sorge ich dafür, daß die Kinder der anderen überleben können. Ich mache ihnen Platz. Und dann sind sie noch undankbar und greifen mich dafür an. Da sieht man doch, wie kurzsichtig die meisten Menschen sind. Wer hat da das sogenannte Recht auf der Seite? Ist ein Trieb zur Fortpflanzung ein Recht? Gibt es diesen Trieb, dieses Todesprogramm, die eigenen Gene durchbringen zu müssen, beim Menschen überhaupt? Ich bin da skeptisch. Einerseits sollen wir so hochentwickelt sein und andererseits so ferngesteuert? Ferngesteuert ja, aber eben nicht von unserem Innersten, sondern von Interessen anderer, die wir in uns implantiert haben. Ich fühle mich verantwortlich für die Kinder, die jeden Tag sterben wie die Fliegen, und es käme mir überhaupt nicht in den Sinn, einen Menschen ins fette Deutschland hineinzugebären, wenn ich weiß, woanders sterben Menschen an Hunger und an Durst und an Erkältungskrankheiten.

Pickel

„Hose runter, Beine breit, ficken ist 'ne Kleinigkeit!"

Ich prustete los.

Melanie musterte mich übellaunig. „Ich finde das nicht lustig!"

„Und wie hast du reagiert?"

„Ich habe gesagt, daß ich es nicht noch mal hören will."

„Hat es geholfen?" fragte ich.

„Nein. Natürlich nicht", seufzte Melanie resigniert.

Melanie hat eine aufgeweckte Tochter. Elfi war fünf, als sie an der Kassenschlange im Supermarkt die Packung Kondome hochhob und fragte: „Mami, was ist das?"

„Das erkläre ich dir draußen." Und Melanie führte aus, das bräuchte sie, wenn sie mit Dieter, ihrem neuen Freund, kuscheln wollte.

Ein Jahr später zupfte Melanie einen fremden Mann aus der Kassenschlange am Ärmel und fragte ihn, ob er auch mit seinem Freund kuscheln wolle.

„Und der Hammer ist", prustete Melanie – diesmal konnte sie nicht anders, „der Typ war garantiert schwul, und du hättest mal sehen sollen, wie der uns angestarrt hat!"

Ich habe solche Geschichten immer gern gehört und herzlich gelacht. Oft haben sie mich noch lange beschäftigt. Was hätte ich anstelle meiner Freundinnen gesagt? Wie hätte ich als Mutter reagiert? *Das ist nichts für dich*, wäre keine Lösung, den Satz hatte ich als Kind zu oft gehört. Damals war Widerspruch nicht zulässig. Wenn meine Eltern sagten, *dafür bist du noch zu jung* oder *das ist nichts für dich*, wäre ich nicht mal auf die Idee gekommen zu protestieren. Ich merkte mir die Situationen natürlich besonders gut – und zog meine Schlüsse. Ganz bestimmt war ich der Meinung, daß die Antworten meiner Eltern Ausreden waren, und wenn ich so erzogen gewesen wäre, wie es heute viele Kinder sind, hätte ich Rede und Antwort verlangt: *Warum ist das nichts für mich? Wann bin ich alt genug? Wieso kannst du dich nicht besser ausdrücken? Glaubst du, ich weiß nicht Bescheid? Ich will es aber wissen!* Wie so etwas weitergeht, läßt sich täglich in öffentlichen Verkehrsmitteln erleben, wo Kinder ihre Mütter beschimpfen: blöde Kuh, alte Schachtel, doofe Sau. Wenn ich mit öffentlichen Verkehrsmitteln unterwegs bin, freue ich mich auf diese einfallsreichen Dialoge, die mich daran erinnern, daß aus kleinen süßen Babys Kinder und Pubertierende und Stimmbrüchler und Tussis und Jugendliche und junge Erwachsene werden, kurzum: irgendwelche Leute.

Vielleicht bin ich selbst eine alte Schachtel, die es nicht mehr blickt. Hoffnungslos von vorgestern. Eine von denen, wie sie auch durch meine Kindheit spukten. Eine, die es unerhört fand, wie respektlos ich mit meinen Eltern sprach. Ich will darüber gar nicht nachdenken. So wie ich mir auch keine Gedanken darüber machen will, wie ich reagieren würde, wenn … Denn ich muß ja nicht. Ist nicht mein Job. Zum Glück nicht. Mit jedem Jahr, das ein Kind älter wird, gestaltet sich der Job komplizierter. Eben waren wir noch bei den Windeln und höchstens im Kindergarten – und es war anstrengend genug, diese Tobsuchtsanfälle zu überstehen, wenn die Bauklotztürme einstürzten. Doch das hätte ich noch unter Kontrolle – so einigermaßen, je nach Tagesform. Aber die Zeit rast dahin. Wie würde ich reagieren, wenn mein Kind zu mir sagte: *Du blöde Kuh.* Oder: *Das geht dich doch nichts an, ob ich mein Zimmer aufräume.* Oder: *Ich will eine andere Mutter.*

Nein, ich will darüber nicht nachdenken. Das hat nichts mit dem netten kleinen Kind zu tun, daß man sich erträumt. Das mit den niedlichen Zehen und dem Da-geht-die-Sonne-auf-Lächeln. Dabei will ich es belassen. Die Welt ist grau und scheußlich genug, da will ich schöne Bilder. Die ganze Kinderfrage stellt sich doch nicht mehr, wenn ich das Pferd von hinten aufzäume. Wenn ich eine eitrige Akne visualisiere.

Bestimmt liegt es an der Erziehung. Menschen, die von ihren Kindern beschimpft werden, haben ihre Kinder vernachlässigt oder verwöhnt. Wenn ich ein Kind hätte, würde ich es besser machen. Bei mir käme es nicht zu solchen Vorfällen. Wie es bei mir auch nicht dazu käme, daß meine Partnerschaft scheitert oder ich meinen Job aufgebe. Bei mir nicht. Ich hätte ein anderes Kind.

Mein Kind wäre nicht nur babyhautpflegewerbungschön, es wäre auch außerordentlich intelligent und sozial kompetent und überspränge in der Schule manche Klasse, es wäre überall gleichermaßen beliebt und dennoch kritisch und unbestechlich in seinem Urteil, es wäre eine Bereicherung für alle Menschen, die die Freude hätten, es kennenlernen zu dürfen. Alles eine Frage der Erziehung! Wirklich?

Ich denke an meine traurige Freundin Maria. Zwei Wunschkinder hat sie zur Welt gebracht, für die Tochter lag sie während der Schwangerschaft sechs Monate im Bett. Zwei wunderschöne Kinder: Aleksandar der Sohn und Alissa die Tochter. Die Kinder waren nicht nur zum Starren hübsch, sie waren wohlerzogen und fröhlich und vertrauten sich Maria an. Sie waren zehn und elf Jahre alt, als ihr Vater sich von Maria trennte. Er hatte eine Freundin.

Bevor er das Haus verließ, zertrümmerte er das Mobiliar. Die Kinder schauten zu. Maria bemühte sich in den folgenden Monaten intensiv um die beiden. Ich könnte nicht sagen, daß sie sie verzogen hätte. Sie war einfach eine tolle Mutter. Mit Herz und Seele. Eine Löwenmutter, die um ihre Existenz kämpfte, denn der Vater, der sich im Übrigen all die Jahre zuvor aufmerksam um die Kinder gekümmert hatte, gab keinen Pfennig Unterhalt, und Maria war zu stolz, staatliche Hilfe zu beanspruchen. Dann kamen die Kinder in die Pubertät. Aleksandar fand Freunde in einer Clique, die sich mit Drogenhandel finanzierte – und wollte so gern dazugehören, daß er die Aufnahmeprüfung machte, die ihn in den Knast brachte.

Alissa beschloss mit vierzehn, sie wolle ihr eigenes Leben führen. Kam nicht mehr nach Hause, ging nicht mehr zur Schule. „Ich kann sie doch nicht anbinden", weinte Maria. „Was soll ich denn tun?"

Ich wußte es nicht. Ich hatte keine Ahnung, was Maria falsch gemacht haben könnte, obwohl ich sonst bei anderen immer viel zu schnell zu wissen glaubte, was sie falsch gemacht hatten. Am liebsten hätte ich die Kinder geschüttelt und ihnen zugerufen, ob sie denn nicht sehen könnten, wie ihre Mutter sich für sie aufarbeitete – und ob sie kein bißchen dankbar sein könnten dafür, worauf ihre Mutter verzichtet hatte, um ihnen diesen und jenen Standard zu ermöglichen. Aber dann fiel mir ein, daß ich selbst auch nur ein Lachen übrig gehabt hätte, wenn mir jemand für die Wohltaten meiner Eltern Dankbarkeit abverlangt hätte. Wenn überhaupt, kann sich die erst später einstellen, denn das Kind will immer mehr, als es geboten bekommt – insofern erlebt es als Mangel, was anderen als Fülle erscheinen mag.

Maria war überzeugt, sie hätte etwas falsch gemacht, und wenn ihr gar nichts einfiel, war ihr Mann schuld. Daß er das Mobiliar zertrümmert hatte, das hätte die Kinder erschüttert. Was kann ich tun, außer Maria im Arm halten und sie ablenken? Maria ist fünfundvierzig und eine gebrochene Frau. Alles, wofür sie gelebt hat, liegt in Scherben vor ihr. Und wenn sie es nicht schafft, aus den Scherben neue Gefäße zu formen, wird sie die Kinder tatsächlich für immer verloren haben.

Kinder sind unberechenbar wie alles Lebendige. Niemand weiß, wie sie sich entwickeln. Wir wissen nicht, ob wir guten Kontakt zu ihnen haben werden, wenn sie erwachsen sind. Wir wissen nicht mal, ob wir überhaupt noch miteinander sprechen. Natürlich wollen die meisten Eltern mit ihren Kindern gut Freund sein. Dafür, daß so viele es wollen, gelingt es verhältnismäßig selten. Ich kenne wesentlich mehr problematische als Gut-Freund-Elternkindbeziehungen. Es ist ein Risiko. Man muß den Einsatz wagen. Man kann vielleicht gewinnen. Man kann aber auch verlieren. Der Preis ist das eigene Leben.

Ein Kind geht in den Kindergarten und ... hat Freunde, Freundinnen. Es gibt Studien, die räumen den Eltern und ihrer Erziehung minimalen Einfluß ein. Die Macht liege bei der Peergroup, die elterliche Vorbildfunktion sei Fiktion. Was mache ich also, wenn es solche Sprüche nach Hause bringt: Hose runter, Beine breit, ficken ist 'ne Kleinigkeit?

Ich erinnere mich an eine Autofahrt. Meine Mutter, ihre Freundin und deren Tochter. Die Tochter der Freundin – von mir angestiftet – fragte ihre Mutter: „Mami, was bedeutet geil?"

Ich wußte, was geil bedeutet, beziehungsweise ich wußte es ungefähr, weil ich das Wort in einem Pornoheft, das Rudi in der Pause kreisen ließ, gesehen hatte. Da diese Autofahrt Jahrzehnte zurückliegt, bedeutete geil nicht, was es heute bedeutet, war kein abgetakeltes Modewort, sondern geil war geil im fleischlichen Sinn und sonst nichts. Die Mutter antwortete freundlich und scheinbar ohne Erregung: „Wenn du zum Beispiel sagst, ich bin geil auf Spaghetti. Aber das ist kein schönes Wort. Sag lieber: Ich habe Lust auf Spaghetti, das klingt besser."

Mit dieser Antwort punktete die Mutter bei mir. Ich fand sie cool – aber cool gab es damals noch nicht in diesem Zusammenhang.

Ich erinnere mich, daß ein Junge aus meiner Klasse einem Mädchen *Hure!* nachrief. Er bekam eine Ohrfeige vom Lehrer. Niemand wußte, was eine Hure ist. Wie hätte man es dem Jungen erklären können?

Eine Hure ist eine Frau, die für Geld sexuelle Handlungen mit Männern unternimmt.

Was sind sexuelle Handlungen?

Sexuelle Handlungen sind ... schön? pfui? etwas Intimes und ...

Was ist etwas Intimes?

Etwas, das in deine Privatsphäre gehört.

O je! Es wird immer verfahrener ... vielleicht einfach versuchen, aufrichtig zu sein: Das kann ich dir nicht erklären. Aber du sollst wissen, daß Huren auch Menschen sind, Quatsch, ich meine, daß diese Frauen ihre Gründe haben.

Ralf sagt, alle Frauen sind Huren.

Ach ja? Welcher Ralf?

Der von der Tankstelle.

Du sollst doch nicht zur Tankstelle ...

Probleme, Probleme, Probleme. Denn es geht ja nicht nur um Erklärungen. Ich möchte, daß mein Kind begreift! Ich möchte ihm nahebringen, was gut und was schlecht ist. Ich habe Angst, es kann dies nicht unterscheiden. Ich habe Angst, es hält etwas Schlechtes für gut. Ich will es beschützen vor Erfahrungen, die es machen muß. Denn ich liebe es. Aber ich kann nicht.

Ich will es mir nicht vorstellen müssen ...

Um kindgerecht zu antworten, müßte ich mich vorbereiten. Ich müßte mich in jede mögliche Frage einarbeiten, indem ich entsprechende Literatur studierte. Mit einem Zeitaufwand von täglich vier bis fünf Stunden könnte ich das schaffen. Doch die Erfahrung zeigt, daß Kinder die unmöglichsten Fragen in den unmöglichsten Momenten stellen – und selbst wenn man sich vorbereitet, erwischen sie einen immer wieder kalt. Wie also könnte ich meiner neunjährigen Tochter erklären, daß Ficken keine Kleinigkeit ist? Was könnte sie überhaupt davon verstehen?

Am besten wäre es, ich würde sagen, ich will das nicht mehr hören. Aber dann findet sie es erst recht toll, und ich muß es eigentlich toll finden, wenn sie es toll findet, mich zu provozieren, denn da kündigt sich eine Pubertät an, und nur die schlimme Pubertät, nur die Pubertät, an der du fast zugrundegehst, ist ein Zeichen für eine gelungene Erziehung, denn wer in der Pubertät brav ist, wird später Probleme haben, je schlimmer die Pubertät, desto einfacher später. Schön und gut, aber was habe ich davon? Eine Chance! Die Chance, es anders zu machen. Das ist die einzige Chance, die du mit einem Kind hast. Und wenn dir dies nicht gelingt, dann verstehst du wenigstens endlich einmal deine eigenen Eltern.

Wer stellt sich bei der Kinderfrage Pubertätspickel vor? Die Kinderfrage kommt in Gestalt eines zum Auffressen niedlichen Säuglings oder Kleinkinds daher. Die Kinderfrage hat Kulleraugen, weichen Flaum auf dem Kopf, einen Po zum Anbeißen und ein Lächeln zum Dahinschmelzen. Die Kinderfrage bleibt immer Bonsai oder Yorkshireterrier. Sie hat nichts mit Schulpflicht oder Windpocken oder Nachhilfeunterricht oder Ladendiebstahl gemein. Niemals verirren sich ausgeraubte Vogelnester, einundvierzig Grad Fieber, Schwangerschaften vor dem vierzehnten Lebensjahr und Zigaretten in der Kinderfrage. Und schon gar nicht lautstarke Diskussionen, Türenknallen und Durchwühlen des elterlichen Portemonnaies. Die Kinderfrage hat vor allem keine Beine, mit denen sie weglaufen kann. Die Kinderfrage kann noch gar nicht laufen oder nur besonders putzig im Windelgang. So ist sie gut unter Kontrolle. Deshalb will man doch auch ein Kind, oder? Damit man endlich mal was Eigenes hat. Damit das Leben endlich einen Sinn hat.

Wenn das Kind in die Schule kommt, beginnt es seiner Wege zu ziehen, vielleicht beginnt es damit schon im Kindergarten. Das war ja wohl nicht der Sinn der Sache! Verabredet sich frecherweise nachmittags zum Spielen bei Freunden. Sieht dort Familienverhältnisse, über die ich selbst nicht Bescheid weiß. Treibt Dinge, die es nicht erzählt. Vielleicht hat mein Kind Probleme, sich in eine Gruppe zu integrieren, und ich werde zu einem Gespräch mit der Erzieherin gebeten! Was tue ich, wie verhalte ich mich, ist die Erzieherin wichtig, oder ist es angebracht, ihre Meinung zu ignorieren? Ich muß täglich sehr früh aufstehen, weil es mindestens zwei Stunden dauert, ehe das Kind fertig für den Kindergarten ist, es will sich jetzt nämlich selbständig anziehen, was mich im Prinzip freuen sollte, doch es dauert pro Socke zwanzig Minuten. Ich darf nicht eingreifen, sonst störe ich seine Selbstverwirklichung. Ich bin ein Nervenbündel. Das macht mein Kind nervös, und dann zieht es die Socke über Hand oder Kopf. Ich darf mich nicht aufregen. Wenn ich das Kind nicht pünktlich abgebe, kriege ich Ärger mit der Erzieherin, von meinem Chef ganz zu schweigen.

Wenigstens ist das Kind im Kindergarten versorgt. In der Schule sieht es dann schon anders aus. Da muß ich Pausenbrote schmieren, und den Stundenplan bete ich runter, auch wenn man mich aus dem Tiefschlaf reißt: montags turnen. Muß die Turnsachen spätestens am Sonntag gewaschen haben, darf ich nicht vergessen, und die Brotzeit einpacken. Mir was einfallen lassen, damit sie auch gegessen und nicht an Tauben verfüttert und am Kiosk das Taschengeld in Süßes umgewandelt wird. Apropos Taschengeld, habe ich das jetzt schon gegeben, sie behauptet nein, ich dachte ja, und wo bringe ich bloß das Geld für den Ballettunterricht her, ich finde es lächerlich, sie dorthin zu schicken, das ist nur Geldschneiderei, da braucht sie ein Kostüm und Schuhe und was weiß ich nicht noch alles. Sie ist auch wirklich keine Grazie, sondern ein Mehlsack, gut, andere Mütter würden sagen, ich muß sie fördern, ich finde, sie braucht kein Ballett, eher etwas zum Austoben, aber da diese Kerstin ins Ballett geht, muß sie auch, und wenn ich das finanziell nicht auf die Reihe kriege, ist sie ausgeschlossen, und das ist sie schon beim Reiten und beim Tennis, also muß ich das mit dem Ballett irgendwie hinkriegen, ich verzichte auf mein Theaterabo, neue Schuhe, das Fahrrad tut es auch noch eine Weile, man gewöhnt sich daran, daß der Sattel immer mal wieder nach unten rasselt, eigentlich macht Radfahren so erst richtig Spaß.

Stets erörterte ich solche Erziehungsfragen ohne Mann. Obwohl ich weder ein Kind und wenn doch, dann bestimmt nicht ohne aktiven Vater wollte. Ich dachte es, weil ich als Frau weiß, daß es jederzeit passieren kann, mit dem Kind allein dazustehen, und so rechnete ich mit dem Schlimmsten, um es gegebenenfalls zu meistern. Derzeit wächst jede/r siebte Deutsche unter achtzehn Jahren bei nur einem Elternteil auf. Im Osten der Republik lebt inzwischen sogar jedes fünfte Kind bei nur einem Elternteil. Preisfrage: bei welchem?

Natürlich wäre es mit Mann praktischer. Da hätte ich den schnuckligen Zweitwagen, mit dem ich montags zum Geigenunterricht chauffiere, danach zur Logopädin, dienstags Schwimmen, mittwochs in den Sportverein und donnerstags in die Kindergruppe, zwischendurch kaufe ich ein, dann abholen und zum Bauchtanz für Kinder und dann schnell heim und kochen. Am Wochenende kontrolliert mein Mann den Ölstand.

Was ist, denke ich manchmal, wenn ich mit einem Kind gestraft wäre, das zum Beispiel in einer Umfrage einer Tageszeitung zum Thema „Machen Sie sich Sorgen um das Klima?" zum Besten gibt: „Ich habe keine Angst vor Klimaveränderungen, weil ich eigentlich vor nichts Angst habe. Wenn es in Deutschland keinen richtigen Sommer gibt, flieg ich einfach zum Urlaubmachen in den Süden."

Dieser junge Mensch ist fünfundzwanzig Jahre alt, und wäre er mein Sohn, würde ich umsonst gelebt haben. Oder hätte einfach nicht begriffen: loslassen. Es geht dich nichts an. Du bist dafür da, sie zu ernähren, ihnen ein Dach über dem Kopf zu bieten – den Rest, vergiß ihn einfach. Er gehört nicht zu deiner Aufgabe, wenn du das trotzdem glaubst, machst du dich unglücklich und dein Kind sowieso.

Aber all das, was angeblich nicht zu meinen Aufgaben zählt, erzählen sie mir doch, sei das Schöne am Kinderhaben.

Genau das ist das Problem.

Susanne

Ich will kein Kind, weil ich ein ängstlicher Typ bin. Ich neige dazu, mir Sorgen zu machen. Ich habe alles Mögliche versucht, das zu bekämpfen, aber es ist mir nicht gelungen. Wenn ich ein Kind hätte, würde ich an meinen Sorgen zugrunde gehen. Es vergeht kein Tag, an dem ich nicht von einem vergewaltigten, mißbrauchten, ermordeten, entführten, verunglückten Kind höre. Ich will mir gar nicht ausmalen müssen, was allein auf dem Weg von der Wohnung zur Schule passieren könnte. Ich glaube, ich hätte keine ruhige Minute mehr. Das Kind hätte es nicht schön bei mir. Ich hätte es einfach zu lieb. So lieb, daß mich die entsetzliche Angst, es zu verlieren, auffressen würde. Und deshalb verzichte ich darauf.

Schwarzsehen

Die liebsten Kinder sind mir die, die man weder sieht noch hört, hat mein Onkel Wolfgang früher gesagt, und wir Kinder haben gelacht. Viel zu laut natürlich. Wir waren still, wenn wir fernsehen durften, aber das durften wir nicht oft. Am Wochenende nachmittags und manchmal am Abend. Es gab wenig Kinderprogramm. Sonntagvormittag lief die Sendung mit der Maus. Es gab keinen Kinderkanal. Es gab keine auf Kinder zielende Werbung. Es gab weniger schlechtes Gewissen bei Eltern, die Kinder fernsehen ließen.

Wenn ich Freundinnen mit Kindern besuche, komme ich mir zuweilen vor, als würden wir bei Gewitter telefonieren, ich auf der Erde, sie auf dem Mond. Ungestört reden geht nicht, seit sie Kinder haben. Außer die Kinder sind im Kindergarten oder bei Freunden, aber dann müssen ihre Mütter meistens etwas Dringendes erledigen: diese kostbarste Zeit des Tages nutzen. Wenn ich Freundinnen mit Kindern besuche, dauert es meistens nicht lange, bis die ihren Kindern anbieten: „Möchtest du fernsehen?"

Vorangegangen ist eine runde halbe Stunde Störung. Das Kind will nicht in sein Zimmer, will nicht spielen, will auf keinen Fall, daß sich die Mutter mit mir unterhält, oder läßt es gönnerhaft zu, wobei es pausenlos Spielsachen anbringt, die ich bewundern soll, es fällt vielleicht so unglücklich vom Stuhl, daß es weinen muß und Trost braucht, oder es muß der Mutter jetzt erzählen, was es gestern im Kindergarten gebastelt hat oder sich zum Geburtstag wünscht. Die Mütter sagen, während sie sich mir zuwenden: *Ja mein Schatz,* und ich finde, daß sie mir nicht gerecht werden, gleichzeitig finde ich es verletzend, wie sie ihre Kinder abspeisen.

Aber wie sollen sie es sonst schaffen? Sie können sich nicht zerreißen, also können sie alles nur halb tun, das alte Lied. Längst sind sie Meisterinnen im verdeckten Gespräch: „Und dann hat er seinen doch tatsächlich gepierct, so was habe ich noch nicht gesehen, aber dann hat sie angerufen, und ich war wirklich, du weißt schon, aber ich wußte auch nicht, ob und von wegen sturmfrei, aber dann doch, und das war vielleicht 'ne Nummer, und danach kein Bild, kein Ton, wie findest du das?"

Obwohl ich es auf eine bestimmte Art und Weise eindeutig finde, bin ich unsicher, wie ich es in Gegenwart des Kindes finden darf, denn ich glaube nicht, daß die verstümmelte Muttersprache das Kind erfolgreich täuscht, ich glaube, es füllt die Lücken mit Fantasie, und was dabei herauskommt, läßt die Realität zu Teletubbies schrumpfen, und so zucke ich mit den Schultern.

Irgendwann schickt die Freundin das Kind zum Fernsehen. „Du kannst ein Video einlegen. Oder vielleicht kommt auch was im Kinderprogramm." Bevor wir dann aber wirklich mit einem Gespräch beginnen, erzählt mir die Freundin, daß ihr Kind eigentlich nie fernsieht. Ich habe keine einzige Freundin, deren Kind fernsieht. Aber ich kenne sehr viele Kinder von Freundinnen, die sehr viel fernsehen. Ich würde mein Kind auch fernsehen lassen, denn es ist bequem. Selbstverständlich hätte ich dabei ein schlechtes Gewissen, das ist unbequem. Also müßte ich das schlechte Gewissen irgendwie besänftigen, indem ich einmal in der Woche mit meinem Kind gemeinsam fernsehe und es danach befrage, ob es darüber sprechen will. Das Kind würde wahrscheinlich gar nicht verstehen, was ich von ihm will, denn es hat keine Ahnung, wie das gehen soll: darüber sprechen.

Das Fernsehen ist nur ein Beispiel. Ich glaube, ich würde langsam, aber unweigerlich schwarz werden. Das schlechte Gewissen würde von mir Besitz ergreifen. Schleichend würde es beginnen mit einem schwarzen Zeh. Es könnte auch etwas draufgefallen sein, ich weiß nur nicht mehr, was. Und dann wären schon zwei Zehen schwarz. Denn ich würde mein Kind in den Kindergarten um die Ecke bringen, anstatt eine halbe Stunde mit dem Auto in einen Kindergarten zu fahren, in dem Kinder mit Fantasie statt mit Spielsachen spielen. Ich würde mich zuwenig informiert haben, welcher Kindergarten der beste ist. Ich würde es versäumt haben, mein Kind von Anfang an zweisprachig zu erziehen. Ich würde viel zu selten pädagogisch mit meinem Kind spielen. Ich würde zuwenig vorlesen und zuwenig an der frischen Luft sein mit meinem Kind. Ich würde es viel zuwenig streicheln, und auch in den Kurs für die Kindmasssage bin ich nicht gegangen. Ich habe ihm Süßigkeiten gegeben, obwohl ich das nie wollte. Ich habe, schon als es ein Baby war, nicht die umweltfreundlichen Stoffwindeln abholen lassen vom Windeltonnendienst. Und das alles wider besten Wissens – denn ich weiß doch: Als Mutter trage ich die alleinige Schuld an allem.

Mein linkes Bein ist schwarz. Von der kleinen Zehe bis zum Oberschenkelhals. Schwarz. Dies ist das rabenschwarze Bein einer Rabenmutter. Ich habe unterlassen. Ich habe zwar gespielt mit dem Kind, aber ich habe es nicht so gern getan, wie ich es gern getan hätte. Ich habe manchmal aus Pflichtgefühl gespielt, das hat das Kind bestimmt gemerkt. Als Kleinkind habe ich es in den Laufstall gesperrt.

Auch mein zweites Bein ist schwarz von der kleinen Zehe bis zum Oberschenkelhals. Dies sind die rabenschwarzen Beine einer Rabenmutter. Ich gestehe. Ich habe unterlassen. Und immer war es zu spät, und meistens war ich zu müde, und oft wußte ich, es ist falsch, was ich tue, aber ich konnte nicht anders, ich war abgrundtief müde. Ich habe mich nicht gänzlich aufgeopfert, nur zu siebenundneunzig Achtundneunzigstel.

Ich habe unterlassen, und mein Bauch ist schwarz. Dies ist der rabenschwarze Bauch einer Rabenmutter. Daß die schulischen Leistungen meines Kindes auf mich zurückfallen, ist kein Wunder, intelligent wäre es, aber ich bin ihm kein gutes Vorbild, ich habe nicht richtig aufgepaßt, ich hätte mich besser durchsetzen sollen, ich habe ihm seine Zukunft verbaut, ich bin schuldig. Später wird meine Schuld vom Gericht bestätigt werden, indem der Angeklagte mildernde Umstände bekommt dafür, daß er eine Rabenmutter, nämlich mich, ertragen mußte.

Auch meine Brüste sind schwarz. Dies ist der rabenschwarze Torso einer Rabenmutter. Ich gestehe. Ich habe mein Kind angestiftet, ins Bett zu nässen, und angetrieben, Fingernägel zu kauen. Ich habe die Förderung meines Kindes unterlassen. Ich hätte. Ich hätte sollen. Ich hätte müssen. Ich gestehe.

Meine Arme sind schwarz. Dies sind die rabenschwarzen Arme einer Rabenmutter. Durch mein Verhalten, das hätte mir doch klar sein müssen, legte ich den Grundstein für die Entwicklung des Kindes. Ich habe versagt. Ich habe unterlassen. Ich gestehe. Ich bin schuld.

Die Schwärze verschlingt mich. Es bleibt ein Häufchen. Sieh, hier sind die pechschwarzen Reste einer rücksichtslosen Rabenmutter.

Anke

Um meinen dreißigsten Geburtstag herum hatte ich mal eine Phase, da habe ich mir wie wahnsinnig ein Kind gewünscht. Ich hatte gerade keinen Partner, aber mein Kinderwunsch war so stark und mächtig, daß ich es ein paar Mal mit irgendwelchen Bekannten darauf angelegt habe, schwanger zu werden. Es hat nicht geklappt. Zum Glück, sage ich heute. Denn der Zufall wollte es, daß meine beste Freundin schwanger wurde. Zuerst habe ich sie rasend beneidet. Wir haben geplant, daß ich so schnell wie möglich auch schwanger werde – aber wie gesagt, es wurde einfach nichts bei mir. Und Temperatur zu messen und dann in die Disco zu stürzen, um einen Aufriß zu machen, das war mir wirklich zu blöd. Auf jeden Fall war ich bei der Geburt des Sohnes meiner Freundin dabei. Ihr Freund verließ sie schon im ersten Monat, er war Versicherungskaufmann und ertrug das Geschrei nicht – tja, und dann bin ich für ein halbes Jahr zu ihr gezogen. Es war eine tolle, intensive Zeit. Aber mit jedem Tag ist mir klarer geworden, daß das nicht mein Leben wäre, daß ich kein eigenes Kind will. Ich mußte es wirklich in der Praxis vor mir sehen, um das zu begreifen. Aber es war eine schöne Zeit, und auch wenn ich mit der Freundin kaum mehr Kontakt habe – irgendwie haben wir uns auseinandergelebt –, ein-, zweimal im Jahr sehe ich ihren Sohn, er kommt vorbei, wenn er im Viertel ist – und das freut mich immer.

Später Nachmittag

„Bist du schwanger?" fragte Iris.

„Nein", sagte ich, bemüht ruhig zu bleiben. Das war das dritte Mal innerhalb einer Stunde, daß ich das gefragt wurde. Meines Wissens hatte ich nicht zugenommen. Vielleicht warf mein Kleid eine ungünstige Beule in der Bauchregion. Aber eigentlich war da nichts.

„Jetzt bin ich dreimal gefragt worden, ob ich schwanger bin", flüsterte ich Laura zu. „Sehe ich so aus?"

Laura lächelte. „Ja. Im Gesicht. Weil du glücklich bist. Viele deiner Gäste sehen Lui heute zum ersten Mal. Ihr seid das verliebte, junge Paar. Du strahlst Glück und Harmonie aus. Das verbindet man mit Schwangerschaft. Und Lui wäre doch ein wunderbarer Vater, so wie er da drüben mit dem Jungen spielt."

„Ja, sicher", sagte ich. „Und das finde ich schön. Das hat mir auch gut daran gefallen, was du von Massimo erzählst hast. Daß er zu dir und dem Kind gestanden ist. Ich habe mir das auch von jedem Mann gewünscht, mit dem ich zusammen war – obwohl ich nie wirklich ein Kind wollte. Aber dieses Annehmen der Vaterschaft war für mich stets ein ganz entscheidender Liebesbeweis."

„Wir hatten Glück, daß wir mit unseren Männern einig waren", sagte Laura nachdenklich. „Stell dir vor, wir wären an Männer geraten, die unbedingt Kinder wollten!"

„Ist mir nie passiert! Sie wollten entweder keine Kinder oder waren unschlüssig. Sie dachten wie ich. Aber vielleicht hätte mich ein Mann mit einem starken Kinderwunsch überreden können."

„Das glaubst du doch nicht wirklich!" rief Laura. „Ich glaube, daß du einen solchen Mann gar nicht kennen gelernt hättest. Ich glaube an die Liebe auf den ersten Blick und daran, daß man sehr viel voneinander weiß, bevor man miteinander spricht. Wie sonst ist es zu erklären, daß beispielsweise Töchter von Alkoholikern sich in Alkoholiker verlieben, daß man sich in Menschen verliebt, die in der Geschwisterreihe den Platz einnehmen, den man selbst nicht innehatte – die Schwester mit einem jüngeren Bruder verliebt sich in einen Mann, der eine ältere Schwester hat. Und dann gibt es Forschungsergebnisse, die besagen, daß wir über die Beschaffenheit unserer Abwehrkräfte Bescheid wissen, noch ehe wir miteinander sprechen – und daß wir solche Menschen als potenzielle Partner interessant finden, die über einen anderen Immuncocktail verfügen als wir – ganz im Sinn einer breit gestreuten Vielfalt für den Nachwuchs."

„Laß mich mit deiner Biologie in Ruhe", bat ich. Das war unser altes Streitthema. Laura bezog sich gern auf Erkenntnisse aus der Verhaltens- und Gehirnforschung, was mir zu einseitig erschien. „An die Liebe auf den ersten Blick", räumte ich ein, „glaube ich auch. Es ist mir egal, wie sie sich erklärt. Und ich bin sehr froh, daß ich nie in der Situation war, um mein Nein zum Kind kämpfen zu müssen. Wenn ich mir vorstelle, Lui würde gern Vater werden, würde gern einem kleinen Menschen die Welt erklären, sich verantwortlich fühlen wollen – und ich wäre dagegen. Das würde mir weh tun! Weil ich ihm diesen Wunsch nicht erfüllen könnte."

„Ich bin überzeugt davon, wir haben uns Männer gesucht, die keine Kinder wollen. Männer, für die Partnerschaft wichtiger als Vaterschaft ist."

„Ich kenne eine Reihe von Männern, die sich ausgeschlossen und einsam fühlten, als ihre Frauen Kinder bekamen. Die alte Geschichte. Die Brüste werden zur Milchquelle, die Frau wird zur Mutter und gehört dem Kind. Die Geschichte vom Kind im Ehebett eben."

„Ich habe in der Zeitung gelesen, daß Frauen einen Seitensprung ihres Mannes leichter wegstecken als ein Nein zu ihrem Kinderwunsch."

„Das wundert dich doch nicht? Ich brauche auch das Gefühl, als Mensch, als Frau total angenommen zu sein – mit meinem eventuellen Kinderwunsch. Sogar ich, wo ich keines wollte, habe Wert darauf gelegt."

„Das ist eines jener Paradoxe, weswegen Männer Frauen so kompliziert finden." Laura lächelte.

„Ist doch alles logisch!" rief ich. Und dann fiel mir Nina ein. In Lauras Gesicht konnte ich sehen, daß sie im selben Moment an Nina dachte. Nina und ihre Theorie von dem Programm, das in Frauen abliefe. *Eines Morgens stehst du auf, schaust in den Spiegel, und plötzlich hat sich die Welt verändert. Du willst ein Kind. Dagegen läßt sich nichts tun, das ist ein biologisches Phänomen.*

Ich hatte immer Angst, daß mir dies eines Tages auch passieren würde, denn den vier Frauen, die mir eindrücklich davon erzählt hatten, fühlte ich mich seelisch nah. Eine Schriftstellerin, eine Grafikerin, eine Krankengymnastin – und meine Freundin Nina. Sie waren wie ich sicher gewesen, ohne Kind leben zu wollen. Und dann auf einmal und scheinbar über Nacht war alles anders.

Auf einer Geburtstagsfeier lernte Nina Mick kennen und verliebte sich auf den ersten Blick. Sie wußte sofort, das ist er, auf den hatte sie gewartet. Mick brachte sie nach Hause, sie verabredeten sich für den nächsten Abend, und Nina schwebte auf Wolke sieben. Sie war achtundzwanzig, hatte sich beruflich gerade mit einer PR-Agentur selbständig gemacht, und alles, was ihr fehlte, war der Mann fürs Leben gewesen. Aber nicht zum Kinderkriegen, darauf hatte sie stets Wert gelegt: Ich suche einen Partner, keinen Vater für ein Kind. Über Nacht hatte der Mann ein Gesicht bekommen: das von Mick. Am nächsten Abend erfuhr Nina, daß Mick eine dreijährige Tochter hatte und mit deren Mutter zusammenlebte.

Warum hast du mir das nicht gestern gesagt, fragte Nina.

Weil du mich dann nicht hättest wiedersehen wollen, antwortete Mick.

Das bestätigte Nina darin, daß Mick der Richtige für sie war, er kannte sie schon, ehe sie Zeit gehabt hatten, miteinander vertraut zu werden. Normalerweise hätte Nina sich nach einer solchen Eröffnung zurückgezogen. Sie fühlte sich einem Kampf um einen Mann nicht gewachsen. Aber diesmal war alles anders. Sie wollte Mick. Und er machte ihr den Eindruck, es ebenfalls ernst zu meinen. Dennoch sprach er nicht abfällig über Sibylle, die Mutter seiner Tochter, sondern eher traurig, die Beziehung sei am Ende, er bedaure das sehr – einmal sagte er sogar, sie, Nina und Sibylle würden sich sicher gut verstehen. Das alles beeindruckte Nina. Und nicht nur sie. Wir waren uns einig: Mick war ein Schnäppchen.

Dann lernte Nina seine Tochter kennen. Ein hübsches, blondes Mädchen. Und vor allem sah sie, wie Mick mit dieser Tochter umging. Wie er Vater war. Ein Vater, wie ihn jede sich selbst auch gewünscht hätte. Von dem Augenblick an wollte Nina ein Kind. Mit Mick. Dieses Kind war allerdings nicht die Tochter, ganz im Gegenteil. Nina lehnte die Tochter, die Mick mit Sibylle hatte, ab. Sie wollte ein eigenes Kind mit Mick. Ihr eigenes Glück mit Mick.

Sibylle zog mit der Tochter in ihre Heimatstadt Hamburg. Bahn frei für Nina. Sie war glücklich. Sie hatte Mick für sich gewonnen. Fehlte nur noch das Kind. Mick wollte nicht. Er sagte, er habe seine Tochter im Stich gelassen, er wolle kein zweites Kind, er habe gesehen, wie ein Kind eine Beziehung belaste, er wolle das nicht noch mal erleben, er wolle mit Nina leben, ohne Kind.

Mick, ein sanfter, gefühlvoller Mann, war sicher und klar in dieser Entscheidung. Nina hätte ihm dankbar sein können. Doch Nina geriet ins Trudeln.

Wenn du mich lieben würdest, wie du Sibylle geliebt hast, behauptete sie, würdest du auch mit mir ein Kind wollen.

Eben nicht, sagte Mick. Ich wollte das Kind mit Sibylle nicht. Ich wollte nie ein Kind. Aber ich habe zu meinem Kind gestanden, und ich bereue diesen Entschluß nicht. Ich liebe meine Tochter. Aber daß ich mich mit Sibylle auseinanderlebte, das hat mit diesem Kind zu tun, weil sich Sibylle von einer Frau in eine Mutter verwandelte, weil ich keine Freundin mehr hatte, weil alles schief lief. Statt daß wir gemeinsam in eine Richtung blickten, wurde ich zum Versorger, der entweder gut funktionierte, dann war er Vater, oder schlecht, dann hieß er Versager. Sibylle behandelte mich wie ein unzulängliches Kind. Ich will so etwas nicht noch einmal erleben! Ich will mit einer Frau leben, nicht mit einer Mutter, womöglich noch mit meiner eigenen.

Bei uns wäre alles anders!

Das habe ich damals auch gedacht.

Du gibst mir keine Chance!

Ich gebe dir, was ich geben kann. Meine ganze Liebe.

Und wenn ich ein Kind will, unbedingt?

Dann mußt du dir einen anderen Mann suchen!

Da war es gesagt. Das Schlimmste. Du mußt dir einen anderen Mann suchen. Nina wollte aber keinen anderen Mann, weil es nur einen für sie gab: Mick. Also mußte sie Mick dazu bringen, seine Meinung zu ändern. In dieses Projekt steckte Nina ihre Energie, die nächsten zwei Jahre lang. Es wunderte alle, daß die Beziehung das aushielt, denn Nina war unausstehlich. Zuerst las sie sämtliche Bücher über das Thema Kinderwunsch, die sie bekommen konnte. Und dann zitierte sie Sätze vom Recht auf Mutterschaft, vom biologischen Programm, von evolutionären Notwendigkeiten – und geriet bedenklich nah an ein Gedankenschlecht, das uns entsetzte. Mick war mit Argumenten nicht beizukommen. Gleichbleibend freundlich ließ er sich nicht in allgemeine Diskussionen verwickeln, sondern vertrat lediglich seinen Standpunkt.

Werde doch einfach schwanger, riet manche Freundin.

Das wollte Nina nicht. Es wäre Betrug. Sie wollte kein Kind, das Mick nicht wollte. Das empfände sie als Almosen, sagte sie. Sie wollte, daß Mick von sich aus ein Kind mit ihr wollte. Ansonsten hätte er es ja ihr zuliebe getan, und darauf könnte sie verzichten. Nina erklärte, sie fände es erniedrigend, den Satz „Ich möchte ein Kind" auszusprechen. Sie war der Meinung, diesen Satz müßte Mick zu ihr sagen. Denn sie schämte sich für ihren Kinderwunsch, der überhaupt nicht zu ihrem Leben paßte.

Mick bot ihr an, zu dritt – sie beide und die Tochter – in den Urlaub zu fahren, dann könne sie ausprobieren, ob sie wirklich ein Kind wolle, doch Nina wollte nur ihr eigenes Kind, das der anderen wollte sie nicht, denn dieses Kind war der lebende Beweis dafür, daß Mick die andere mehr geliebt hatte als sie.

Mick fuhr mit der Tochter allein in den Urlaub. Nina wußte, sie hatte sich schrecklich benommen, doch es war, als hauste ein Dämon in ihr. Dieser Dämon wollte ihre Liebe zu Mick zerstören.

Vor allem wollte er Nina nicht glauben lassen, daß Mick sie liebte. Denn wenn er sie wirklich liebte, würde er doch ein Kind mit ihr wollen. Alle Menschen, die sich liebten, wollten Kinder miteinander. Wahrscheinlich war sie nur ein Zeitvertreib für Mick. Gut zu ficken. Hauptsache, er übernahm keine Verantwortung. Mit

Sibylle, ja, mit der hatte er es ernst gemeint. Aber mit Nina wollte er nur noch seine Lust befriedigen. Diese vernichtenden Sätze behielt Nina nicht für sich, sie schleuderte sie Mick entgegen. Mick liebte Nina und sah, daß sie litt. Er spürte, daß sie zerrissen war, daß nicht sie selbst, sondern eine Besessenheit aus ihr sprach, die auch tagelang schweigen konnte. Auch dies zeichnete ihn aus als vorbildlichen Vater, Kinder wissen oft nicht, was sie tun, und das stellt man ihnen nicht in Rechnung, sondern bezahlt schweigend.

Wie kann ich dir meine Liebe beweisen, fragte Mick.

Indem du ein Kind mit mir willst.

Damit beweise ich dir meine Liebe nicht.

Du hast ja schon eins! Du hast deine Gene durchgebracht! Aber ich? Von mir bleibt nichts! Leere.

Warum willst du meine Liebe nicht spüren?

Ich habe ein Recht auf meine Erfahrung!

Das spreche ich dir nicht ab.

Mick konnte Nina nicht helfen. Sie bezeichnete sich als taube Nuß. Sprach von sich als verdorrtem Affenbrotbaum. Es war unerträglich, ihr zuzuhören.

Nina und Mick mit ihrem Faible für Abenteuerurlaube fuhren durch Rumänien, als es kaum jemandem einfiel, dort Urlaub zu machen. Überall wurden sie gefragt, ob sie Kinder hätten.

Nina schwieg, Mick verneinte.

Sie verachten mich, sagte Nina.

Sie beneiden dich, sagte Mick.

Warum sagst du nicht die Wahrheit? Du hast doch ein Kind.

Ich bin mit dir ein Paar, und wir haben kein Kind. Das finden die Menschen hier unglaublich. Wir können einfach zu zweit Urlaub machen, nur du und ich und keine Kinder. Ein Traum!

Nina glaubte das nicht.

Ich bin *die Torffrau,* sagte Nina.

Sie krümmte sich. Unsichtbar wo die Nacht am tiefsten. Er lächelte. Er wußte nicht. Er hatte. Stacheldraht im Unterleib. Behutsam und im Walzertakt.

Dich mit niemandem teilen, sagte er.

Sanfte Woge Weizenfeld. Tanzten flimmernde Härchen. Stachel für Stachel. Tief. Innen.

Weil ich dich liebe, lächelte er.

Die Gebärmutter im Stacheldrahtverhau. Die einzige, die sie jemals und wirklich. Zuckend.

Er lächelte noch immer. Sie trocknete aus und er lächelte. Milchige schwarzköpfige Larven ringelten sich behäbig wo einst. Runzeliges Johannisbrot ihre Eierstöcke, brüchiges Korn, das Sonnenblumenfeld: verrottet. Da war kein Echo in ihr. Nur der Krater Muttermund stand sie still und ohne Furcht in gleichmütiger Geduld. Keiner sah es und er lächelte. Ein schrumpeliger Haufen faltiger Mutter fiel aus ihrem Schoß. Er warf seine Zigarette in den Abfall und trat sie aus, da fing nichts Feuer, die einzige, die sie jemals und wirklich, loderte nicht mehr, tat nicht weh, tat gar nicht weh.

Am Boden badeten Ameisen im braken Wasser der faulen Blase. Schmeißfliegen vesperten Plazenta. Eine Eidechse krabbelte träge über das salzige Faltengebirge der Schleimhautfossilien.

Liebe macht blind, dachte sie. Deshalb sieht er nicht, kann nur sprechen von Instinkten und tasten nach meinem Gesicht und glaubt zu erkennen, was er niemals sah. Und merkte nicht, ihre Zähne fielen morsches Gestein und hörte nicht den Aufprall, viel zu laut sein Lächeln. Die Greisin mit dem grauen Haar. Die Greisin mit dem kahlen Schädel. Sie reichte ihm ihre Hände sprödes Geäst. Sein Streicheln brach die Dornen.

Komm, sagte er und hörte nicht das Knistern des Mooses der Torffrau, wußte nichts über die andere, die sich aus der einen geschält hatte, denn das Moor hatte sich geöffnet für die einzige.

Nina hatte Momente, in denen sie es sogar selbst sagte: Wenn Mick unbedingt ein Kind wollte, ich glaube, das wäre mir gar nicht recht. Es ist doch nur, weil er nicht will.

Was wäre gewesen, wenn Nina ein Kind bekommen hätte ... ob sie dann auch gestorben wäre bei diesem Autounfall nachts um halb drei? Oder hätte sie dann um diese Uhrzeit im Bett gelegen. Wäre nicht auf dieser Party gewesen. Hätte sich nicht zu dem betrunkenen Fahrer ins Auto gesetzt.

„Du hast an Nina gedacht?" fragte Laura.

Ich nickte. „Im Frühling habe ich Mick zufällig in der Stadt getroffen. Es geht ihm gut, er hat seit drei Jahren eine neue Freundin und Ninas Tod gut verarbeitet. Es ist ja nun auch schon fast zehn Jahre her. Aber er hat gesagt, er hätte ihr vielleicht einen Heiratsantrag machen sollen. Heiraten und Kinderkriegen – das wäre doch fast dasselbe und daß er oft gedacht hätte, daß sie einfach Sicherheit suchte, eine Sicherheit, die sie andererseits ablehnte."

Ich ging zum Haus, und in Gedanken ging ich mit Nina. Heiraten, dachte ich. Sicherheit. Darauf hatte keine von uns gesetzt.

Heiraten war genauso verpönt gewesen wie Kinderkriegen. Nicht zu heiraten bedeutete Freiheit, geheiratet hatten unsere Eltern. Aber Mick hatte wohl recht. Die Suche nach Sicherheit. Den Unbilden des Lebens etwas entgegensetzen. Das Haus. Die Heirat. Die Kinder. Einen Platz im Leben finden und ihn mit anderen teilen. Dicker als Wasser. Gemeinsame Sorgen in der gemeinsamen Sorge für das Dritte. Leitbild sein. Die eigenen Ideale umsetzen – eine schöne Aufgabe. Das Kind als Kitt zwischen Frau und Mann.

Aber ... wenn sie Kitt nötig haben, sind sie dann reif für ein Kind? Geht das überhaupt: reif sein für ein Kind? Oder ist es ein Prozeß, in den sie zusammen mit dem Kind hineinwachsen. Darf man ein Kind brauchen, um sich sicher zu fühlen? Vielleicht wäre es besser, einfach nur zu heiraten. Die meisten verheirateten Paare, die mir einfielen, hatten geheiratet, weil sie einen Kinderwunsch hatten, weil die Frau schwanger oder das Kind/die Kinder bereits auf der Welt waren. Sie hatten geheiratet, um Steuervorteile zu erlangen und Schwierigkeiten aus dem Weg zu räumen. Sie hatten nicht geheiratet, weil sie kein nichteheliches Kind wollten. In manchen Schulklassen beträgt der Anteil der nichtehelichen Kinder mehr als die Hälfte. Verheiratet oder nicht ist längst kein Barometer mehr für eine glückliche Beziehung und Kindheit.

„Ich habe dich doch nicht aus Liebe geheiratet!" hat einmal ein Bekannter einer Bekannten empört entgegengeschleudert. Wir lachten sehr. Auch Liebe und Heirat gehören nicht mehr zusammen – so wie Sex und Kind und Erzeugung und Elternschaft. Alles fällt auseinander. Überall Splitter. Aber du und ich verheiratet. Zusammen. Mit Brief und Siegel. Ein bißchen Beständigkeit. Ein bißchen Frieden. Wo man sich auf fast nichts mehr verlassen kann in dieser wilden, wüsten Zeit. Doch: Man kann sich auf manches verlassen. Zum Beispiel darauf, daß nach der Heirat, egal aus welchen Gründen, traditionelle Rollen eingenommen werden. Um die Tradition zu retten, braucht es nicht unbedingt ein Kind. Aber mit Kind rettet sie sich automatisch.

Man nehme eine berufstätige Frau, modern, aufgeschlossen, emanzipiert, und einen berufstätigen Mann, frauenfreundlich, bewußt, gefühlvoll. Sie sind schwanger als Paar und definieren sich auch so. Sie finden nicht, daß sie heiraten müssen, tun es aber dann doch, weil es einfacher ist. Sie finden nicht, daß es so sein muß, aber weil es einfacher ist, bleibt die Frau zu Hause. Sie finden nicht, daß sie es tun müssen, aber die Frau fühlt sich bald allein verantwortlich für den Haushalt. Was vorher als Team dynamisch und voll Energie pulsierte, verwandelt sich nun zurück. Im Zeitraffer fallen die Jahrzehnte, Jahrhunderte. Und dann stehen die neuen Grenzen. Wieder. Sie hatten so viele Jahrhunderte Gültigkeit, daß ein leiser Anruf genügte. Unter sich begraben sie die Ideale einer modernen Zeit. Was sind diese Staubkörner gegen die Festungen der Jahrhunderte? Die Frau versorgt den häuslichen Bereich, und der Mann ernährt von draußen aus.

Sie und er beim Frühstück.

Er: „Haben wir noch Marmelade?"

Sie: „Ja, sicher." Steht auf, sieht nach. „Oh, es ist keine mehr da."

Er: „Ach!"

Sie schweigt.

Sie ist zuständig für den Haushalt. Sie hat die Marmelade vergessen, nicht mal das bringt sie mehr, sie ist eine Null, eine Doppelnull und verdient ihn gar nicht, den tollen Mann, bestimmt sieht er das auch so, und wenn er es bis eben noch nicht so gesehen hat, weil er besonders gutmütig ist, dann sieht er es auf jeden Fall ab sofort so, und sie kann gar nichts mehr tun, wahrscheinlich hat er schon eine Freundin, eine andere, und wenn er die noch nicht hat, dann wird er sie bald haben, und die wird alles besser machen, der wird die Marmelade nicht ausgehen.

Falsch. Die wird sich nicht um die Marmelade kümmern müssen! Denk doch mal daran, als du Freundin warst statt Hausbesorgerin, denk daran, wie ihr dann gefrühstückt hättet.

Er: „Haben wir noch Marmelade?"

Sie: „Weiß nicht."

Er steht auf, sieht nach. „Oh, es ist keine mehr da."

Sie: „Honig haben wir noch."

Er: „Ist sowieso gesünder."

Oder er: „Das ist mir gestern schon aufgefallen. Ich habe vergessen, welche zu besorgen."

Egal was er damals gesagt hätte, er hätte es als Teil eines Teams gesagt. Für die Marmelade wären beide zuständig gewesen. Jetzt ist sie für die Marmelade verantwortlich, schön, wenn sie sie auch selbst einkocht, und er ist verantwortlich für die Mittel, mit denen die Marmelade, die Früchte dafür, gekauft werden.

Wenn eine Frau in einem Unternehmen als Sekretärin eingestellt wird, kann sie nicht eines Morgens erfahren, daß sie ab sofort im Putztrupp oder beim Außendienst tätig ist. Das erfordert vorbereitende Gespräche, eine Einverständniserklärung, Gehaltsverhandlungen. Und es erfordert Bedenkzeit, die sie dazu nutzt, sich alles reiflich zu überlegen. Möchte sie diese Veränderung? Sie würde mit dem Partner darüber sprechen, seine Meinung einholen und auch überlegen, wie sich die Veränderung auf die Beziehung auswirken könnte. Mehr oder weniger Zeit füreinander, mehr oder weniger Geld? Nach gründlicher Abwägung würde sie ihre Entscheidung treffen und an entsprechender Stelle bekanntgeben.

Warum bedenken so wenige Paare die Auflösung ihres alten Vertrages, wenn sie heiraten und Kinder bekommen? Ohne große Absprachen und ohne die neue Situation durchzuspielen, wird da einfach das Team aufgekündigt und das traditionelle Rollenspiel eingeführt. Wir sind im Privatleben! Es geht nicht um die Interessen fusionierender Unternehmen oder um den Dax. Wenn einige der Paare, an die ich denke, sich vorher Gedanken gemacht hätten, könnten sie sich heute ihre Schuldzuweisungen sparen. Aus einem „Ich bin gar nichts mehr, nur noch eine Haushälterin und Dienstbotin", „Ich bin nur noch eine Maschine, die die Kohle ranschafft, die ihr dann ausgebt" und so weiter könnten dann bewußte und verantwortungsvolle, aktive Sätze werden, die das Opfertum und die Leidensmienen entsaften.

„Ich habe mich entschieden, die Rolle des Ernährers zu übernehmen. Ich habe mich für drei Jahre verpflichtet, dann wollen wir das Thema erneut erörtern."

„Ich habe mich entschieden, drei Jahre lang ausschließlich Mutter und Hausfrau zu sein, dann wollen wir das Thema neu erörtern."

Und – wie klingt das? Klingt nicht mehr nach Kriechen auf allen Vieren, klingt nach aufrecht auf den eigenen Beinen stehen!

Wer dies beherzigt, ist sich auch im klaren über die Gefahr, als Jungvater und Geldverdiener, Versorger, Ernährer jetzt volle Schubkraft in die eigene Karriere zu investieren, besonders viel Geld zu verdienen, um erstens ein Machtgefälle zwischen der Frau und sich zu erzeugen, zweitens die eigene Minderwertigkeit zu – da haben wir es – kompensieren und zu zeigen: Ich bin nicht nur wichtig, ich bin mehr als wichtig, denn ohne mich wärt ihr gar nichts, und drittens eventuell den Frust über die verwandelte Beziehung nicht so oft live zu erleben, sondern sich Bestätigung im Job zu holen, wenn man sie als Mann nicht mehr kriegt, weil man als solcher nicht gefragt ist, nicht mehr Besorger, sondern Versorger – oder Versager. Wer dies berücksichtigt, ist sich im klaren über die Gefahr, als Vollzeitmutter nur noch ein Thema zu kennen: das Kind, die Kinder. Bitte nicht den Kontakt verlieren zu dem Menschen, der sie vorher war, und sich freuen, wenn der Partner sie daran erinnert!

Und nie vergessen: Die Schäfchen im Trockenen auf der sicheren Seite gibt es nicht, es gibt keine sichere Seite – wer das vergißt, wird von der Flut überrascht, ohne vorgesorgt zu haben.

Kürzlich heiratete eine Bekannte von mir. Sie ist dreiundvierzig. Sie hat den Namen ihres Mannes angenommen, obwohl der nicht besser klingt als ihr eigener und ihr auch im Alphabet nur einen unwesentlichen Vorsprung verschafft. Sie will keine Kinder. Ihr Mann ist sterilisiert. Dennoch hat sie die Rolle der Ehefrau überrollt. Ein Name, den ich über vierzig Jahre getragen habe, ist mehr als Schall und Rauch.

Edith

Kinder fragen dir ein Loch in den Bauch. Es fängt an mit der Natur: Mami, warum blitzt es? Warum donnert es? Wo kommt der Wind her? Warum ist das Meer grün? Ist ja ganz nett. Im Grunde interessiert mich das auch alle paar Jahre mal wieder. Aber ich mache mir nicht die Mühe, es zu recherchieren. Ich frage ein bißchen bei Freunden rum, ich gehe nicht mal ins Internet dafür. Wenn ich aber ein Kind hätte, würde ich mich verpflichtet fühlen, es aufzuklären. Nicht nur über Naturphänomene. Auch über die Geschichte zum Beispiel. Ich hätte doch eine Verantwortung als Mutter. Das heißt, ich müßte mich selbst aufklären. Ich habe aber eigentlich gar keine Lust, mich mit all diesen Dingen zu beschäftigen. Ein Kind würde soviel Unruhe und so viele Fragen in mein Leben bringen. Ich habe erst vor kurzem begriffen, daß man nicht alles verstehen kann, da brauche ich niemanden, der mich durchlöchert.

Früher Abend

Sie haben mich gefragt, ob ich schwanger bin, dachte ich. Wie das wohl wäre. Ich würde meinen Bauch durch den Garten schieben, und alle würden mich dasselbe fragen: Wann ist es soweit? Niemand würde wissen wollen, an welchem Thema ich arbeite. Das

Thema, von dem sie annähmen, es sei mein einziges Interesse, würde mich für alle offensichtlich ausbeulen. Sie dächten wahrscheinlich nicht, daß ich irgendwann mit Lui Sex gehabt hätte. So wie wir es in der Pubertät dachten, wenn wir eine schwangere Frau sahen, und loskicherten, denn diese Frau hatte ihr Geheimnis verraten. Es war nicht süß, sondern dick, aber süß macht dick. Damit lägen wir heute falsch. Die Frau könnte künstlich befruchtet worden sein. Die Frau könnte eine Lesbe, oder eine Leihmutter sein. Nicht jede schwangere Frau muß Geschlechtsverkehr gehabt haben. Ach, war das früher einfach!

Wenn ich mit gebeultem Bauch durch den Garten schwankte, stünde mein Glas Wasser wahrscheinlich dort drüben unterm Apfelbaum. Bei Helene und Selena und Achim und dieser äußerst sympathischen Elvira, die Mona mitgebracht hat. Ich würde mich mit Katina und den Vorgenannten über Schluckauf oder Durchfall oder Zahnen unterhalten. Das würde ich auch tun, wenn wir andere Berufe hätten, wenn Elvira nicht Architektin – ich hatte mich erkundigt –, Mona nicht Reiseleiterin und Helene nicht Lektorin wäre. Wir würden denselben Gesprächsstoff erörtern, wenn alle drei bei einer Bank oder in einem Bordell arbeiteten. Wir wären nämlich durch die Eins-Zwei-Drei-Gleichmachereimaschine gefallen.

Aber das macht doch nichts! Du hast deine Ausbildung hinter dir, deine wilden Jahre auch, und du hast lange genug gearbeitet, um zu wissen, daß du es als Frau sowieso nicht schaffen wirst, Karriere zu machen. Wenn du das bezweifelst, schau dir die Fakten an: 13 Prozent der Posten im mittleren Management sind in Deutschland von Frauen besetzt, im Topmanagement gibt es nur noch mickrige 3,5 Prozent Frauen. Von diesen lebt die Hälfte ohne eigene Kinder. Achtzig Prozent ihrer männlichen Chef-Kollegen haben eigene Kinder. Da die meisten Unternehmer Frauen im gebärfähigen Alter pro forma unterstellen, daß sie sowieso nur vorübergehend berufstätig sein wollen, also eher spielerisch, werden Frauen gern übergangen. Denn gibt man ihnen einen verantwortungsvollen Posten, lassen die den doch beim ersten Quietschen der Hormone im Stich – und dann finde mal schnell einen Stellvertreter, wir sind sozial, wir wollen nicht über die finanzielle Seite reden, aber wir stellen nun mal lieber keine Frauen ein. Wir haben uns vor unseren Aktionären zu verantworten – und die legen Wert auf Beständigkeit, schließlich wollen sie ihren Enkeln was Hübsches hinterlassen.

Verstehen Sie mich nicht falsch, hat ein Oberarzt an einer großen Münchner Klinik vertraulich zu einer Freundin gesagt, die
eine AIP-Stelle suchte: Aber wenn Sie schwanger werden – wer
macht dann die Nachtdienste? Sie blieben an den männlichen Kollegen hängen. Und deshalb wurde ich gebeten, keine Ärztinnen
mehr einzustellen.

*Klar. Den Mann muß man verstehen. Ärzte brauchen Frauen,
die zu Hause alles in Schuß halten, bei dieser Verantwortung und
Überlastung, da braucht man schon Unterstützung, besonders
wenn man das Familienleben nicht zu kurz kommen lassen will,
und wenn man sich schon für die Allgemeinheit und die Gesundheit der anderen aufarbeitet, will man wenigstens zu Hause ein
bißchen Freude und Ruhe.*

Schwangere Frauen haben mich stets fasziniert. Ihr Bauch erschien mir dick genug, daß er meine Fragen aushielt. Wie fühlt es
sich an, wie groß ist das Kind, spürst du seine Bewegungen, hast
du Angst vor der Geburt, wie ist dein Körpergefühl – ich war grenzenlos neugierig, und meistens wurden meine Fragen umfassend
und verständnisvoll beantwortet. Trotzdem erschienen sie ein bißchen wie Tiere, diese Frauen, die so unglaublich aufgingen. So
strotzend und so kräftig und so ... anders. Sie veränderten sich. Die
meisten von ihnen. Was sie veränderte, das konnte ich nicht erfra-
gen. Ich wußte nicht, wie ich danach fragen sollte.

Es gab keine äußerlichen Anzeichen, diese Veränderung war
nicht sichtbar in einer BH-Größe oder einer Krampfader. Sie
schwebte um die schwangere Frau herum. Und natürlich dachte
ich: Wie wäre das für mich? Wie wäre das, wenn mein Busen sich
anfühlte, als würde er gleich platzen, wenn ich meine Füße nicht
mehr sehen könnte vor lauter Busen. Wie wäre das, wenn mein
Bauch sich rundete, wenn meine Gelenke aufweichten, wenn mir
morgens übel wäre und ich abends Essiggurken mit Honig bestri-
che. Wie wäre das, wenn ich minutenlang weinte und mich dann
in Lachkrämpfen wälzte. Wie wäre das, wenn ich nicht mehr ich
selbst wäre, sondern etwas Besitz von mir ergriffe, in Form der
Frucht meines Leibes.

Ich konnte nicht genug hören von Geburtsberichten, fragte
indiskret nach und versuchte es mir vorzustellen: Es ist, als würde
man bei lebendigem Leibe zerrissen.

Nichts einfacher, als sich das vorzustellen!

Ach, es ist gar nicht so schlimm, es dauert nur kurz?

Ach, du hast gedacht, es hört nie auf?
Es sind also bloß die extremsten Menstruationskrämpfe?
Migräne ist schlimmer?
Du willst nie wieder ein Kind?
Du wolltest sterben?

Im Lauf der Jahre bekam ich ein schöne Sammlung von Geburtsberichten zusammen, aus denen ich so klug wie ohne hervorging. Die vielen Frauen, die ich befragt hatte, hatten mir nicht sagen können, wie es für mich gewesen wäre. Das hätte ich aber zu gern gewußt. Warum eigentlich? Warum glaubte ich, wissen zu müssen, wie Schwangerschaft und Geburt sich anfühlten, wenn ich wußte, ich wollte kein Kind? Ich mußte doch auch nicht wissen, wie es sich anfühlte, einen Achttausender zu besteigen, in der Südsee zu tauchen, blind zu sein oder taub oder Mann. Irgendwie war das Schwangersein, besonders die Geburt, eine Mutprobe. Eine Art Initiation. Würde ich es schaffen? Alle schafften es. Eine Frau konnte es mit Auszeichnung bestehen – oder recht und schlecht durchkommen. Es gab die ganz Mutigen, die bekamen ihre Kinder mit Hilfe einer Hebamme zu Hause – allerdings mußten sie dazu die gesundheitlichen Voraussetzungen vorweisen. Die meisten gingen ins Krankenhaus, ambulant oder stationär – und dort konnten sie zu den Versagerinnen gehören, die Periduralanästhesie beanspruchten oder per Kaiserschnitt komplett durchfielen.

Eine richtige Frau leidet. Eine richtige Frau hält den Geburtsschmerz aus und schiebt das Kind aus sich heraus. Sie ist kein Zuckerpüppchen. Sie benötigt keine Narkose. Und sie ist keine Schauspielerin, sie braucht keinen Kaiserschnitt. Sie schiebt und schiebt – bis das Kind schreit. Je nach Status, Religionszugehörigkeit, politischer Überzeugung und herrschender Mode schreit sie selbst dabei oder schweigt. Steckt alles cool weg oder gerät außer sich. Aber das sind nur Trends. Wichtig ist die Geburt durch den Geburtskanal. Die zeichnet die Heldin aus. Damit hat sie geleistet, was die Mutter des Kindsvaters leistete – oder sie überboten. Sie hat bestanden. Ich kenne Frauen, die wurden ihres Kindes per Kaiserschnitt entbunden und hatten das Gefühl, sie seien keine richtigen Frauen. Sie wären zwar irgendwie durch die Prüfung gekommen, aber mehr schlecht als recht. Solch ein Makel kann Jahrzehnte versalzen. Es gibt auch Länder – zum Beispiel Korea –, wo die Kaiserschnittgeburt in Krankenhäusern normal ist und westliche Frauen, die auf urtümliche Weise gebären wollen, für verrückt erklärt werden. Es gibt Verfechter bestimmter Atemtechniken und von Wasser- oder Hüpfballgeburten – die Möglichkeiten sind vielzählig und laden geradezu ein, in den Krieg zu ziehen. Selbstverständlich ist jede Methode die beste. Und da es um Leben oder Tod geht, kann auch jede Methode für sich in Anspruch nehmen, die werdenden Mütter massiv unter Druck zu setzen.

Darin immerhin ähneln sie sich. Sie drohen den werdenden Müttern mit Geburtstraumen der Kinder, wenn die Frauen Fehler machen. Das fängt zum Teil schon vor der Zeugung an, zieht sich durch die ganze Schwangerschaft und kulminiert in der Geburt, wo die Frau verantwortlich ist für die Adrenalinausschüttung = Streßbelastung, die ihr Kind ausbadet. Blöde Sache. Das kann sie nie wieder gutmachen, wenn sie die Geburt nicht einwandfrei hinkriegt. Zwanzig Jahre später kommt das Kind nach einer Rückführungstherapie oder nach einem eigenständig interpretierten Vortrag von beispielsweise Professor Dr. Dr. Grof oder einem Bert-Hellinger-Jünger zu ihr und erklärt, daß sie es während der Geburt gefoltert hätte, wovon es sich nie wieder erholt habe – ganz zu schweigen von der Schwangerschaft, die ja auch nicht als optimaler Start ins Leben zu bezeichnen gewesen sei.

Das alles sind Erwägungen, die erst in den letzten Jahren ins Gespräch kamen. Als ich schwangere Frauen befragte, interessierten mich viel mehr die körperlichen Veränderungen. Hast du zugenommen? Wieviel hast du abgenommen? Aus meiner Kindheit war mir das Bild der dicken Mami vertraut. Spätestens nach dem zweiten Kind gingen die Mütter auseinander. Sie blieben dann einfach schwanger. Auch wenn nichts mehr nachkam. Mütter sahen immer ein bißchen schwanger aus. Großer Busen, großer Bauch und alles weich und nachgiebig und nur zusammengehalten von einer Schürze. So liebten wir unsere Mamis. Ganz für uns da. Alles Eigene für uns weggeworfen, eingeknetet in den Teig, verquirlt in der Rührschüssel, ausgebrannt in der Röhre und schön knusprig gebacken zu unserer Freude.

Dann wechselte die Mode, und Mamis sollten wieder Frauen sein. Nicht so schön für die Kinder, wieder etwas erträglicher für die Männer, die im Gegenzug allerdings auch die Mami verloren und wieder mehr Mann sein sollten, woran manche Beziehung endgültig scheiterte. Keine meiner Freundinnen, die Kinder gebaren, ist dauerhaft dick geblieben. Manche sind vielleicht ein bißchen rundlich. Aber dennoch schlank. So gehört sich das heute.

Eine Mutter muß einen Frauenkörper haben, darf nicht beim Mutterkörper bleiben. Und sie muß die Bestrebungen des Kindsvaters, sich in ein weiteres Kind zu verwandeln, frühzeitig entlarven und strikt unterbinden. Sonst begeht sie bei einer erneuten Schwangerschaft Inzest.

Vor einigen Jahren habe ich, zusammen mit einer erfahrenen Hebamme, ein dickes Buch zum Thema Schwangerschaft, Geburt und Wochenbett geschrieben (Edelmann/Seul, „Hebammenwissen für Mutter und Kind", München 2003). Dieses Buch beantwortete alle meine Fragen, denn ich lernte mehr, als mir alle Freundinnen, die ich jemals befragte, sagen konnten. Vor allem begriff ich, daß ich als schwangere Frau grenzenlos überfordert wäre. Als meine Mutter glaubte, schwanger zu sein, suchte sie einen Arzt auf. Der bestätigte ihren Verdacht und entließ sie mit guten Wünschen und dem Vorschlag, sie solle sich melden, wenn es losgehe.

Das war, bevor in Deutschland der Mutterpaß eingeführt wurde, der seit Ende der 60er Jahre jede schwangere Frau begleitet und Schwangerschaft zu einem kontrollierten Zustand macht. Der Mutterpaß dokumentiert eine Reihe von Untersuchungen. Umfangreiche Vorsorgemaßnahmen sind im Mutterpaß vorgesehen, die in manchen Fällen auch bedeutsam für die Gesundheit von Mutter und Kind sind. Doch mit dem in medizinischer Fachsprache abgefaßten und für Laien unverständlichen Dokument ist auch die Verantwortung für das Kind von der Mutter weg hin zu den behandelnden Ärzten abhanden gekommen. Die untersuchen, die stempeln, die wissen schon Bescheid.

Mit dem Mutterpaß allein käme ich klar. Doch an ihm hängen bei leisestem Verdacht weitere Untersuchungen, das Verhängnis führt über umfangreiche Tests zur Pränataldiagnostik und endet bei der Entmündigung der schwangeren Frau. Als ich mich intensiv mit diesem Thema beschäftigte, beschloß ich, sollte ich jemals ein Kind bekommen, würde ich kein einziges Buch dazu lesen, ich würde überhaupt nichts unternehmen, sondern so weit wie möglich die Tradition meiner Mutter bewahren. Denn wenn ich mich in diesen Wald hineinbegäbe, würde ich mich höchstwahrscheinlich verirren in einem Sperrgebiet aus Bäumen, die aber keine Bäume wären, sondern Strommasten und Richtungspfeiler und Ortungssatelliten, auf denen Geldscheine wüchsen. Alles, was mit Kinderkriegen zu tun hat, ist ein Riesengeschäft. Da will auch niemand sparen. Wer spart, offenbart sein kaltes Herz. Und da will niemand eine empfohlene Untersuchung oder Therapie ausschlagen – wer möchte sein Kind gefährden?

Daß manche Untersuchung oder Therapie das Kind tatsächlich gefährden, wird gern verschwiegen, denn dabei fließt kein Geld, nur Blut und Tränen. In dem Maß, in dem das wissenschaftliche Denken und Handeln zunimmt, wird die Welt entmenschlicht – oder wie C. G. Jung es ausdrückt: Der Mensch fühlt sich im Kosmos isoliert, weil er nicht mehr mit der Natur verbunden ist.

Vor vielen Jahren auf einer Reise durch Marokko geschah es, daß mein Kleid dergestalt über meinen Bauchgurt fiel, daß ich schwanger wirkte. Mein Freund wurde darauf angesprochen. Er lachte und sagte zum Spaß ja. Ich lächelte. Schüchtern. Anders als sonst. So fühlte ich mich auch. Zurückgenommen. Innenschau haltend. Gern nahm ich die Huldigungen der Männer an. Ich, eine schwangere Frau, eine Königin, Hüterin des Lebens. Das gefiel mir eine halbe Stunde lang so gut, daß ich es heute noch weiß. Ich erinnere mich daran als ein Spiel.

Ich kann mir nicht vorstellen, wie das wäre, unbedingt ein Kind zu wollen und todunglücklich zu sein, keines bekommen zu können. Ich kann leicht sagen: Dann kümmere dich doch um andere Dinge. Es braucht kein Kind, um glücklich zu sein! Das Leben bietet uns so viele Möglichkeiten – und wenn du unbedingt mit Kindern zu tun haben willst und es nicht machbar ist, ein Kind zu adoptieren, und es dir auch nicht vorstellbar erscheint, dich bei der Änderung der Adoptionsgesetze zu engagieren, dann versuch viel mit Kindern zu unternehmen. Es gibt in vielen Städten bedürftige Straßenkinder. Pro Jahr kommen rund 140 Millionen neue ErdenbürgerInnen zur Welt: 15 909 Geburten sind das pro Stunde, 4,4 pro Sekunde. Da muß es doch ein bedürftiges Kind in der Nähe geben.

Während ich das schreibe, weiß ich, daß das nicht ist, was sie wollen. Wir Menschen wollen auch ein eigenes Auto und nicht eines von Stattauto, selbst wenn es billiger und bequemer und besser und umweltfreundlich ist. Ich habe nur zweimal Gelegenheit gehabt, mit Frauen zu sprechen, die eine Hormonbehandlung durchführten, um schwanger zu werden. Ich bin sicher, ich hätte diese Tests und Blutabnahmen und das Leben auf der Temperaturkurve zwischen gezücktem Thermometer und Millimeterpapier nicht auf mich genommen – aber wozu? Ich hätte es getan, um etwas zu bekommen, was ich sowieso nicht will.

Ich glaube nicht, daß betreffende Frauen dieses Buch lesen, bin aber überzeugt, Kolleginnen nehmen sich ihrer an. Ohne einen Blick mit meiner Buchhändlerin gewechselt zu haben, vermute ich, es existieren Titel wie *Trotzdem glücklich* oder *Den Kinderwunsch verdaut* und so weiter. Vielleicht stehen die im Regal neben mir. Vielleicht lerne ich etwas dazu. Heute weiß ich das aber noch nicht. Deshalb ist dieser Absatz auch kurz. Schade, daß trotz Fortschritts die Schwangerschaft auf Probe noch nicht machbar ist. PilotInnen lernen nicht in der Luft, sondern in Simulatoren. Die meisten sind auch danach noch begeistert von ihrem zukünftigen Beruf. Ich stelle mir einen Schwangerschafts- und Säuglingssimulator vor. Installiert in umfunktionierten, weil dann nicht mehr benötigten Müttergenesungswerken. Diese Statistik würde mich wirklich interessieren: Wie viele der Frauen, die unbedingt Kinder wollen, entsteigen dem Schwangerschafts- und Säuglingssimulator und bleiben bei ihrer Meinung? Ich frage das, weil ich weiß, daß sich viele das Muttersein anders vorgestellt haben. Sie hätten ihre Kinder nicht zurückgeben wollen. Aber sie haben erkannt, daß ihre Vorstellung falsch war. Sie waren nicht in den Mutterhimmel geflogen, sondern in die Mutterfalle. Nach unten statt nach oben. Aber geflogen waren sie. Und darauf kommt es an: Dabeisein ist alles!

Die Orientierungslosigkeit, die so manche Frau überfiel, muß nicht allein an ihrem angeblich lückenhaften räumlichen Vorstellungsvermögen liegen. Sie kann sich auch in der Einschätzung der Umwelt getäuscht haben. Vielleicht glaubte sie an umfassende Unterstützung durch den Vater des Kindes. Vielleicht glaubte sie an eine kinderfreundliche Gesellschaft. Vielleicht fehlte ihr bloß die Fantasie, sich einen Einkauf bei Tengelmann als Dokumentation deutschen Alltags vorzustellen.

Kann sein, der Schwangerschafts- und Säuglingssimulator würde einigen Frauen mit unerfüllbarem Kinderwunsch helfen. Nicht zum Kind. Sondern zum Abschied vom Kind. Aber es gibt ja auch andere Möglichkeiten, diesen Frauen zu helfen. Da heißt der Simulator dann Sterilisator, die Zutaten sind Pipette und Stickstoff und Handschuhe und alles modisch in Mintgrün und Weiß. Dann ist die Welt ja wieder in Ordnung. Ich möchte dennoch nicht aus den Augen verlieren, daß Frauen, die sich derart helfen lassen, gleichzeitig auch Versuchsobjekte der Reproduktionsmedizin sind. Ein interessantes Thema. Leider weiß ich zuwenig, meine Meinung zu belegen, und habe keine Zeit, sie zu bilden, weil Gerda wartet.

... wollte irgendwie manchmal ein Kind. Aber sie hatte Angst, ein behindertes Kind zur Welt zu bringen. Ein Kind mit Down-Syndrom oder ein körperbehindertes Kind. Ein lernbehindertes, ein sprechgestörtes Kind. Mit einem solchen Kind kann man das Muttersein nicht genießen, sagte Gerda. Da bist du eher Krankenschwester als Mutter und dauernd unterwegs von Termin zu Termin. Gerda wußte nicht, warum sie diese panische Angst vor einem behinderten Kind entwickelt hatte, und sie forschte auch nicht nach, sie fragte sich lediglich von Zeit zu Zeit, ob sie so dringend ein Kind wollte, daß sie auch ein behindertes akzeptieren könnte. Und dann entschied sie, nein – egal, wie oft ihr gesagt wurde, daß Mutter und Kind erst zueinander wachsen müssen, daß viele Mütter sich nach der Geburt völlig überfordert fühlen, nun zuständig sein zu sollen für dieses kleine, hilflose Wesen – ob gesundes Kind oder nicht – Gerda wußte, daß sie besser ohne Kind blieb, denn wenn eine wie sie schwanger würde, dann hatte sie das behinderte Kind mit ihren negativen Gedanken doch längst herbeivisualisiert; wer, wenn nicht sie, wäre prädestiniert dafür.

Ganze Kerls

Warum hier immer nur von Frauen die Rede ist, wo Frauen allein doch gar keine Kinder kriegen können? Falsch: Sie kriegen sie allein. Das ist das Problem. Warum hier nur von Frauen die Rede ist, wo Frauen allein gar keine Zeugung durchführen können? Falsch: Auch das können sie. Sie können sich zum Beispiel in Holland tiefgefrorenen Samen holen und daheim einführen. Sie können einen Freund um eine milde Gabe bitten. Lesben machen das manchmal, wenn sie beispielsweise nicht flüssig genug für die Samenbank in Holland sind, deren Ergüsse sie in flüssigem Stickstoff nach Hause transportieren, um dann, wenn das Ei springt, zu insemieren, was ja eigentlich bei uns verboten ist ohne Doktortitel. Warum hier nur von Frauen die Rede ist, wo Frauen allein doch gar keinen Samen herstellen können? Jetzt samma beianand, wie meine Postbotin zu sagen pflegt.

Ich fragte Männer. Ich fragte sie dasselbe wie Frauen: Willst du, wollen Sie ein Kind? Während die Frauen tief Luft holten und dann meistens weit, weit hinten anfingen – bei der Kindheit der Mutter oder Simone de Beauvoir oder dem Biologieunterricht in der Grundschule oder Tschernobyl oder Karen Horney oder der Umwelt allgemein –, holten Männer überhaupt keine Luft. Sie sagten nein, und das Thema war beendet. Ganze Kerls. Die machen da nicht lange rum. Die wissen, was sie wollen. Die müssen ihre Meinung auch nicht begründen wie Frauen, die – obwohl sie im Gegensatz zu den Männern Fakten kennen – diese zigmal wiederholen und bekräftigen und sich durch Rückfragen leicht verunsichern und zum erneuten Abspulen der Antwort provozieren lassen.

Männer nehmen die Frage auch nicht so persönlich. Hängen ihren Selbstwert nicht daran auf und schon gar nicht ihre Männlichkeit. Fährst du lieber einen BMW oder einen Mercedes? Willst du ein Kind? Sie beantworten die Frage wie eine normale Frage und breiten dabei nicht ihre Lebensgeschichte aus. Sie sagen ja oder nein. Die Redseligen unter ihnen lassen sich manchmal zu einem verstümmelten Satz hinreißen – etwa: „Zuviel Verantwortung.“ Ganze Kerls eben, die wissen, wieviel Verantwortung ein Kind bedeutet. Verantwortung, die sich kein Mensch freiwillig aufladen würde, aber Frauen sind nun mal ein bißchen naiv, das ist ja bekannt, so naiv, daß sie glauben, Männer würden ihnen beim Tragen der Verantwortung, die sie ja nie wollten, helfen. Männer tragen Mineralwasser und Gepäck.

Männer denken auch eher politisch, es gibt nun mal viel mehr Politiker als Politikerinnen, das muß mit dem Bartwuchs zusammenhängen, und wenn sie bedächtig erwägen: „Die Erde steht kurz vorm Kollaps“, läßt sich dem nichts hinzufügen, da zeigt der Mann doch, wie verantwortungsbewußt er nicht nur für uns, sondern auch für die nachfolgenden Generationen sorgt. Weitblick war noch nie eine Stärke von Frauen. Überbevölkerung, sagt der Mann vielleicht knapp, weil er davon ausgeht, sein Gegenüber wisse Bescheid. Da braucht man doch nicht lange herumzureden! Unvorstellbar, daß manche Frauen fünf, zehn Minuten oder Jahre mit dem Thema „Kind ja oder nein“ zubringen, Bücher darüber lesen können! Das ist eben der Unterschied. Ein Mann braucht keine Argumente, ein Mann braucht eine Meinung. Wenn ein Mann nein sagt, meint er nein. Sagt eine Frau nein, das ist hinlänglich bekannt, meint sie vielleicht – oder ja.

Männer haben keine Probleme – auch das ist hinlänglich bekannt. Sie bekommen aber vielleicht Probleme, wenn ihre Partnerin ein

Kind will – oder, aber das kommt selten vor, wenn sie selbst ein Kind wollen und die Partnerin nicht. In diesem Fall verlieren sie meistens, denn allein daß sie eine Partnerin gewählt haben, die kein Kind möchte, spricht für ihre desaströse Durchsetzungskraft. Will die Frau ein Kind, können sie sich oder die Frau zwar an die Luft setzen – aber die Gefahr besteht, daß auch die Nachfolgerin eins will. Es empfiehlt sich dann unter Umständen, dem Kinderwunsch der ersten zuzustimmen, beziehungsweise noch besser: sich gnädig dazu überreden zu lassen, je gnädiger, desto weniger Arbeit hat man später, denn eigentlich wollte man ja nicht.

Meistens sind die Frauen mit Kinderwunsch zu allen Konzessionen bereit: Ich mach das schon, ich kümmere mich um alles, du hast gar nichts damit zu tun. Bei einem solchen Angebot – fast nur Vorteile, kaum Nachteile – würde ich auch nicht nein sagen. Vor allem, weil ich jederzeit aus dem Vertrag aussteigen kann. Ich befände mich dabei in bester Gesellschaft.

Die Umwelt reagiert verschieden auf diese Wünsche. Will der Mann kein Kind, aber die Frau, muß sie sich abfinden. Er ist nun mal ein ganzer Kerl, und das hätte sie vorher wissen müssen. Will er ein Kind und sie nicht, ist die Umwelt auf seiner Seite. Kalte böse Frau, armer Mann – gestraft mit so einer. Dieser Mann braucht Trost, das finden meistens viele Frauen und kümmern sich aufopfernd, auch kein schlechter Deal.

Ich frage mich, warum es Männer gibt, die keine Kinder möchten. Sie haben doch fast nichts zu verlieren. Sie gehen weiterhin ihrer Arbeit nach. Sie haben weiterhin eine Frau und steigern zudem ihren Marktwert bei anderen Frauen. Das Kind verhilft ihnen eventuell zu elektrischen Eisenbahnen und zum Fußballspielen. Sie können ihrem Spieltrieb ungehindert frönen – wie Kinder Frauen dabei helfen, ihre Putzsucht und Ordnungsliebe auszuleben. Wenn Männer ihre Kinder sehen, ist meistens Wochenende oder Urlaub. Schöne Zeiten. Die schönsten. Aus denen werden glückliche Kindheiten geschnitzt. Für werktags und fürs Verbieten sind die Mütter zuständig. Und trotzdem fehlt manchen Männern die Fähigkeit, bei ihren Kindern Glück zu ernten.

Zu dieser Annahme hat mich ein Artikel veranlaßt, den ich über eine Stiftung schrieb, die sich um Menschen zwischen zwanzig und vierzig kümmert, die ihren Partner durch Tod verloren haben und mit Kindern zurückbleiben. Während die Frauen von Glücksgefühlen beim Zusammensein mit den Kindern sprachen, war dies für die Männer selten der Fall. Anscheinend vermissen Männer es nicht so sehr wie Frauen, wenn sie ohne Kinder leben. Warum ist das so? Weil sie Männer sind? Weil ein Mann, der sein Kind vermißt, kein ganzer Kerl ist? Ist Weichei das Gegenteil dazu? Wenden Sie sich bitte vertrauensvoll an Ihre Buchhändlerin.

Er, fünfundvierzig bis fünfzig, kein Kind: Sieh nur diesen stolzen Junggesellen. Hagestolz hieß so einer früher. Keine hat ihn weich gekriegt. Von keiner hat er sich einfangen lassen. Nie ist er auf eine Masche reingefallen.

Sie, fünfundvierzig bis fünfzig, kein Kind: Sieh nur diese alte Jungfer, so bitter und unbefriedigt. Keiner wollte sie haben. Immer viel zu eigen. Keiner war ihr recht. Hartnäckig ist sie auf ihrem Egotrip hängengeblieben.

Aber das gilt ja heute alles gar nicht mehr! Ich kenne mehr unbefriedigte Frauen mit Kindern. Und mehr gestörte, allein lebende, frustrierte Männer als Frauen. Aber das liegt vielleicht an der individuellen Zusammenstellung meines Freundschafts- und Bekanntschaftskreises und erhebt keinen Anspruch auf Allgemeingültigkeit.

Veronika

Du brauchst eigentlich nur mit offenen Augen durch unsere Welt zu gehen, dann weißt du, warum ich kein Kind will. Unsere freundliche, warmherzige, soziale Welt ist nämlich ein Betrug. Wir leben in einer kinderfeindlichen Welt. Und die Leute, die die Welt so kinderfeindlich machen – Politiker, Vermieter, Wohlhabende –, beschweren sich lautstark darüber, wenn nicht jeder seiner Kinderpflicht nachkommt. Die Städte werden immer lauter, verseuchter und kinderunfreundlicher. Hin und wieder ein verdreckter Sandkasten. Sollen die Mütter schauen, wie sie ihren Kindern Natur beibringen. Ist ja schließlich ihre Aufgabe als Erzieherinnen! Sollen sie doch mit ihnen ins Grüne fahren und beweisen, daß Kühe nicht lila-weiß sind. Wenn sie sich diesen Ausflug leisten können. Schau dir die Mietpreise an. Wer kann sich ein Kind leisten? Und am schlimmsten: Es geht oft gar nicht ums Geld. Die Leute wollen keine Kinder im Haus. Weil Kinder Krach machen. Es gibt Bürgerinitiativen gegen Kindergärten und Kinderspielplätze in der Nachbarschaft. Und jetzt halte dich fest: Die Hälfte der Leute, die dabei mitmachen, haben selbst Kinder. Aber die sollen bitte woanders lärmen. Da stellt sich mir doch die Frage: Soll ich ein Kind in Feindesland hineingebären? Soll ich ein Kind im Feindesland aufziehen? In einem Land, in dem ich mich als Verfolgte diskriminiert fühle, wenn ich ein Kind habe? Weil ich an der Supermarktkasse länger brauche mit dem Kind am Arm, weil mein Kind etwas umstößt, weil mein Kind den reibungslosen Verkehr aufhält, indem es seinem Ball auf die Straße nachläuft.

Ich habe keine Lust, mich mit Hausmeistern, Hundebesitzern, Radfahrern und Autofahrern anzulegen. Ich habe keine Lust, einen halben Herzanfall zu erleiden, wenn ich mitkriege, wie sie mit 70 km/h durch Spielstraßen rasen. Und dabei behaupten sie alle, sie wären kinderlieb. Und alle wollen Kinder. Aber niemand will was damit zu tun haben. Am besten, die Kinder – und natürlich die dazugehörigen Mütter – werden irgendwo in Gettos gehalten. Da, wo sie niemanden stören. Gelegentlich darf mal ein Kind raus. Ein besonders schönes, es hat vorher einen Tranquillizer bekommen – so daß sich die anderen wirklich daran erfreuen können. Sonntagsnachmittags zwischen drei und fünf kann man durchs Getto spazieren. Da spart man sich die Reality Soap und kann statt dessen nach dem Essen ins Kino oder so. Und weißt du, was mir an der ganzen Sache am meisten stinkt: Daß so viele Leute davon schwärmen, ein Kind würde ihnen helfen, sich auf die wahren Werte zu besinnen. Gleichzeitig tun sie alles, die wahren Werte – zum Beispiel in Form von Menschlichkeit, zum Beispiel in Form einer intakten Natur – zu zerstören. Das heißt, sie zerstören den Lebensraum, den ihnen das Kind eröffnen soll. Ich komme da nicht mehr mit.

Veronikas Schwester ...

... findet, daß Veronika im Prinzip recht hat. Bloß gibt sie zu schnell auf, und aus diesem Grund wird Veronika auch nicht zu jenen bevorzugten Menschen gehören, die einmal auf einem anderen Planeten – vielleicht dem Mars – angesiedelt werden. Denn mit Hilfe dieser erschwerten Umstände, unter denen Menschen – und besonders Mütter – heute leben, wird doch nur selektiert, wer wirklich evolutionär hoch steht. Da trennt sich die Spreu vom Weizen. Nur wer sich gegen eine verseuchte, aggressive, laute, rücksichtslose Umwelt durchsetzt und sich nicht schrecken oder zurückdrängen läßt, sondern seine Gene unbeeindruckt weiterzugeben gedenkt, wird einmal in das Marsbesiedelungsprojekt aufgenommen werden.

Später Abend

„Was, du willst schon gehen?" fragte ich überrascht. Die Männer waren gerade dabei, Fleisch auf den Grill zu legen, und meine Gäste waren noch nicht mal vollzählig.

„Ich muß", bedauerte Yvonne. „Meine Babysitterin wartet."

„Aber du hättest Sarah doch mitbringen können!"

„Ich wußte nicht, daß Kinder hier sind! Früher gab es bei deinen Festen keine Kinder."

„Dies ist eine Gartenparty. Kinder, Ballspiele und Hunde willkommen!"

„Vielleicht nächstes Mal! Tut mir wirklich leid."

An ihrer Stimme hörte ich, sie meinte es so. Manchmal wäre ich auch froh, einen Babysitter vorweisen zu können, um eine Verabschiedung zu beschleunigen. „Ich besuche dich bald mal", versprach ich. Klar. War praktischer. Yvonne hatte mehr als genug zu tun. „Ich bringe ein Abendessen mit und koche für euch!' rief ich ihr nach. Sie warf mir eine Kußhand zu und stieg in ihren Wagen.

Yvonne gehört zu den wenigen Freundinnen, denen es egal war, ob mit oder ohne Mann: Hauptsache Kind. Dies hatten wir in stundenlangen Gesprächen diskutiert. Yvonnes Sehnsucht nach einem Kind hatte mir deutlich gezeigt, daß ich andere Lebenspläne hatte. Gut, ich würde keine selbstgebastelten Nadelkissen kriegen, aber das wäre kein Verlust für mich, da ich meine Flickwäsche zum Schneider gebe. Es wäre aber ein Verlust für mich, wenn ich jeden Morgen um sechs aufstünde und abends um zehn erschöpft ins Bett fiele und den ganzen Tag kaum eine ruhige Minute verbracht hätte. Ich will mir das alles gar nicht vorstellen müssen. Muß ich ja auch nicht. Könnte ich auch nicht, mir reichte nicht mal die harmonische Vorstellung Kind und Mann und Haus und Hund und Haushälterin, um mich überzeugen zu lassen. Wie sollte ich da das pure Kind und sonst gar nichts wollen. Meine Liebe reichte nicht. Ich war nicht großherzig, nicht altruistisch genug, denn wenn ich mir das Kind gerade mal mit einem Mann vorstellen konnte, dann war ich auch nur bereit, drei Viertel meines Lebens zu opfern. Diese drei Viertel würden allerdings anspornen, später, wenn der Mann mich verlassen hätte, das letzte Viertel auch noch ins Feuer zu werfen.

Yvonne sagte: „Du hast eben bestimmte Ziele in deinem Leben, und diese Ziele sind mit einem Kind nicht zu erreichen. Für mich ist das Kind das Ziel."

Ich weiß nicht, ob ich Ziele habe. Ich möchte ein rundes Leben führen. Möchte keine Stücke herausbrechen. Nicht als verletztes Dreieck durch einen dornigen Alltag hetzen und mit meinen Kanten andere verletzen. Möchte aber auch nicht als Käsesahnetorte durch Mutterkindnachmittage in Pfarrheimen wabern. Die Luft dort ist meistens schlecht, weil die Kinder hyperventilieren.

Mami, Mami, der Junge mit dem grünen Pullover hat mich gehauen!

Dann schlag doch zurück.

Mami, Mami, die gibt mir meinen Luftballon nicht mehr!

Geht mich doch nichts an.

Mami, Mami, ich will heim!

An der Ecke fährt ein Bus.

Also wie können Sie nur!

Und alle sehen mich scheel an. Wie ich mit meinem Kind umgehe. Da wäre es doch besser, ich hätte keins. Genau!

Aber ist das auf Dauer nicht langweilig, immer dasselbe, bin ich gefragt worden. Du schreibst ein Buch nach dem anderen, du fährst in den Urlaub, du gibst eine Gartenparty, du bringst deinem Hund ein neues Kunststück bei, du machst einen Ausflug mit Lui.

Ja. Immer dasselbe. Die Bücher bestehen aus Papier und Buchstaben, häufig Konsonanten, aber auch Vokale, zu den Gartenpartys kommen bis auf wenige Ausnahmen dieselben Leute, an den Urlaubsorten scheint meistens die Sonne, und das Meer ist nah, der Hund ist bald so trainiert, meine Bücher zu verfassen, und Lui wird immer schöner. Sonst wenig Abwechslung. Und bei dir? Aufstehen, anziehen, mal Hose, mal Rock, Kindergarten, immer dieselben Mütter, immer dieselben Gespräche, Schule, Pausenbrote, mal Wurst, mal Käse, Elternteilsprechstunde, einkaufen, spielen, basteln, mal Plastelin, mal Buntpapier, Zähneputzen, Ausflüge, egal welches Wetter, Sandburgen.

Bei mir ist wenigstens was los! Da gibt es Konflikte! So richtige hausgebackene, da ist nicht alles harmonisch, wie du es dir einzurichten glaubst, ich habe nämlich Kinder, bei mir ist es lebendig!

Bei mir gibt es auch Konflikte, die liegen an dir und deinesgleichen.

Die Ziele, die du dir setzt, die sind doch nicht wirklich wichtig. Das sind doch unbelebte Ziele!

Finde ich nicht. Ich habe Bücher gelesen, die schienen mir um ein Vielfaches lebendiger als so mancher Mensch.

Ja, aber das, was du als Aufgabe bezeichnest! Das ist doch nichts Richtiges!

Wenn es mich nicht geben würde, könntest du dich über niemanden mehr aufregen, und dein Leben wäre ziemlich langweilig. Also sei froh, daß es mich und meinesgleichen und andere gibt, die Abwechslung bringen.

Der Vater von Sarah, Yvonnes Tochter, lebt in Kalifornien. Ein- bis zweimal im Jahr besucht er seine Tochter für eine Woche. Er bringt taschenweise Geschenke mit. Lauter verrücktes amerikanisches Zeug, das Yvonne verzweifeln läßt, weil sie nicht weiß, wo sie es in ihrer kleinen Wohnung unterbringen soll. Dennoch ist sie froh, daß es diesen Vater gibt. Sarah kann von einem Vater sprechen. Mein Papi ist in Amerika, kann sie sagen und es mit bedrohlich fluchenden Wassermaschinengewehren belegen. Der Papi zahlt auch für Sarah. Ein bißchen. Natürlich zahlt er zuwenig. Yvonne verzichtet wie die meisten ledigen Mütter, die ich kenne, auf die Unterstützung durch das Jugendamt. Die meisten Väter, die ich kenne, verzichten auf die Unterstützung der Frauen, die sie schwängerten. Das bringt die wenigsten dorthin, wo sie hingehören. Die einigermaßen gute Beziehung zu dem Vater des Kindes ist den Müttern wichtiger. Nicht für sie. Sondern für die Kinder. Und schließlich bringt der Papi tolle Geschenke mit. Ganz notwendige Utensilien. *Für was brauchst du Winterschuhe, wenn ich dir ein Trampolin schenke, da kannst du sowieso nur barfuß springen, und es war ein Schnäppchen.* Wenn Sarahs Papi da ist, kann Yvonne auch mal ausgehen. Sogar über Nacht wegbleiben. Leider kennt sie niemanden, mit dem sie das nutzen kann, da ihr normalerweise das Geld fehlt, Babysitter zu engagieren, und sie zu stolz ist, Freundinnen zu bitten.

Yvonne ist eine Einzelkämpferin und hat seit drei oder vier Jahren keinen Sex gehabt. Schade eigentlich, wo sie sich in ihrer Blüte befindet. Die schenkt sie Sarah. Die macht einen blauen Elefanten draus und übergibt sich darüber. Mit Erdbeereis. Manchmal hat Yvonne große Sehnsucht nach einem Partner. Nicht für alles allein

zuständig sein. Sorgen teilen. Mal das Kind abgeben. Eine normale Familie sein. Sich zurücklehnen und tief durchschnaufen. Aber
wo sollte sie einen Mann kennenlernen? Vielleicht eines Tages
beim Einkaufen. Und das ist eigentlich auch nicht so wichtig. Es
ist nämlich sehr schön mit Sarah. Yvonne würde nicht tauschen
wollen. Denn sie würde sterben für Sarah – jederzeit und gern. So
eine große Liebe erleben zu dürfen, ist eine Gnade. Und schließlich sehnen sich auch Frauen ohne Kinder nach einer Partnerschaft. Yvonne hat es ja noch gut erwischt. Der Vater von Sarah ist
kein Ekelpaket. Das gibt es auch. Und dann muß sich eine mit
dem Ekelpaket gut stellen. Dem Kind zuliebe.

Yvonne hat kein schlechtes Gewissen, weil Sarah keinen prä-
senten Vater hat. Ich kenne Frauen, die haben ein schlechtes Ge-
wissen, wenn sie ihren Kindern kein Familienleben bieten können.
Ich kenne aber auch Frauen, die ihren Kindern auf keinen Fall ein
Familienleben bieten möchten. *Ich fand Familienleben gräßlich.*
Ich habe mich immer nur gelangweilt. Es ist viel besser, keine
Familie zu sein. Ich kenne Frauen, die eine Einheit mit ihren Kindern bilden wollen. Alles haben sie als Kind teilen müssen. Die
Rollschuhe, das Kinderzimmer, die Gitarre. Jetzt endlich was für
sich allein. *Ich und mein Kind. Dagegen kommt niemand an. Nur*
wir zwei beide. Was soll ich mit Erwachsenen reden. Interessiert
mich doch nicht. Brauche ich nicht. Nur ich und mein Kind. Will
mir gar nicht vorstellen müssen, wie das wäre ohne Kind. Ohne
Kind hat ein Leben doch keinen Sinn, da würde mir das Schönste
überhaupt fehlen. Aber egoistisch bin ich gar nicht.

Es ist Jahre her, da lernte ich nach einer Lesung in Wien eine
faszinierende Frau kennen. Schriftstellerin und seit kurzem Mutter
einer Tochter. Sie mußte früh nach Hause.

„Es ist wegen meines Babysitters", sagte sie und lud mich ein:
„Komm doch mit."

„Aber mein Hotel?" fragte ich, ein bißchen enttäuscht. Das hätte
ich nicht gedacht. Daß sie ein Kind ... wo sie mir so gut gefiel ...
und dann gehörte sie in die andere Welt ...

„Wir holen dein Gepäck, und du schläfst bei mir."

Der Babysitter hatte lange Haare und einen knackigen Po, das
Baby war zum Dahinschmelzen süß und konnte wahrscheinlich
weder schreien noch unordentlich sein, die Wohnung war ein
Wiener Traum mit Flügeltüren und Eisblumen an den Fenstern, wir
saßen im Wohnzimmer und unterhielten uns unvergeßlich ange-

regt, gegen zwei Uhr morgens kam ein Mann, dessen Anblick mir den Atem verschlug – er räumte das Geschirr ab und kochte uns frischen Tee, ehe er sich diskret zurückzog. Ich frühstückte mit der Schriftstellerin, sie hatte das Baby auf dem Schoß, entwarf Welten, kannte sich in allen Bereichen, die mich interessierten, fundiert aus, war witzig, versprühte Charme und Kreativität – und das Baby lachte und brabbelte in wohltemperierter Lautstärke, ohne zu stören, eher als inspirierende Hintergrunduntermalung.

Dieses Frühstück brachte mich schwer durcheinander. Da war nirgends eine Spur von Mutter, wie ich es erwartete. Wie ich es verlangte. Wie ich es brauchte. In keiner Ecke hatte sich Mutter versteckt, sie rieselte nicht als feiner Staub von der Decke, es gab in dieser Wiener Wohnung keine Mutter, wie ich sie meinte. Es gab eine interessante Frau, die einen Säugling auf dem Schoß hielt. Fertig. Keine Show, kein Drama, kein Babygläschen. Die Schriftstellerin sprach über das Kind, weil ich sie darüber befragte. Von sich aus wählte sie dieses Thema nicht. Wozu auch. Eben. Wozu!

Ich wußte nicht, wie diese Frau war, ehe sie das Kind bekam, aber das Kind hatte unser Gespräch nicht dominiert. Das Kind war eine Bereicherung. Das war meine Falle. Und als ich durch die verschneiten Gassen Wiens zum Bahnhof schlenderte, stellte ich mir vor, wie das Kind nun schrie und kreischte und heulte und der Schöne im Bett einer anderen lag, meinetwegen mit Billigung der Schriftstellerin. Anders konnte ich es damals nicht aushalten.

Jahre später saß ich mit einer Freundin in Basel am Rhein. Da kam eine junge, modisch gekleidete Frau, höchstens Ende Zwanzig, mit zwei ausnehmend hübschen Mädchen vorbei, die zogen die Sandalen aus und plantschten im Wasser. Die Mutter sah ihnen zu, dann kam noch eine Frau, wir erkannten auf den ersten Blick: die Mutter der Mutter. Die ältere Mutter, eine gepflegte Frau Ende Vierzig, nestelte in ihrer Tasche, baute einen Joint, und dann rauchten Mutter und Tochter am Rhein einen Joint, während die zwei Mädchen zu ihren Füßen spielten. Ein Bild des Friedens. Sie schauten den Kindern zu, dann warfen sie den Jointstummel ins Wasser, baten die Kinder, die Schuhe anzuziehen, packten ihre Einkaufstaschen und gingen weiter flußaufwärts. Keine der beiden hatte eine Schürze getragen. Die Zeiten ändern sich.

Cornelia

Ich habe solche Angst davor, dick zu werden. Und ich habe solche Angst vor der Geburt, daß ich kein Kind will. Niemals. Das sage ich natürlich nicht öffentlich. Da würden ja alle denken, ich spinne. Ich sage, daß es bei mir nicht geht. Da fragt niemand nach. Und wenn doch, dann sage ich: Ich habe alles versucht. Darauf fragen sie dann garantiert nichts mehr.

Späte Mütter

Nicht nur ich war schneller dreißig, als ich geglaubt hatte. Auch meinen Freundinnen erging es so. Dreißig, das war doch die Schallmauer gewesen, damals. Mit dreißig hatte eine mit dem Rauchen aufzuhören, und das Baby sollte sich abzeichnen. Wir erhöhten. Auf vor fünfunddreißig, dann auf spätestens fünfunddreißig, dann auf siebenunddreißig, ab hier ging es jahrweise weiter, und dann war die Grenze plötzlich Vierzig. Kein Problem, sagte meine Frauenärztin, bis vierzig ist das heute alles ein Kinderspiel. Die Frauen sind fit. Dennoch gilt eine Frau ab fünfunddreißig als Risikogebärende, es wird ihr zu einer Fruchtwasseruntersuchung geraten, die darüber Aufschluß geben soll, ob der Fetus die Chromosomenanomalie Trisomie 21, auch Down Syndrom genannt, trägt. Und wenn du's weißt? Was machst du dann? Machst du überhaupt was? Vielleicht lieber doch kein Kind? Tja – das ist die Strafe für all jene, die zu lange gewartet haben, die geglaubt haben, sie könnten sich erst einen schönen Lenz machen und dann die Früchte des Familienlebens genießen. Pech gehabt.

Um diesen freundlichen, aufmunternden Stimmungsmachern eine vernünftige Grundlage zu bieten, hier ein paar Zahlen: Bei einer 25-jährigen Frau beträgt das Risiko 0,1 %, bei einer 34-jährigen 0,2 %, bei einer 35-jährigen 0,3 %, bei einer 37-jährigen 0,5 %, bei einer 40-jährigen 1 %, bei einer 41-jährigen 1,3 %, bei einer 42-jährigen 1,8 %, bei einer 43-jährigen 3,3 %, bei einer 45-jährigen 5,4 % und bei einer 48-jährigen 12 %. Über das Risiko, das das Alter des Vaters bildet, gibt es keine einheitliche wissenschaftliche Meinung. Die Fruchtwasseruntersuchung führt auch zu keinem sicheren Ergebnis, zum Teil hohe Fehlerquoten verunsichern werdende Mütter und Eltern. Zudem liegt das Risiko einer Verletzungsgefahr für das Kind bei einem Prozent – also genauso hoch wie das statistische Risiko einer Schwangerschaft mit Chromosomenanomalie Trisomie 21 bei einer 40-jährigen Frau.

Ein Prozent ist nicht viel. Es kann einer auch ein Marmoraschenbecher auf den großen Zeh fallen. Es kann ständig etwas passieren, von dem eine lieber Abstand genommen hätte. Aber daran ist sie wenigstens nicht selber schuld – wie Frauen gedroht wird, die jenseits Mitte dreißig ihren Kinderwunsch entdecken oder verwirklichen möchten. Das alte Lied, wir kennen es schon: Die Frauen sind schuld. Aber immer mehr Frauen scheinen sich die Ohren zuzuhalten oder neue Lieder in den Wind zu singen: 1990 waren 5 % der Mütter über 35, im Jahr 2000 waren es 14 %.

Diesen Trend kann ich auch in meinem Freundinnenkreis beobachten, wo das Thema Kind auf Wiedervorlage gelegt wurde. Zuerst die Ausbildung. Dann die Liebe. Dann eine neue Liebe, eine neue Wohnung, zusammenziehen, eine neue Ausbildung, auseinanderziehen – so ging es dahin. Heute glaube ich, daß jene Frauen, die das Thema – nicht das Kind! – Jahr für Jahr verschoben und in manchem Jahr vergaßen, ihre Wiedervorlage durchzublättern, im Grunde wußten, was sie wollten, also was sie nicht wollten. Aber es selbst zu wissen und dieses Wissen der Umwelt zuzumuten – das sind, wie wir gesehen haben – zwei verschiedene Konfektionsgrößen. Die meisten der Auf-die-lange-Bank-Schieberinnen hofften, es würde irgendwie, irgendwann was von außen passieren. Der Mann mit der Haushälterin im Schlepptau könnte auftauchen, eine Unfruchtbarkeit könnte bei einer Routineuntersuchung plötzlich entdeckt oder ein Job in Asien angeboten werden oder andere, unglaubliche Dinge. Die lange Bank ist lang.

Und so schoben die Frauen. Auf der langen Bank. Meistens nach vorn, manchmal zurück. Die Bank nahm kein Ende, und immer neue gesellten sich dazu. Irgendwo zwischendurch in der Warteschleife ging der Grund, worauf da gewartet wurde, irgendwie verloren, aber wir hatten es nett miteinander. Wen wir da nicht alles kennen lernten und was wir da nicht für Geschichten hörten unterwegs auf der langen Bank. Trennt sich von ihr, nimmt alles mit, und zum Schluß drückt er die Zahnpasta, die er gekauft hat, ins Klo und wirft die Batterien für die Fernsehfernbedienung, die er ebenfalls gekauft hat, aus dem Fenster ... Nein! Doch! ... und sagt noch heute, sie ist stolz darauf, daß ihr Mann immer in sauberer Unterwäsche bei seinen Freundinnen aufgetaucht ist ... Nein!

Doch! ... sagt mein Vater zu meiner Mutter: Rosemie, ich trink jetzt einen Kaffee, heißt das für meine Mutter: sie macht jetzt Kaffee; sagt mein Vater zu meiner Mutter: Rosemie, ich eß jetzt ein Käsebrot, heißt das für meine Mutter: Sie bereitet jetzt ein Käsebrot zu, mundgerecht ... Nein! Doch!

Manchmal kamen Männer zur langen Bank, manche begleiteten ihre Frauen dorthin und setzten sie behutsam an das untere Ende, redeten ihnen gut zu und machten sich dann davon. Andere schlenderten nur so vorbei, fragten nichts, benahmen sich, als seien sie gar nicht da, winkten höchstens mal schüchtern. Keiner von denen wollte beispielsweise wissen, wo seine Socken seien. Die lagen natürlich in der Schublade, wo sie immer liegen, aber manche Männer erkundigen sich gern täglich nach dem Aufenthaltsort ihrer Socken. Keiner beschwerte sich, wo die Frauen so lange blieben. Niemand vermutete einen Nebenbuhler. Es machte den Eindruck, als wäre es den Männern ganz recht, wenn die Frauen auf der langen Bank schoben.

„Die haben doch gar nichts dagegen", sagte eine ganz Kluge, „wenn wir uns hier auf der langen Bank schieben. Die rechnen damit, daß Frauen, die zusammensitzen, vom Hundertsten ins Tausendste kommen und dabei ganz übersehen, daß ihre biologische Uhr tickt und läuft und abläuft, und wenn sie das merken, ist sie stehengeblieben, und dann hat sich das Geschiebe auf der langen Bank von selbst erledigt, und wir können nach Hause gehen und gemütlich dort weitermachen, wo wir aufgehört haben."

„Dabei haben sie aber", antwortete eine noch Klügere, „die biologische Uhr mit der Uhr der Fortpflanzung verwechselt, und erstere gehört zu ihrem Bausatz wie zu unserem. Wenn unsere biologische Uhr stehenbleibt, geht gar nichts mehr, wenn aber unsere Uhr der Fortpflanzung stehenbleibt, geht noch immer was, wir haben nämlich aufgeholt, wir können noch lange, bevor wir tot sind, so wie die Männer, die manchmal allerdings den Eindruck machen, als wären sie schon lange tot, während sie noch können, Verzeihung, ich wollte sachlich bleiben ..."

„Bitte nicht!"

„Allerdings geht es bei uns nicht von allein, wir brauchen Hilfe, von einem Verräter, zum Beispiel dem italienischen Frauenarzt Severino Antinori, bestimmt kein beliebter Zeitgenosse bei Männern, der kürzlich einer 62-Jährigen Nachwuchs bescherte, die allerdings vorher niemand kannte, während die amerikanische Starfotografin Annie Leibovitz auch vor ihrer Schwangerschaft jenseits der Fünfzig bekannt war, ihr können wir somit nicht unterstellen, sie habe mit der späten Geburt frühen Ruhm erlangen wollen."

Vorsicht mit der langen Bank – wer weiß, wie lange die überhaupt noch benötigt wird, derzeit geht der Trend dahin, daß Frauen in jungen Jahren ein paar Eizellen auf Eis legen – für später. Denn die Eizellen junger Frauen sind einfach frischer und besser und rescher. Aus medizinischer Sicht liegt das optimale Alter für eine Schwangerschaft zwischen zwanzig und fünfundzwanzig. Ab dem dreißigsten Lebensjahr verringern sich die Chancen. Die Eier werden unter Umständen zickig, alles läuft vielleicht nicht mehr so geschmiert. Und dann kann es zu spät sein. Während die Frau ihre Karriere pflegte, haben ihre Eizellen sich klammheimlich der hemmungslosen Degeneration hingegeben. Und jetzt, wo die Frau, die plant, Mutter zu werden, alles so richtig schön eingerichtet hat – die Filiale läuft gut, die erste Million auf dem Konto, der Liebhaber im Bett, der Ehemann im Flugzeug – kurz: wenn alles stimmt und alles vorbereitet ist für das große, neue Lebensglück – das Kind –, dann streiken die Eizellen. Das kann sie doch nicht durchgehen lassen! Da ist es nur gut, wenn sie frühzeitig für eine frische, ausgeruhte Ersatzgruppe gesorgt hat, die sich im flüssigen Stickstoff verwöhnen ließ, kleine Frischzellenkur im Sanatorium ein paar Jahre. Die Eierchen müssen nun ins Reagenzglas, wo man ihnen Manieren beibringt, damit sie standesgemäß den zu erwartenden Herrenbesuch empfangen können.

Es ist überhaupt kein Problem, mit Mitte Zwanzig ein paar Eizellen auf Eis zu legen und mit Vierzig reimportieren zu lassen. Ein Sparbuch haben wir doch auch. Zwischendurch kann die Karriere und alles andere, das zu einem schönen Lenz gehört, abgehakt werden. Frau will schließlich nix versäumen! Und vor allem brauchen Frauen sich dann nicht mit der lästigen Wiedervorlage *Kind ja oder nein* zu plagen. Sie haben auf jeden Fall vorgesorgt, damit die Ärzteflut nicht noch höher steigt und die jungen Mediziner, die alle gern einen Nobelpreis hätten, beschäftigt sind. Das ist einfach die mütterliche Veranlagung in Frauen. Immer an andere denken. Das können wir nicht lassen. Und da sehen wir auch darüber hinweg, daß uns die netten Ärzte mit den tadellosen Gebissen nur vorspielen, sie täten das für uns, wir wissen doch, sie tun es für sich, das sind wir gewöhnt, das interessiert uns nicht. Wenn sie uns arg ärgern, können wir immer noch einen Gebärstreik starten, denn so schnell, wie sie glauben, daß sie unseren Streik brechen könnten, indem sie uns wegrationalisieren, wird es nicht gehen.

Alle meine Freundinnen und Bekannten haben die Eizellen auf Eis versäumt. Wieder mal zu früh geboren. Es ist immer dasselbe. Entweder zu spät oder zu früh. Meine Freundinnen und Bekannten sind normale Frauen, haben nicht soviel Platz zu Hause, daß sie lange Bänke aufstellen könnten. Die sind ja oft schon froh, wenn sie ein Gästebett unterbringen. Deshalb haben sie sich auch entschieden. Früher oder später und notgedrungen. Ist keine leichte Entscheidung. Aber sie wollten das selber in die Hand nehmen und nicht warten, bis über sie entschieden wurde, denn das fühlt sich nicht gut an. Aber erst mal wurde eifrig vertagt. Und dann kamen die Geistesblitze. Bei jeder anders. Aber sie kamen.

Ramona war achtunddreißig und zu Besuch bei einer Schulfreundin, die sie lange nicht gesehen hatte. Die Schulfreundin, Mutter von mittlerweile volljährigen Zwillingen, redete gar nicht lange um den heißen Brei, sondern brach vor Ramona in Tränen aus, weil die Kinder in der nächsten Woche ausziehen wollten: „Was soll ich denn bloß machen? Das Haus wird so leer sein! Vielleicht noch mal ein Kind? Ich kann es mir nicht vorstellen! Wo sind all die Jahre geblieben?"

Ramona hielt die Hand ihrer Schulfreundin, kam sich dabei ein bißchen vor, als tröste sie ihre Oma, und erlitt eine Erkenntnis:

„Mit Vierzig beginnt oft ein neuer Lebensabschnitt. Man läßt den Lebensabschnitt hinter sich, in dem man sich aktiv den Kindern widmete. Um die Vierzig fängt etwas Neues an. Klar gibt es Frauen, für die dieses Neue das Kind ist. Mir erschien das auf einmal deplaziert. Und da wußte ich, daß die Zeit vorbei ist. Und daß ich mich dem fügen will. Ich wollte nicht dort mit der Säuglingspflege beginnen, wo gleichaltrige Frauen ihr Leben ohne Kinder neu einrichten. Ich habe mir die Schulfreundin angesehen – an ihrem Gesicht konnte ich ungefähr erkennen, wie sie die letzten zwanzig Jahre verbracht hat. Ich war froh, in meiner Haut zu stecken. Ich war nicht traurig. Sie war traurig. Aber das würde sich bestimmt wieder legen. Sie würde sich in ihrem neuen Lebensabschnitt zurechtfinden. Neben ihr, auf einer Couchgarnitur im Karodessin sitzend, habe ich begriffen, daß das Thema Kind für mich beendet ist. Zudem war gerade kein Mann in Sicht, und ich hätte ja erst mal zwei, drei Jahre Mann testen müssen, und dann wäre alles noch später geworden."

„Gut, daß du es so gemacht hast", erwiderte Birgit, die an ihrem neununddreißigsten Geburtstag einen Mann kennen lernte, das als Zeichen nahm und drei Monate später mit ihm zusammenzog, in eine sehr große, sehr teure Stadtwohnung mit Gartenanteil. Dann war schon Weihnachten, und unterm hell erleuchteten Baum flüsterte er Birgit ins Ohr, er wünsche sich, im nächsten Jahr zu dritt zu feiern. Birgit war selig. Das hätte sie nicht geglaubt. Daß sie doch noch zu einer Familie kommen sollte. Sie hatte nie gewußt, ob sie es wollte, aber in den letzten Jahren hatte sie manchmal bedrückt festgestellt, wie die Zeit dahinraste und daß ihre Chancen auf ein Kind schmolzen. Keine Ahnung, ob sie sie wahrnehmen wollte, sie hatte ein Goldschmiedeatelier und konnte sich das alles nicht vorstellen – doch nun hatte das Schicksal gesprochen und ihr zum Geburtstag einen Mann geschenkt – und die schöne Wohnung mit dem Gartenanteil würde auch für zwei Kinder nicht zu klein sein, wenn schon, dann doppelt, sagte er. Zwei Monate später hatte Birgit ein blaues Auge, einen gebrochenen Arm und mehrere Quetschungen. Ihr Freund hatte sich in der Wohnung und der Beziehung beengt gefühlt. Birgit wußte nicht, wie sie die Miete bezahlen sollte. Birgit wußte gar nichts mehr.

„Wie konntest du dich so täuschen?"

„Wahrscheinlich war mein Wunsch, jetzt noch schnell ins Nest zu schlüpfen, so groß, daß ich blind war."

Alice war siebenunddreißig und hatte seit zwei Jahren starke Rückenschmerzen. Im Fernsehen sah sie eine Sendung über Schwangerschaftsbeschwerden. Angefangen bei Übelkeit bis zu Thrombosen, Diabetes, Krampfadern, Rückenschmerzen und so weiter. Sie hörte, diese Beschwerden würden mit zunehmendem Alter stärker. Das müßte nicht, aber es könnte so sein. Alice stellte eine kritische Bilanz auf. Da war nicht nur ihr Rücken. Die Knie taten ihr öfter weh, besonders nach der Meniskusoperation links, und auch mit der Bauchspeicheldrüse hatte sie Probleme, manchmal stach die Galle, und sie fühlte sich einfach nicht mehr so richtig fit. Nicht daß sie sich alt vorkam. Aber nicht mehr in Saft und Kraft. Nach einem ernsten Gespräch mit ihrem Mann, der zu den begeisterten Anhängern der Auf-die-lange-Bank-Schieber gehört hatte, entschied sich das Paar, das Thema abzuschließen. Die beiden übernahmen eine Patenschaft für ein indisches Kind.

Hedwig war vierzig, glücklich verliebt und spielte mit dem Gedanken, es doch noch zu packen. Mit dem neuen Mann flog sie ans Meer. Irgendein Last-Minute-Angebot. Viele Kinder am Strand. Kleine Kinder, weil in Deutschland Schulzeit war. Hedwigs neuer Mann war begeisterter Taucher, und während er mit dem Boot draußen war, schaute sie den Müttern mit den kleinen Kindern zu. Wie sie Sand in Eimer schaufelten und Burgen bauten und kleine süße Kinderleiber eincremten und vom Wind weggetragene Hütchen zurückholten und Eis brachten und Tränen trockneten und Schwimmflügel aufbliesen.

Lange schöne Tage am Strand. Eigentlich hatte Hedwig mit dem Thema Kind abgeschlossen. Schon mit sechsunddreißig. Da war es ihr nämlich auf die Nerven gegangen, daß es angeblich immer wiederkam. „Ich finde, ich muß mich einmal entscheiden, und das gilt dann", hatte sie gesagt.

„Du spinnst!" hatte ihre beste Freundin Johanna empört erwidert. „Du weißt doch nicht, was im Leben noch auf dich zukommt! Da kannst du dich gleich eingraben! Ich würde mich nie festlegen!"

„Ich lege mich normalerweise auch nicht fest", sagte Hedwig, und das stimmte. „Aber ich glaube, bei dem Thema tue ich mir einen Gefallen, wenn ich mich entscheide. Es gefällt mir nicht, wie ich alle paar Monate wieder bei Null anfange – soll ich, soll ich nicht. Wenn ich hätte sollen, wenn es hätte sein sollen, dann wäre da doch schon mal was gewesen. Und ich will nicht, daß es immer wiederkommt – bis es nicht mehr geht – und dann landet man in der Klapse, oder wie?"

„Ich glaube auch", mischte ich mich ein, „daß es eine große Erleichterung sein kann, sich zu entscheiden, wenn man sich entscheiden kann. Nicht, wenn es zu spät ist oder irgendwelche Einschränkungen gibt. Sich zu entscheiden in voller Blüte."

Kurz nachdem Hedwig aus dem Urlaub zurückkehrte, blieb ihre Regel aus. Hedwig war sehr beunruhigt. War es jetzt doch passiert? Oder kündigten sich die Wechseljahre an? Was war da los? War da was? Es wäre ihre letzte Chance. Die sie gar nicht wollte. Sie hatte sich entschieden. Dagegen.

„Überleg's dir noch mal", riet Johanna.

„Ich habe mich entschieden", beharrte Hedwig, und dann bekam sie ihre Regel. Fünf Tage später als gewöhnlich. Diese fünf Tage hatten sie ganz schön durcheinandergewirbelt. „Sie waren wie die praktische Prüfung. Die Theorie hatte ich schon bestanden. Aber jetzt, mit Theorie und Praxis – da fühle ich mich sicher und sehr wohl mit meiner Entscheidung. Obwohl es wirklich fünf

Tage drüber und drunter ging, ich würde sie nicht missen wollen, weil sie mir zeigten, wie mein Entschluß in mir verwurzelt ist."

Kelly dagegen bekam das Kind, mit dem sie schwanger ging, als sie vierzig war. Sie wußte eigentlich nicht, ob sie es wollte, aber es war ihre letzte Chance, das glaubte sie zu wissen. „Wenn nicht jetzt, dann nie mehr. Also nehme ich das jetzt lieber an, als daß ich später irgendwann bereue, es unterlassen zu haben."

„Wie geht es ihr damit?" fragte ich ihre Freundin Bine, denn ich kenne Kelly nur über Bine.

„Keine Ahnung", sagte Bine. „Seit der Geburt des Kindes habe ich nichts mehr von ihr gehört."

Bine selbst sagt, sie wollte immer dann ein Kind, wenn ihr Leben gerade perfekt lief und sie keine neue Herausforderung sah. Dann fragte sie sich, ob das alles gewesen sei. Diese Phase dauerte bei ihr nie besonders lang. Oder es war gerade kein Partner da, mit dem sie eine Familie hätte gründen können oder wollen.

„Dem Himmel sei Dank", sagte Bine, „denn das wäre ja wohl kein so glücklicher Beginn einer Mutterkindbeziehung gewesen, aus Lust auf Abwechslung."

„Aber viele Mutterkindbeziehungen fangen so an – und es werden ganz große Liebesgeschichten daraus", wandte ich ein.

„Und Leidensgeschichten."

„Liebe und Leid gehören zusammen. Auf jeden Fall halte ich es für ein Märchen, daß Mutter und Vater und Kind sich nach der Geburt ansehen und erkennen und wissen, wir gehören zusammen für immer. Man muß zusammenwachsen. Sich nach und nach kennenlernen. Die Liebe wächst mit jedem Tag – so ist es doch auch in anderen Beziehungen! Wer glaubt, es sei per Fingerschnipp alles da, ist dann natürlich enttäuscht und verbaut sich das Flußbett, durch das die Liebe sprudeln und fließen würde, über Stock und Stein. Die meisten Mütter, die ich kenne, waren zuerst ziemlich geschockt von dem kleinen Wesen, für das sie nun verantwortlich sein sollten. So zerbrechlich! Und wenn ich was falsch mache! Hilfe!"

„So was dürfen Mütter doch gar nicht denken, ihr Instinkt sagt ihnen, was sie zu tun haben", schmunzelte Bine und setzte dann trocken hinzu: „So wie der Instinkt Männern rät, einen großen Bogen um kinderlose Frauen ab dreißig zu machen."

„Quatsch!"

„Doch", beharrte Bine, und wir waren wieder bei ihrem Lieblingsthema: Männer.

„Ab dreißig – oder sagen wir Mitte dreißig als Singlefrau einen Mann kennenzulernen, ist praktisch unmöglich. Wieso bist du ein Single? Mit dir stimmt was nicht? Du willst dir doch bloß einen einfangen, der zahlt? Ich habe jetzt ein paar Mal vorgegeben, ich sei geschieden. Damit bin ich besser gefahren. Es hat also immerhin schon mal einen gegeben, der es mit mir versuchen wollte. Der beliebte Anzeigentext lautet noch immer ‚Frau sucht impotenten Mann'. Es müßte doch schon längst heißen ‚Mann sucht unfruchtbare Frau'. Da sind wir gleich beim nächsten Punkt: Der impotente Mann ist unfruchtbar, während die unfruchtbare Frau erst recht potent sein kann."

Jutta

Ich habe sehr an meiner Oma gehangen, und als sie starb, habe ich kurz darauf auf dem Friedhof eine alte Frau kennengelernt. Wir kamen ins Gespräch, sie lud mich zu einem Kaffee ein – und daraus entstand eine bis heute zwölf Jahre dauernde Freundschaft. Mittlerweile lebt Frau Marklstorfer im Altenheim. Ich besuche sie einmal in der Woche. Frau Marklstorfer hat drei Kinder. Die besuchen sie auch von Zeit zu Zeit. Ich selbst habe früher manchmal geglaubt, ich sollte Kinder haben, um einem einsamen Lebensabend im Altenheim vorzubeugen. Von Frau Marklstorfer habe ich gelernt, daß das Quatsch ist.

Am wichtigsten sind der Lebenspartner und Freundschaften. Die kann ein Kind nicht ersetzen. Überhaupt nie kann ein Kind das, auch wenn manche ledigen Mütter es vielleicht glauben mögen. Für Frau Marklstorfer sind das Egoistinnen. Aber man braucht ihnen nichts an den Hals zu wünschen, sagt Frau Marklstorfer, die sind genug gestraft mit ihren Kindern, die sie sich als Partnerersatz herziehen. Frau Marklstorfer könnte jederzeit bei einem ihrer Kinder wohnen. Ein Sohn hat ein schönes Haus, in dem er ihr ein Zimmer mit Balkon einrichten würde. Doch sie will das nicht. Sie will niemandem zur Last fallen. Und vor allem will sie ihr eigenes Leben leben. Das geht nicht in einer Familie, sagt sie. Weder als Kind noch als Erwachsener. Aber es geht im Altenheim. So lange ich denken kann und Freude am Leben habe, will ich eigenständig sein und nicht in den Schoß der Familie, sagt sie. Der Schoß der Familie ist immer zu eng, sagt sie. Und obwohl sie eine alte Frau ist und eigentlich überhaupt nichts mit Kindern zu tun hat, ist sie es, die meinem sowieso recht kümmerlichen Kinderwunsch den Rest gegeben hat. Denn im Grunde ging es mir dabei immer nur um die Angst vor der Einsamkeit im Alter.

Will sehen

So! Und jetzt mal die Karten auf den Tisch. Wie ist das mit dem Sozialvaterstaat Wohlfahrt, der ledigen Müttern und einkommenschwachen Familien ein Leben in Saus und Braus ermöglicht? Lohnt sich das Kinderkriegen vielleicht doch? Manche Frauen heiraten häßliche Männer mit Mundgeruch, weil deren Bankkonto nicht stinkt. Wieso nicht auch ein Kind, wenn was dabei rausspringt? Sollte aber schon ein bißchen mehr sein als eine Aufbesserung zum Arbeitslosengeld. Früher galten Kinder als Altersvorsorge für die Eltern. Wir gehen – ganz fortschrittlich – einen Schritt weiter, fangen bei der Vorsorge früher an und warten nicht, bis die Eltern alt sind, sondern starten gleich bei der Geburt und finanzieren mit den Kindern ein schönes Leben.

Schließlich: Hundertvierundfünfzig Euro Kindergeld im Monat! Praktisch geschenkt! Niemand muß unterschreiben, es auch wirklich für die Kinder aufzuwenden. Jeder Bürger kann es verwalten, wie er es für richtig hält, es also auch hemmungslos verprassen. Je mehr Kinder, desto besser. Wo gibt's denn so was, Geld, ohne Rechenschaft abzulegen! Die ganz großen Sprünge lassen sich mit hundervierundfünfzig Euro im Monat natürlich nicht machen. Aber wenn die sonstigen laufenden Kosten geschickt gesponsert sind – Wohnungsamt, Sozialamt, Förderungen ... juristische Kenntnisse sind vorteilhaft. Auch sollten die Bedürftigen Spaß daran haben, sich als Bittstellerin ganz klein zu machen. Man muß das wie eine Rolle im Film sehen. Das ist ein rentables Training. Schauspielkenntnisse werden im Leben häufig gebraucht Da es immer weniger echtes Leben und immer mehr Schauspiel gibt, sollte jede Möglichkeit zum Üben genutzt werden. Die Konkurrenz ist groß. Doch bevor Sie loslegen – hier der dringende Appell: Tun Sie es lieber nicht, wenn Sie sich Unerfreuliches schwer zu Herzen nehmen. Sie sollten wissen, was auf Sie zukommt, ehe Sie die einschlägigen Ämter kontaktieren. Insofern ist es tatsächlich nur für Hartgesottene empfehlenswert, der Rest ist einfach zu sensibel und zerbricht am Sozialstaat, der ein Vaterstaat ist und als solcher unerbittlich und autoritär sein muß.

Aber vielleicht kommen Sie auch so über die Runden. Was läßt sich mit hundertvierundfünfzig Euro nicht alles anfangen! Ein bißchen Haushalten schadet gar nichts, lernt eine was für die Zukunft, wenn sie die Kinder nicht mehr unterstützen und sie selbst im Rentenalter ist. Sparst du in der Not, hast du in der Zeit. Wir leben nicht irgendwo, sondern in Deutschland, und da können Mütter zudem bei verschiedenen Stiftungen Geld beantragen. Einmalige Zuschüsse. Da kommen schon mal ein paar tausend Euro zusammen, wenn das große Los trifft. Allerdings nur einmal. Ferner sind in den ersten drei Lebensjahren des Kindes monatlich rund 300 Euro zusätzlich fällig, Erziehungsgeld genannt. Das zum Vorgenannten hinzugerechnet, ergibt eine Summe von bald fünfhundert Euro. Optimistisch aufgerundet. Für nichts und wieder nichts.

Was braucht so ein kleines Kind denn schon! Fragen Sie rum, man wird Ihnen gern Kleidung schenken und Spielsachen. Das Kind selber sieht nicht, wie es aussieht, beziehungsweise es kann sich noch nicht katalogisieren. Und Sie schauen halt weg. Auf den Charakter kommt es an. So lernt das Kind auch frühzeitig, nicht soviel auf Äußerlichkeiten zu geben, was wahrscheinlich dazu führen wird, daß es später übersteigerten Wert auf Äußerlichkeiten legt. Sollten Sie dennoch ein rotbackiges und rundes und modernes und gepflegtes und aus dem Ei gepelltes Kind bevorzugen und es mit anderen Produkten als abgepackten Fertiggerichten und verschweißtem Obst aus Billigdiscountern ernähren und ihm vielleicht auch kein Billigolivenöl ins Gesicht schmieren wollen, sondern eine echte Creme, sollten Sie es hübsch anziehen und ihm interessante, pädagogisch wertvolle Spielsachen aus unbedenklichem, unbehandeltem, biologisch abbaubarem, naturbelassenem Holz schenken wollen, dann müssen Sie halt klauen. Mit Kinderwagen ist das recht praktisch, haben Sie keinen oder gefällt Ihnen der nicht, den Sie von der Sozialstation bekamen – Kinderwagen stehen oft vor der Tür, und die Nachbarn werden es Ihnen danken, legen Ihnen vielleicht gar ein Fläschchen Wein in den Wagen, es gibt genug Prozesse um Kinderwagen in Hausfluren, da tun Sie auch noch was Gutes, selbst Robin Hood war streng genommen ein Krimineller, und wenn Sie beim Ladendiebstahl erwischt werden, behaupten Sie, es war Ihr Kind, das ist noch nicht strafmündig, also kann gar nichts passieren.

Beeilen Sie sich mit Ihrem Werdegang, denn Sie haben nur drei Jahre Zeit, Ihr System zu perfektionieren. Nach drei Jahren hört die staatliche Unterstützung auf, das Erziehungsgeld entfällt, Sie müssen sich mit einhundervierundfünfzig Euro Kindergeld begnügen. Das kann knapp werden. Gerade jetzt. Das Kind kommt in den Kindergarten, der pädagogisch wertvolle mit dem biologisch-dynamischen Mittagstisch kostet mehr, es wächst schneller, als Sie klauen können, es ißt mehr, Sie brauchen mehr Utensilien, um das Kind zu beschäftigen – und just in diesem Moment läßt Vater Staat Sie im Stich. Vater Staat eben – mehr ist dazu nicht zu sagen. Andererseits ist das vielleicht eine besonders schöne Seite an ihm. Vater Staat möchte gern, daß seine Töchter auf eigenen Füßen stehen. Vater Staat entläßt sie. In die Freiheit. *Geh, mein liebes Kind, das kannst du schon. Ich vertraue dir.* Nach drei Jahren kann man aber wirklich auch verlangen, daß eine alleinerziehende Mutter einen Mann kennengelernt hat, der bei ihr einzieht und sie und das Kind versorgt. Findet sie keinen, stellt sie überhöhte Ansprüche. Alles kann sie nicht haben!

Etwas schwieriger ist die Lage bei verheirateten Müttern. Aber sie kommen immer seltener vor, denn eine Beziehung zerbricht oft innerhalb der ersten drei Jahre mit Kind. Da könnte man wirklich auf den Gedanken kommen, die Väter hätten es auf die rund fünfhundert Euro Zuschüsse abgesehen. Gehen wir von dem seltenen Fall einer glücklichen Beziehung mit Kind aus, die bereits drei Jahre währt, auch hier werden die Zuschüsse gestrichen, es bleibt das Kindergeld. Normalerweise bezahlt ein Mann seine Frau nicht für die Arbeit, die sie im Haushalt und für die Kinder leistet. Das kann er auch gar nicht, da er dafür nicht genügend verdient.

Die wenigsten Männer könnten ihre Frauen gerecht entlohnen. Die Männer, die es können, haben für diese Arbeiten Frauen eingestellt. Haushaltshilfen, Kindermädchen und so fort – und die bekommen auch einen Lohn. Da das aber in normalen Familien nicht vorkommt und der Staat nun nichts mehr beisteuert, und was er beigesteuert hat, war eher eine nette Geste als eine reale Bezahlung, hat die Frau auch keinen Grund mehr, zu Hause zu bleiben.

Das Kind ist zwischen drei und fünf Stunden im Kindergarten, in dieser Zeit kann das Kochputzbügelwascheinkaufsprogramm locker absolviert werden, auch für kleine Besorgungsgänge zur Post oder zu einem Sonderverkauf sollte Zeit sein. Also kann sie nun auch wieder arbeiten. Will sie etwa noch Freizeit? Nein, will sie natürlich nicht. Deshalb kann sie zum Familieneinkommen beitragen, wenigstens halbtags, wenn schon das Erziehungsgeld weggefallen ist. Den Tatbestand einer Straftat würde es erfüllen, wenn sie weiterhin erziehen würde, ohne Erziehungsgeld zu bekommen. Schwarzarbeit anders herum. Arbeiten ohne Geld. Oder gilt das als Ehrenamt? Schön, wenn es am Wohnort noch eine eigene Mutter gibt, die das Kind vom Kindergarten abholt oder es zumindest beaufsichtigt, wenn es krank ist. Aber es finden sich auch andere Möglichkeiten. Es finden sich immer Lösungen. Und – ist es nicht ein wunderbares Gefühl, wenn eine Mutter weiß, daß sie ihr Kind durchbringt. Männer buchen aufwendige und teure Überlebenstrainings bei Survivalspezialisten – Frauen meistern einfach ihren Alltag.

Das ist natürlich sehr einseitig. Es gibt Menschen, die denken bei Kindern nicht an Geld. Ich vermute, das sind jene, die keine wollen. Daß gerade sie bei Kindern ausschließlich an Geld dächten, beziehungsweise an die Ersparnis, die Kinderlosigkeit bedeutet, wird von der anderen Partei gern behauptet. Es heißt, man müsse sich Kinder leisten können. Es heißt: Was glaubst du, was ein Kind kostet. Das glaube ich schon, daß ein Kind was kostet – abhängig natürlich davon, wie es ausgestattet wird und was unterstellt wird, daß Kinder an mit Geld bezahlbaren Werten und Events wirklich brauchen, um später behaupten zu können, sie hätten eine glückliche Kindheit gehabt – Voraussetzung für die Entlastung des Vorstandes, sprich für die Reinwaschung der Eltern. Doch viele Menschen beschließen, mit Kindern zu leben, obwohl sie schon mal gehört haben, daß Kinder Geld kosten, und beschweren sich anschließend, daß sie sich nichts mehr leisten können, weil Kinder so teuer sind. Kaufen die sich ein Auto und erkundigen sich erst hinterher, wieviel Unterhalt es kostet? Bauen die ein Haus und erkundigen sich erst beim Richtfest nach der Finanzierung?

Kinder kosten nun mal. Zeit und Geld und Nerven. Aber sie sind auch ein schönes Hobby. Kinder bedeuten nicht nur Einschränkungen an Geld, sondern auch an Zeit. Das ist bei jedem Hobby so. Aber Kinder sind darüber hinaus als förderungswürdige Lebewesen anerkannt. Das heißt, dieses Hobby ist in die Fürsorge des Sozialstaats aufgenommen. Das heißt, daß Menschen mit und ohne Kinder, alte, junge, mit jenen teilen, die Kinder zu ihrem Hobby erklärt haben und ihr Hobby nicht allein finanzieren können. Sollte sich jemand über den Begriff Hobby echauffieren, möchte ich klarstellen, daß ein Kind, das zum Hobby seiner Eltern avanciert, das große Los gezogen hat. Man liebt sein Hobby, würde gern viel Zeit damit zubringen, hält sich immer auf dem Laufenden, tauscht sich mit anderen aus – kurz: Das Hobby eines anderen Menschen sein zu dürfen, ist vielleicht nur eine Umschreibung von glücklicher Liebe an lauen Sommerabenden. Und wie leidenschaftlich ein Hobby betrieben werden kann – das zeigen jene Ehen, die geschieden werden, weil einem Partner sein Hobby wichtiger ist oder der andere nicht mit dem Hobby eines Partners zurechtkommt. So ähnlich lautet auch mancher Scheidungsgrund, verursacht durch die Existenz von Kindern.

Ich finde die üblichen finanziellen Argumente in Diskussionen Kind ja oder nein müßig. Der Vollständigkeit halber möchte ich dennoch eine polemische Antwort auf die polemische Unterstellung geben dürfen, Menschen ohne Kinder verdienten keine Rente, da sie keine Nachkommen vorweisen könnten, die ihren Lebensabend finanzierten. Wir leben in einer Solidargemeinschaft. Hat der eine wenig, bekommt er von einem, der was hat, dazu. Ein schönes Gefüge. Ineinander verflochten alle miteinander. Nur schade, daß dies zuweilen zerfällt in solche, die meinen, zuviel zu geben, und andere, die meinen, zuwenig zu kriegen. Wenn also das Miteinander und die gesunde Balance in das Credo der zu kurz Gekommenen kippt. Und zu kurz gekommen sind sie alle – so oder so –, denn sie bilden ja ein Gefüge. Sie könnten sich auch alle als Beschenkte fühlen. Aber wir sind Menschen. Alle paar Wochen werden Menschen ohne Kinder an den Pranger gestellt. Immer wieder eine neue Idee. Sie sollten zum Beispiel zusätzlich besteuert werden. Und wenn diese Egoisten dadurch, daß sie keine Kinder haben, schon sehr viel mehr Steuern zahlen, die der Allgemeinheit zugute kommen ... und wenn sie Kinder hätten und nicht mehr arbeiteten, sprich nicht mehr zahlten? Haben keine Zeit mehr zum Arbeiten, Hobbys wollen gepflegt werden.

Es gibt Berufsgruppen, die haben der gesetzlichen Rentenkasse – und somit auch der Solidarität? – den Rücken gekehrt. Wir wissen nicht, wie die Zukunft aussieht und ob wir den Generationen- und Gesellschaftsvertrag, das Fundament unseres sozialen Zusammenlebens, weiterhin aufrechterhalten können. Wir brauchen gute Ideen und guten Willen. Es ist nicht konstruktiv, Menschen aufzufordern, Kinder in die Welt zu setzen, um Renten zu sichern. Das ist, ganz im Gegenteil, ein Witz, solange nicht jedes Mitglied der

Gesellschaft in die Rentenversicherung einzahlt. Es ist geschmacklos angesichts der ungewollten, mißhandelten, geprügelten und vergewaltigten Kinder, von denen man nur selten hört, und dann am liebsten als Dunkelziffer, so wie es auch passiert: im Dunkeln. Hauptsache, sie zahlen später für den Lebensabend von anderen.

Eine Familie kann – sehr löblich – vier Kinder großziehen. Was für eine vorbildliche Leistung, ein Opfer für die ganze Gesellschaft, wunderbar! Dafür sollen sie einen Orden bekommen, und da sehen wir doch gern drüber weg, daß die Kinder bis zum Abschluß ihres Studiums bei den Eltern mitversichert sind. Mal kurz zusammengezählt fünfzig Jahre für 'n Appel und 'n Ei. Und das bei den Risikosportarten, die Kinder heute betreiben. Das zahlt auch die Gemeinschaft. Aber die vier Kinder überleben ihr S-Bahn-Surfen, ihre Canyoningtouren und das Paragliden – und dann fallen sie doch. Alle vier. Aus dem System. Eines fällt gleich ins soziale Netz, und die anderen drei verabschieden sich zum Beispiel als Freiberufler aus der gesetzlichen Rentenversicherung, wenn es die dann überhaupt noch gibt.

Also – wie soll das funktionieren? Ganz einfach: Jedes Neugeborene unterschreibt bei der Geburt eine Verpflichtungserklärung zum Beitritt in die gesetzliche Rentenversicherung oder eine gleichwertige soziale Institution. Da gibt es zwar das Problem mit dem Schreiben, aber vielleicht tut es ein genetischer Fingerabdruck. Oder jedem Säugling wird gleich per Zufallsgenerator ein älterer Mensch namentlich zugeteilt, der bei seiner Geburt zwischen Vierzig und Fünfzig ist und für den der Säugling dann zu sorgen hat. Um die Flucht in die Anonymität zu vermeiden, soll dieser ältere Mensch dann mal bei dem jüngeren einziehen. So ähnlich wie es ganz früher mit den alten Eltern bei den jungen Leuten gehandhabt wurde. Sollte der Säugling sich als finanzschwach erweisen, bürgen die Eltern für die Versorgungsausgleichszahlung, wenn die Versorgungsausgleichsleistung nicht geleistet wird. Unverständliche Gesetzestexte werden bei diesem Paket das geringste Problem darstellen. Dennoch ist das Modell transparent, denn die Eltern wissen wenigstens, warum sie in den nächsten Jahrzehnten vor allem damit beschäftigt sind, Hab und Gut heranzuschaffen, das sie vererben können. Ende dieser polemischen Exkursion.

Einige meiner Freundinnen machen sich Gedanken darüber, was sie ihren Kindern einst vererben können. Corinna hat ihr gesamtes Erspartes in ein Häuschen in der Toskana gesteckt. Es ist zwar erst ein Zimmer einigermaßen bewohnbar, es führt keine Straße zu dem Haus, es gibt keinen Strom, und das Meer ist so weit entfernt, daß eine glauben könnte, sie befinde sich im Bayerischen Wald – aber das ist eine Investition in die Zukunft, sagt Corinna und verbringt jeden Urlaub und jedes verlängerte Wochenende dort. Sie wäscht und baut und legt einen Garten an und lernt mauern. Sie tut das, damit Sven mal etwas hat, wenn sie nicht mehr ist. Sven ist jetzt fünf. Corinna sagt, er kann dort wohnen, da muß er keine Miete zahlen. Oder er vermietet das Haus oder verkauft es. Hauptsache, sie hat ihm etwas hinterlassen.

Melanie hat zwar von ihren Eltern ein Haus geerbt, doch sie selbst hat Zwillinge zur Welt gebracht. Die Rechnung geht nicht auf. Ein Haus, zwei Kinder. Um Streitereien vorzubeugen – manchmal steht so was in der Zeitung –, braucht Melanie noch ein Haus.

Peter und Christine haben jede freie Minute in ihr Häuschen gesteckt. Schuldenfrei wollten sie es den Kindern übergeben. Vor einem Jahr ist Christine gestorben. Mit neununddreißig an Krebs. Kurz vor ihrem Tod war sie mit Peter eine Woche auf Rügen. Das war der erste Urlaub in fünfzehn Jahren. Das Haus wird Peter nun doch nicht hinterlassen, sondern verkaufen. Damit er sich nicht erinnert. Wenn alles nach Plan gelaufen wäre, hätten sich die Kinder durch das Haus erinnern sollen, daß es ihre Eltern gegeben hat?

Die Eltern von Vroni haben zwanzig Jahre lang an ihr Häuschen hingebaut. Es liegt malerisch auf einer Anhöhe im Schwäbischen. Vronis Eltern haben auf vieles verzichtet. Und können jetzt überhaupt nicht verstehen, daß Vroni das Haus nicht haben will. Was soll ich am Arsch der Welt, fragt Vroni. Aber ihre Eltern haben es doch nur für sie getan.

„Jahrelang habe ich bei der Kinderfrage immer nur an das Alter gedacht", sagte Laura einmal zu mir. „Jetzt finde ich es befreiend, daß nichts nach mir kommt. Daß ich mich nicht um all diese Dinge kümmern muß. Daß ich eines Tages einfach sterben kann. Einfach so – ohne Papierkram und Verordnungen und Erbfolge und Angst vor Mord und Totschlag bei der Testamentseröffnung."

Obwohl Diskussionen, in denen Kinder und Geld vermischt werden, nichts bringen – wir könnten genauso gut darüber streiten, ob Menschen, die Romane lesen, weniger zu Umsätzen in Baumärkten beitragen, und uns dabei ziemlich täuschen –, werden sie immer wieder geführt. Verbissen und erhitzt. Die These lautet, daß Menschen ohne Kinder egoistisch und geizig sind, weil sie ihr Geld nicht teilen wollen. Menschen mit Kindern sind fürsorglich, warmherzig und christlich. Nun kommt es aber immer wieder vor, daß jene Zeitgenossen, die gerade erst hervorgehoben haben, was für ein tolles Leben sich diese kinderlosen Egoisten machen, einen Atemzug später frohlocken, was sie dabei alles entbehren würden: nämlich das Glück, sich in unschuldigen Kinderaugen zu spiegeln. Das entschädigt einen für vieles, sagen sie. Da brauchst du kein neues Auto, sagen sie – und haben anscheinend vergessen, was sie eben noch meinten, nämlich daß die anderen sich ein schönes Leben mit neuen Autos machen, während sie selbst verzichten, verzichten, verzichten. Für die Kinder, die sie aber wiederum nicht für sich selbst in die Welt gesetzt haben, sondern für die Welt, sprich: für die Renten der anderen, die es sowenig danken.

Gespräche mit Menschen, die minütlich ihre Meinung wechseln, können zuweilen anregend sein, auf Dauer sind sie ermüdend und langweilig, weil die immer gleichen Argumente auf dem Endlosband daherleiern. Ich möchte diese Opportunisten deshalb nun gern in der Ecke stehen lassen, in der ich sie erfunden habe, vielleicht gewinnen sie im Lotto – wetten, dann würden sie nicht mehr auf jene Egoisten schimpfen, die kein Geld in Kinder investieren, dann hätten sie nämlich selber Geld und würden sich nicht mehr für das Geld anderer interessieren.

Bevor ich diesen Raum verlasse, möchte ich noch einen Blick in die gegenüberliegende Ecke werfen, wo die derzeit 450 000 Männer herumlungern, die keinen Unterhalt für ihre Kinder bezahlen. 770 Millionen (770 000 000) Euro zahlen Bund, Länder und Gemeinden zu je einem Drittel für säumige Väter. Steuerzahler sind Menschen mit und Menschen ohne Kinder. Wieviel mehr die Steuerzahler hätten auslegen müssen, ist nicht klar, denn es gibt genügend Mütter, die darauf verzichten, ihre Ansprüche geltend zu machen, weil sie sich schämen oder um die gute Beziehung (!) zum Vater des Kindes nicht aufs Spiel zu setzen. Sehr oft behaupten Männer, sie seien zahlungsunfähig. Da werden Autos auf Freundinnen und Mütter angemeldet, Geschäftsführer stellen sich selbst ein Gehalt am Existenzminimum aus, und zähneknirschend freuen sich die Mütter, wenn der Papi zum Geburtstag per Handy aus dem Amerikaurlaub anruft. Schön, daß er daran gedacht hat. Aber Unterhalt kann er nicht zahlen. Er ist ja so arm, daß er gerade mal zwei Monate mit einer Harley durch Amerika tuckern kann. Und dann gibt es noch jene Väter, die gar keinen Kontakt zu ihren Kindern haben, was sie aber nicht von ihrer Unterhaltszahlungspflicht entbindet.

Es gibt also Männer, die sich ihren Orgasmus nachträglich von der Gesellschaft finanzieren lassen. Ist ja nicht so schlimm. Ist ja bloß ein Kavaliersdelikt. Das zeigt den echten Kerl. Mal eben schnell ein Kind gemacht und dann eiskalt ignorieren. Das stellt niemand an den Pranger. Geht auch nicht. Der Pranger ist besetzt. Da hängen noch immer die Kinderlosen. Egal ob gewollt oder ungewollt, egal ob sie es mißbrauchen oder foltern oder schlagen würden – Hauptsache, sie haben eins. Haben sie keins, beuten sie die Gesellschaft aus. Die sich den Orgasmus finanzieren lassen, haben wenigstens ein Kind dabei zustandegebracht, da können wir schon mal ein Auge zudrücken, ein Siebenhundertsiebzig-Millionen-Euro-Auge.

Nun aber zurück in die Normalität, in den ganz werktäglichen Ehe-, Beziehungs- und Familienalltag, wo der Mann bezahlt und die Frau Geld ausgibt. „Das war das Problem", sagte meine Kusine Bettina. „Ich habe ab meinem achtzehnten Lebensjahr für meinen Lebensunterhalt gesorgt. Zuerst noch mit Unterstützung meiner Eltern, aber doch zunehmend alleinverantwortlich. Das Geld, das ich ausgegeben habe, war mein Geld. Und plötzlich gab es mein Geld nicht mehr, sondern nur noch unser Geld. Unser Geld war eher sein Geld. Ich hatte zwar noch mein Konto, aber da kam nur das Kindergeld drauf – und es gingen laufende Ausgaben weg. Ich habe die Telefonrechnung bezahlt und Strom und Wasser. Uli hat nie Rechenschaft von mir verlangt. Er hat mir völlig vertraut. Ich habe von seinem, also jetzt unserem Konto abgehoben, was ich brauchte. Aber ich habe anders eingekauft. Ich habe Preise verglichen. Ich habe vieles nicht gekauft. Vor allem habe ich nichts für mich persönlich gekauft. Mit meinem Geld hätte ich hier mal schnell einen Slip, hier mal eine Tasse – du weißt, wie das geht, du kommst heim und hast zwanzig Euro ausgegeben – wofür? Für irgendwelche Schnäppchen, einfach so. Das ließ ich bleiben. Denn ich würde mir von Ulis Geld einen Lippenstift, ein Buch, eine Duftlampe gekauft haben. Ich ging zur Bücherei. Das hat mir nicht soviel Freude gemacht, wie ein eigenes Buch in den Händen zu halten. Uli hat gesagt, ich soll mir doch mal was kaufen. Aber ich habe es nicht getan, ich hatte immer dieses blöde Gefühl. Ich habe mich geärgert, aber es ist nicht weggegangen, und irgendwie hat mich das Gefühl klein gemacht. Am schlimmsten waren seine Geburtstage. Uli hat gesagt, sein Geld ist unser Geld, und er hat das wirklich so gemeint. Trotzdem bin ich damit nicht zurechtgekommen. Erst jetzt, seit ich wieder arbeite und wir vereinbart haben, daß dieses Geld nur zu meiner Verfügung steht – Uli hat schließlich mit seinem Fallschirmspringen auch ein aufwendiges Hobby –, erst jetzt atme ich auf. Also finanziell. Ich weiß, es klingt blöd. Und ich habe es rational auch nie nachvollziehen können. Aber so ist es nun mal gewesen. Und ich hatte dann auch das Bedürfnis, von meinem ersten Gehalt etwas für die Familie zu kaufen, und habe ein neues Bett für Oliver gekauft. Das war ein gutes Gefühl! Rückblickend kann ich sagen, daß ich es nicht für möglich gehalten hätte, wie sehr mich die Tatsache, über kein eigenes Einkommen zu verfügen, gedämpft hat."

Martina

Wenn mich eine Freundin fragt, warum ich kein Kind habe, dann kann ich bloß lachen: Du und die anderen, ihr erzählt mir jahrein, jahraus, wie gestresst, wie fix und fertig ihr seid. Ihr kommt zu jeder Verabredung zu spät. Ich muß euch Geld leihen. Ich muß permanent Verständnis zeigen, weil ihr unsere Verabredungen verschiebt oder vergeßt. Weil ihr keine Zeit für mich habt. Weil ihr euch meine Sorgen nicht anhören könnt. Wichtiger ist es, daß der rote Luftballon von eurem Kleinen geplatzt ist und er nicht mit dem grünen spielen kann. Und da fragt ihr, warum ich kein Kind habe? Ich habe Kinder. Euch! Ihr kostet mich genug Nerven. Ihr müßt immer jammern. An mich hinjammern. Wie schwer euer Schicksal ist. Daß euch niemand versteht. Eure Kinder sind gemein zu euch, und euer Mann behandelt euch als Putzautomaten. Oder ihr habt keinen, weil das dem Kind schaden könnte. Aber wenn sich einer abzeichnet – wer paßt auf die Kinder auf oder fungiert als Alibi? Ich. Ich bin für alles zuständig. Ich tröste, ich verleihe Autos und Fahrräder, bei mir könnt ihr übernachten, ich gieße Blumen und sitte Babys und Kinder – und ich höre immer zu, was für einen Stress ihr habt und wie anders ihr euch euer Leben vorgestellt habt und was jetzt schon wieder für Katastrophen passiert sind, bei euch passieren nämlich dauernd Katastrophen. Egal was ist, Gründe zum Jammern habt ihr immer. Ihr tragt ein schweres Schicksal, und wenn ich euch nicht manchmal helfen würde, dann würdet ihr wahrscheinlich darunter zusammenbrechen. Also seid nicht so dumm und fragt, warum ich kein Kind habe. Dann hätte ich mein eigenes Päckchen zu tragen und könnte euch nicht mehr helfen. Ihr würdet euch den Ast absägen, auf dem ihr sitzt.

Abschied wovon?

Im Wartezimmer las ich kürzlich ein Interview mit einem Psychotherapeuten, der die Auffassung vertrat, Menschen ohne Kinder, die er Kinderlose nannte, müßten ihre Kinderlosigkeit abtrauern. Sehr interessant. Es hat sich also etwas angesammelt. Das Kind? Die Kinderlosigkeit? Kann sich Losigkeit ansammeln, um abgetrauert zu werden? Was ist das: abtrauern? Was meint der Mann damit? Und wieso meint hier schon wieder ein Mann? Meint er mit Kinderlose auch Männer? Oder meint er nicht etwa und vor allem und in erster Linie Frauen? Das sagt er nicht. Er spricht von Kinderlosen. Und von Abtrauern. Meint er jene Menschen, die Kinder haben und sie ziehen lassen müssen, gar ausziehen lassen müssen und sich nun verabschieden von ihren Kindern, von ihrem aktiven Elternsein? Das ist eine schwierige Übergangszeit für Eltern, und da ist Trauer angebracht, denn ein Lebensabschnitt geht zu Ende. Es ist aber auch Freude angebracht, denn ein neuer Lebensabschnitt beginnt. Aber was will er von mir? Daß ich um meine Freundinnen trauere, die ich an die Mutterschaft verloren habe? Was ist das: abtrauern?

Der Duden weiß keine Antwort. Dort, wo abtrauern stehen sollte, ist nichts, und danach kommt abtreiben. Vielleicht hilft Blättern. Ab. Es gibt abtasten. Ich taste. Ich taste ab. Ich taste ab, was er meint mit abtrauern, denn ich kann doch nicht um ein Kind trauern, das ich nicht hatte. Abbauen. Ich baue. Ich baue ab. Ich hatte also etwas, und das baue ich jetzt ab. Kann ich dann trauern? Weil ich es mal hatte und jetzt nicht mehr? Ja. Aber ich hatte es ja. Das Kind hatte ich nie. Warum sollte ich da trauern? Um die Losigkeit vielleicht? Ich trauere doch auch nicht darum, daß ich andere Dinge nicht hatte. Ich hatte sie eben nicht. Mein Leben verlief anders. Ich würde mein Leben nicht genießen, wenn ich mir täglich überlegte, was ich nicht abbekommen hätte, weil ich an bestimmten Lebenskreuzungen nicht oder doch abgebogen bin oder eine beginnende Entwicklung abgebrochen oder eine Planung abgeblasen habe. Und dann habe ich nicht mal abgetrauert. Ich gestehe, ich bin uneinsichtig. Ich trauere nicht mal ab, daß ich uneinsichtig bin. Das kann ich nicht abändern. Ich will es nicht ändern, und ich will nicht trauern, daß ich nicht ändere. Ich vertraue mir. Ich arbeite mich ab, ihn zu verstehen. Ich frage Komplexe ab, die er meinen könnte. Er meint wahrscheinlich, mache ich mit mir ab, daß man um eine nicht ausgeschöpfte Möglichkeit trauert. Daß man sich sein Leben vielleicht anders vorgestellt hat. Und daß man das zulassen (Lieblingswort!) sollte. Es nicht verdrängen, sondern annehmen (noch ein Lieblingswort!) und sich bewußt machen und dann: abtrauern. Das hat er wahrscheinlich gemeint. Ja. Das finde ich auch. Bloß finde ich eben, daß er als Mann sich an Frauen gewandt hat. Und das gefällt mir nicht. Denn das macht die Frauen, die keine Kinder haben, schrumpelig und bitter. So säuerlich eben, wir kennen das ja. Und es gefällt mir nicht, daß er jedem Menschen, der kein Kind hat und das nicht abtrauert, unterstellt, er würde eben nicht zulassen und annehmen, sondern verdrängen. Andererseits: Das Kind abfeiern, das klingt in der Tat befremdlich. Und weil ich mich gerade so versöhnlich fühle, bin ich auch dafür, daß wir abtrauern, aber ohne abzutrauern, daß wir uns also bewußt (!) entscheiden. Daß wir uns mit dem Thema Kind auseinandersetzen, wenn es nicht wie von selbst wächst. Das haben wir mit diesem Buch nun umfassend getan. Insofern ist dieses Buch vielleicht – um mit dem vorgenannten Herrn zu sprechen – ein Stück Trauerarbeit, das Sie, liebe Leserin, lieber Leser, mutig geleistet haben.

Und somit können wir das Abtrauern abhaken und uns wieder jenen Verben zuwenden, die Verben sein dürfen und nicht gleich vorne dran einen abwertenden Makel tragen.

Josie

Josie glaubt nicht, daß es das richtige Alter gibt, Kinder in die Welt zu setzen. „Was hast du davon", fragt sie, „wenn du mit dreiundzwanzig, also in deiner körperlichen Blüte, ein Kind zur Welt bringst, aber leider erst zehn Jahre später die geistige Reife hast, zu begreifen, was das bedeutet. Der Zeitpunkt ist so individuell wie das, wobei Menschen Lust empfinden. Deshalb habe ich auch gar nichts gegen geplante Kinder. Es wird Frauen oft vorgeworfen, sie hätten ein Kind gekriegt, weil sie nicht weiterwußten. Nach der Ausbildung: Angst, die Fähigkeiten unter Beweis zu stellen, also schnell ein Kind. Zwischen zwei Arbeitsstellen: Angst vor neuen Herausforderungen, also schnell ein Kind. Zwischen zwei Männern: Nicht wissen, wohin. Diese Kinder zwischen den Stühlen. Diese Kinder aus Unentschlossenheit. Keine Ahnung, was tun, da kam das Kind. Wird Frauen immer angekreidet. Typisch weiblich. Unentschlossen, ängstlich, zaudernd, heute hü, morgen hott. Na und! Dann kommt eben ein Kind. Und zum Glück fällt es in eine Lücke. In der Lücke ist nämlich nichts anderes, was es verdrängen kann und was sich dann beschwert. Es kann also ganz da sein. Das ist sein Platz, den darf es ausfüllen. Und insofern ist es mir doch wichtiger, daß da eine Lücke ist, als daß ich biologisch in Saft und Kraft stehe. Und deshalb habe ich kein Kind. Weil es in meinem Leben bisher keine Lücke gegeben hat. Weil ich immer genau wußte, was ich will. Und was ich danach will. Wenn ich es nicht hätte tun können, wäre ich wütend gewesen. Das hätte einem Kind keinen Platz gelassen.

Sonnenuntergang

„Hendrik, es reicht jetzt", bat Mona. Sie hatte es schon ein paar Mal gesagt. Hendrik fand nicht, daß es reichte, er fand nicht mal, daß er Mona hören mußte. Mona konnte nicht schreien, neugierig wurde beobachtet, wie sie diese Situation meistern würde. Sie hätte auch ohne Zuschauer nicht geschrien – Hendrik war ihr ein und alles, ihr Goldstück und Spatzelein, ihr Hummelbärchen und Puddidu.

Der widerliche, dicke, schwabbelige Junge mit den Brüsten, den ich letztes Wochenende am See hatte erleben dürfen, fiel mir ein. Seit meine Schwester mir erlaubt hat, Kinder abstoßend zu finden, genieße ich das von Zeit zu Zeit. Früher dachte ich, ich müßte alle Kinder mögen, was können die Kinder dafür, es sind die Eltern, die aus ihren Mündern sprechen, es sind die Eltern, die ihre Taten steuern, doch meine Schwester wies vehement darauf hin, daß es unerträgliche Kinder gäbe, daß Kinder als Menschen zu behandeln seien, da wären mir auch nicht alle gleichermaßen sympathisch, und außerdem seien wir, Kinder derselben Eltern, sehr verschieden. „Ja", sagte ich. „Ich finde alle Kinder nett, und du findest sie unausstehlich." Meine Schwester warf mir ein Kissen an den Kopf. Sie wirft gern mit Gegenständen. Das mache ich nie.

Der widerliche Junge schwamm, nein, er schwamm nicht, er spielte Wasserbombe, und auch wenn er nicht ins Wasser sprang, wobei fast der See überlief, schlug und drosch er auf das Wasser ein. Dabei schrie er, nein, er schrie nicht, er brüllte. Er brüllte mit der Kraft der Fette seines Leibes. Die Mutter war eine auf den ersten Blick sympathische Erscheinung. Sah aus wie eine Lehrerin, wobei ich nicht weiß, wie Lehrerinnen heutzutage aussehen. Sie trug eine bunte Brille, war in helles Leinen gekleidet und wirkte belesen und sanftmütig. Und sie wollte gehen. Sie war in Begleitung einer anderen Frau und eines Paares, und die wollten auch gehen. Sehr offensichtlich, die Badetaschen standen gepackt im Gras. Alles wartete. Auf den Jungen. Der wollte nicht aus dem Wasser. Die Mutter bat, bettelte, flehte, schrie flüsternd und war kurz vorm Weinen. „Komm doch raus. Bitte, Maximilian, wir wollen gehen. Bitte! Du kriegst auch ein Eis, also bitte komm aus dem Wasser, ich bitte dich, tu mir den Gefallen und komm jetzt mit, bitte, Maximilian, komm! Du mußt daheim dein Zimmer auch nicht aufräumen. Bitte! Und heute Abend koche ich Tomatennudeln. Also komm aus dem Wasser. Wir machen uns einen ganz tollen Nachmittag. Bitte, Maximilian. Bitte komm jetzt. Ich bitte dich inständig. Bitte, Maximilian!"

So ging es zehn Minuten. Ich wäre längst weg gewesen. Bleibt Maximilian eben im Wasser, bei der Fettschicht braucht man sich keine Sorgen zu machen, daß er erfriert. Meine Schwester würde mich an dieser Stelle bestimmt davon freisprechen zu erwähnen, daß Maximilian vielleicht Komplexe hat, weil er so dick ist, und deshalb im Wasser bleiben will, Gegenargument: seine Wasserbomben, wozu er das Wasser verlassen muß. Ich hätte Maximilian zurückgelassen. Wobei er dann nicht mehr zurückgelassen wäre, denn hätte er die Absicht bemerkt, wäre er wie eine Fontäne aus dem Wasser geschnellt und blitzartig angezogen gewesen.

Aber ich bin ja keine Mutter, vor allem bin ich nicht Maximilians Mutter. Und deshalb kann ich mir auch nicht vorstellen, worunter viele Mütter am meisten leiden: unter ihren Unterlassungen und der pausenlosen Unsicherheit, ob sie alles richtig, etwas falsch gemacht, beziehungweise später nur noch: wieviel sie wohl falsch gemacht haben, und daß es hoffentlich nicht zu schlimm war. Ist das Kind klein, muß sich die Mutter die größten Sorgen machen, denn da kann das Kind noch nicht anklagen. Hat das Baby Ausschlag, weil die Mutter es nicht genügend streichelte oder beim Streicheln geistig abwesend war? Tröpfelt die Milch nur so dahin, weil es irgendwo tief in der Seele vergraben eine heimliche Ablehnung des Kindes gibt? Schreit das Kind oft, weil es die verborgene Abwehr der Mutter vertont? Hat das Kind Durchfall, weil die Mutter nervös ist? Hat die Mutter soviel Milch, weil sie ihr Kind am liebsten verschlingen möchte – zuerst in der Milch einweichen und dann mit einem Biß?

Woher soll die Mutter die Wahrheit wissen, wenn selbst Sigmund Freud, und das war ein bedeutender Mann, sie nicht wußte. Wie wir gesehen haben, kennen sich Männer bei Frauen gut aus, Männer wissen, was Frauen brauchen, was Frauen wollen und was Frauen sind. Wenn ein Mann feststellt, daß die Frau ein dunkles Sperrgebiet wüster Triebe ist – wie soll sich eine Frau darin auskennen, bei ihrem Orientierungssinn? Sie läuft nach rechts, wenn sie nach links müßte, sie sagt *hier war ich schon mal*, wobei das unmöglich ist. Also kann die Frau sich bei sich selbst lediglich verirren. Und natürlich muß davon ausgegangen werden, daß alles Schlimme in ihr ruht – aber das ist nichts Neues, das wissen wir seit den großen Religionen, zum Glück gibt es die, bieten sie doch die einzige Möglichkeit, Buße zu tun, auf Knien rutschend um Orientierung ringen und immer schön unten bleiben.

Seltsam, daß trotz dieser Unberechenbarkeit des Weiblichen Frauen noch immer zu Kindern gedrängt werden, eigentlich müßte man Kinder vor ihnen schützen und statt dessen das Ersatzkindertum fördern. In der psychologischen Literatur sind Ersatzkinder in Ausnahmefällen zuweilen genehmigt. Bei KünstlerInnen zum Beispiel gelten Werke als Kinder. Radikal liberale PsychologInnen versteigen sich sogar zur Aufwertung von beispielsweise einer Tulpenzucht zum Ersatzkind. Das ist weit hergeholt. Da brauchte keine Briefmarken-, Uhren- oder Susaphonsammlerin oder Katzenzüchterin Kinder zu bekommen. Doch diese Anschauungen bilden Ausnahmen. Die breite Meinung geht von einem Ausweichen, dem Davonlaufen vor einem großen Lebensthema aus, wenn kein Kind in die Welt gesetzt wird. Denn das Kind konfrontiert mit Fragen, die für die Entwicklung wichtig sind. Diese Fragen tauchen nur mit einem Kind auf. So wie Masern fast ausnahmslos bei Kindern ausbrechen. Die Beantwortung der Fragen ist allerdings freigestellt. Sehr selten beantworten Menschen mit Kindern sie – die haben gar nicht die Zeit dazu.

Beantwortet werden kann die Frage: Welches Geschlecht hat das Kind? Ist es eine Tochter, betrachtet die Mutter sie als narzistischen Auswuchs, stört ihre Identitätsbildung und wird später in eine verdeckte Konkurrenz zu ihr treten, die in der Pubertät zu offenem Krieg führt, der beispielsweise mit Messer und Gabel ausgetragen wird. Die Tochter erblüht, die Mutter verblüht, auch das muß ausgehalten werden, aber vielleicht haben die Jahre der Zuneigung vor der Pubertät ein solches Polster an liebender Gelassenheit gestopft, daß die Mutter gern verblüht oder im Erblühen der Tochter selbst noch mal erblüht, aber Vorsicht: Sonst verschlingt sie die Tochter, und das sollte sie bitte nur beim Sohn tun, den sie ganz und gar, mit Haut und Haar an sich binden soll. Jede Frau eine Mutter, bis es nur noch Männer und Mütter auf der Welt gibt. Amen.

Wie viele von mir begehrte Männer saßen auf den Sätteln von Motorrädern, sogen an Zigaretten, lehnten an Billardtischen, standen am Rand von Tanzflächen und sagten: *Ne du. Ich kann diese Nähe nicht ab, du. War mir schon bei meiner Mutter zuviel, du.*

Wunderschön waren sie meistens. Eine coole Brise von Unnahbarkeit umwehte sie. Ach, wie habe ich sie begehrt, ach, wie habe ich an ihnen gelitten. Waren sie Handwerker und schmierte ich meine Liebe auf ihre Frühstückssemmeln, kriegten sie eine Krise, weil sie sich bemuttert fühlten. Waren sie Musiker, durfte ich nicht wissen, wie lange ihre Tournee währte. Waren sie übers Wochenende verschwunden und machte ich mir Sorgen, weil mir an ihnen lag, mußte ich mir anhören, ich würde sie kontrollieren wie ihre Mütter. Fragte ich, wie sie den Tag verbracht hatten, wollte ich sie aushorchen. Fragte ich, wohin sie im Urlaub wollten, plante ich sie festzunageln. Am besten wäre gewesen, ich hätte geschwiegen – jeder meiner Sätze war eine Erpressung, verriet etwas – im Zweifelsfall immer meine niedrigen Absichten, sie zu vereinnahmen, zu dominieren, zu beherrschen.

Seltsam, daß diese freiheitsliebenden Helden soviel Angst hatten, ihr Wille und Freigeist könnte verschwinden wie eine Mücke im Sumpf. Wenn Mutters Kaiserschmarrn verführerisch duftet, bricht der letzte Widerstand des stärksten Helden? Ich konnte keine normale menschliche Regung zeigen, weil jedes Gefühl zuviel war. Ich mußte ausbaden, was ihre Mütter in die Wannen geschüttet hatten. Das war nicht lustig! Verheerend, daß solche

Männer diesen Sexappeal ausdünsten. Als würden Mütter sie für Frauen züchten – aber wozu? Aus Rache? Wofür? Für die Mutterschaft? Diese Söhne sind so weich irgendwie und so verletzt. Aber das merkt eine nie. Sie muß es fühlen. Aber das fühlt sie nie. Sie muß es vermuten. Tobende, tosende Gefühle. Alles eingesperrt. Kann nicht raus aus dem Käfig der Männlichkeit. Müssen Frauen kommen und sich durch die Gitterstäbe schlängeln. Ganz dünn werden sie dabei. Gelingt ihnen aber. Und dann müssen sie die Potenziale der Helden in ihnen wachlieben. Das ist anstrengend. Kräfte zehrend. Immer dünner werden die Frauen. Und wenn sie ihre ehrenvolle Aufgabe dann beendet und ihr ganzes Glänzen und Leuchten in die Männer hineingeküßt haben, brechen die die Gitterstäbe einfach durch, und die Frauen sinken erschöpft, aber glücklich zu Boden, sie haben ihre Aufgabe erfüllt, leider sind sie jetzt zu schwach, das Gefängnis zu verlassen, hoffentlich vergißt der Held sie nicht und kommt gelegentlich vorbei und bringt auch mal was zu essen mit, er hat jetzt draußen eine dicke Frau, erinnert ein bißchen an seine Mami und kocht auch sehr gut.

Wie viele meiner wunderbaren Freundinnen haben an solche Männer hingearbeitet, um ein bißchen Glück und Nähe in sie hineinzupumpen, und wie lange hat es gedauert, bis wir die Falle kapiert haben, daß sie uns nämlich mit der Ablehnung des Mutterbildes zu noch mütterlicheren Müttern machten, noch verständnisvoller mußten wir sein als die ursprünglichen Mütter, die ja noch Forderungen stellten: Besuch mich mal, streich mir die Fensterläden, räum dein Zimmer auf, hol mir die Leiter aus der Garage. Wir durften gar nichts mehr. Auch die Hängeschränke schlagbohrten wir allein an die Wand.

Wo waren eigentlich die Väter? Ach, beim Arbeiten. Wer nicht da ist, der kann auch nichts falsch machen, den trifft keine Schuld. Väter trifft nur Schuld, wenn sie Trinker sind oder gewalttätig oder beides. Das kennen wir aus Prozeßberichten. Ich schlage eine x-beliebige Tageszeitung auf und lese von Menschen, die Menschen quälten und folterten, Kinder mißbrauchten und verprügelten und so weiter. Und dann kommen die RechtsanwältInnen zu Wort und berichten von düsteren Kindheiten. Mein Mandant, meine Mandantin wurde mißbraucht, verprügelt, die Eltern Alkoholiker oder Schläger oder kümmerten sich nicht oder viel zuviel oder gaben kein Taschengeld oder zuviel oder bestanden auf guten Noten oder hielten Leistung für unwichtig. Ich möchte in keinem Prozeß auftauchen. Ich möchte nicht, daß mein Kind eine Akte hat. Ich möchte auch nicht, daß es Akne hat. Ich möchte gar kein Kind. Ich möchte ihm ersparen,

- daß es später, wenn es größer ist und Liebesbeziehungen eingeht, stundenlang von seinen Verletzungen berichten muß. „Meine Mutter hat ..." würden diese Sätze beginnen, die ich auch gesagt habe, die alle meine Freundinnen gesagt haben – aber diesmal würde ich keinen Trost bekommen, weil meine Mutter hat, sondern ich säße auf der Anklagebank, was ich daran merkte, daß mein Kind mich miede oder der Freund, die Freundin meines Kindes mich kühl behandelte, wenn ich sie überhaupt kennenlernte.
- daß es in der Opferrolle verharrt, statt aktiv zu werden und aus den Schuldzuweisungen auszubrechen.
- daß es ein schlechtes Gewissen hat, weil ich so darunter leide, daß es mich verläßt und seine eigenen Wege geht.
- daß es meine Versuche erträgt, alles richtig zu machen.
- daß es meine Unsicherheit aushält, ob die Bedürfnisse, die es zeigt, wirklich seine eigenen sind oder ob nicht ich meine Bedürfnisse in das Kind hineinprojiziere.
- daß ich dank seiner Hilfe meinen Eltern endlich beweisen kann, daß ich in der Lage bin, Verantwortung zu übernehmen, und die Wellensittiche, die ich nie bekommen habe, nicht hätte verdursten lassen.
- daß ich wegen seiner Existenz mit seinem Vater ein Paar bleibe.
- daß es mit mir auskommen muß, obwohl wir vielleicht überhaupt nicht zusammenpassen und die Art, wie ich es fördere, die falsche ist und ich nicht erkennen kann, was es wirklich braucht.
- zu sehen, wie ich mich darüber aufrege, wenn es Fehler macht, die ich auch gemacht habe, weil ich nicht akzeptieren kann, daß jeder Mensch seine eigenen Erfahrungen machen muß.

Und nie ein Lob. Wenn sich ein Kind normal entwickelt, ist alles in Ordnung, das ist schließlich die Regel. Mütter lieben ihre Kinder, und so gehört sich das. Läuft was schief, sind die Mütter schuld. Wird das Kind ein besonders toller Mensch, hat der Vater es geprägt oder die Umwelt oder es war einfach so, gottgewollt, hat vom Vater besonders wertvolle Gene oder ein günstiges Karma mitbekommen. Die Mutter? Naja, die hat es gefüttert und gewickelt und so. Niemals habe ich gehört: Dank der Förderung ihrer/seiner

Mutter wurde sie/er PolitikerIn, SportlerIn, KünstlerIn. Ich habe aber gehört: Wegen ihrer/seiner gestörten Mutterbeziehung wurde aus ihr/ihm etwas – oder, noch öfter: hat sie/er versagt.

Claudia

Wenn es möglich wäre, mein Kind so zu erziehen, wie ich es für richtig halte, dann könnte ich es mir vielleicht vorstellen. Was mich davon abhält, ein eigenes Kind zu wollen, das ist die permanente Einmischung der Umwelt. Es fängt schon in der Schwangerschaft an. Eine Schwangere zum Beispiel, die raucht – das ist ein Problem für Leute, die das nichts angeht. Der Körper einer Schwangeren gehört nicht ihr, sondern dem Volk. Das hört auch später nicht mehr auf. Dauernd wissen irgendwelche Leute, was du tun sollst oder was du falsch machst. Mischen sich ein Du hast keine Ruhe. Und das wird staatlich auch noch gefördert – zum Beispiel mit dem Schulsystem. Egal, was du machst, du handelst immer fahrlässig. *Können Sie nicht besser auf Ihr Kind aufpassen? Können Sie Ihr Kind nicht mal in Ruhe lassen? Haben Sie schon mal was von Erziehung gehört?*

Egal, was du machst, es ist falsch, irgendwelche Leute geben dir ungefragt Tipps oder bezichtigen dich der Kindsmißhandlung. Der Alltag mit Kind ist ein permanenter Kampf. Gegen die Umwelt. Gegen die Politik. Gegen die Nachbarn. Und auch gegen die eigenen Eltern, die dir dein Kind versauen. „Oma, gib dem Kind keine Süßigkeiten", sagt meine Freundin. Aber natürlich gibt die Oma. Und dann hat meine Freundin den Zirkus. Nein, das ist mir alles zu fremdbestimmt. Ich bin mir natürlich im klaren darüber, daß das vorgeschobene Gründe sind. Aber irgendwie muß man sein Nein zum Kind begründen. Mit diesen Gründen, die ich im Lauf der Jahre gesammelt habe, macht es mir Spaß. Sie taugen für gepfefferte Diskussionen. Und denen gilt meine Leidenschaft.

Dämmerung

Fast ein Dutzend Frauen saßen wir um das Feuer. Unsere Gesichter brannten, und der Himmel war ein aufgerissener Bauch, aus dessen Eingeweiden rote Striemen entsprangen und Hellblau und

Rosé und Grau und Dunkelblau und Grün und Türkis und Violett, wie aus Füllhörnern über den Horizont verstreut gestrandet.

„Ich habe keine unbeschwerte Beziehung zu meiner Mutter", sagte Klara, „nie gehabt. Wäre ich selbst Mutter, würde ich keine Tochter mehr, sondern auch Mutter sein, wäre auf einer Stufe mit meiner Mutter, das würde uns einerseits trennen, die Nabelschnur endgültig durchschneiden – andererseits würden wir uns auf einer neuen Ebene annähern. Ich wäre nicht mehr verstrickt in einen Tochtermutterkonflikt, sondern würde wechseln zu einem Muttertochterkonflikt oder Muttersohnkonflikt."

„Das würde dir helfen, deine Mutter zu verstehen!" rief Elvira.

„Bestimmt würde meine veränderte Rolle neue Gefühle und Gedanken in mir wecken", sagte Klara bedächtig. „Aber will ich das? Ich habe mich zehn Jahre intensiv mit meiner Mutter auseinandergesetzt. Ich habe zwei Therapien gemacht, und ich bin nie wirklich mit ihr einig gewesen. Ich habe das Thema Mutter abgeschlossen. Es war schwer zu akzeptieren, daß es nicht zu ändern ist, daß ich mich mit einer unlösbaren Verwicklung abfinden muß und sie nicht in Harmonie auflösen kann. Aber nun kann ich es so stehenlassen. Wenn ich ein Kind hätte, würde ich wieder anknüpfen, und das will ich nicht."

„Ich habe zwar ein Kind", sagte Saskia, „aber mir ist es sehr schwer gefallen, in diesen Kreislauf Mutter-Kind einzutreten. Ich finde, meine Mutter ist in eine Falle gegangen, als sie mich zur Welt brachte. Sie hat ihr Studium abgebrochen – und es nie wieder aufgenommen. Sie hat sich abgefunden. Sie war mir eine liebevolle Mutter, aber ich glaube, im Grund ihres Herzens war sie unglücklich. Weil sie nicht weiterstudiert hat. Sie hatte so viele Ideen und – dann war sie zu Hause und hat ein Baby versorgt."

„Was sagt sie selbst dazu?"

„Ich kann sie nicht fragen. Sie ist gestorben, als ich dreizehn war."

Wir schwiegen eine Weile und schauten ins Feuer, und es war keine peinliche oder künstliche Stimmung, bis Saskia fortfuhr:

„Manchmal habe ich mir gewünscht, ich könnte sie zur Oma machen, das war eine schöne Vorstellung. Aber ich glaube, es wäre nicht mein Weg gewesen, in diesen Mutterzirkel einzutreten. Einige der Frauen, die ich kenne, haben sich durch ihre Kinder zu Hüterinnen der Familienchronik entwickelt. Betreiben Ahnenforschung, gratulieren auch dem weitläufigsten Onkel zum Geburtstag. Verstricken sich in Blutsbande. Und alles wegen der Kinder.

Das hat mir nie gefallen. Daß die freie Marktwirtschaft – also die Wahlverwandtschaft – auf einmal nichts mehr bedeuten sollte."

„Das kenne ich!" rief Katina. „Das Kind muß dann von allen Verwandten einen Stempel haben. Die Nase vom Onkel Sowieso, der kleine Finger von der Tante Sowieso. Schrecklich! Das Kind darf nichts Eigenes sein, sondern gehört zu den Verwandten, die es alle mitgebacken haben, ist Teil einer Sippe und sonst nichts."

„Die Sippschaft kann ganz schön lästig sein, wenn sie nicht mitbacken darf", seufzte Maria. „Ich hasse Familienfeiern! Wir sind ziemlich viele, wenn wir uns treffen, rund fünfzig. Ich werde vierzig Mal mit Leidensmiene gefragt: Wie geht es dir? Hast du einen Freund? Ist das jetzt mal was Ernstes? Wie sieht es aus mit einem kleinen Würmchen? Viel Zeit hast du nicht mehr! Du bist doch schon dreißig! Armes Kind, immer so alleine! Ich schließe dich jeden Abend in mein Nachtgebet ein und bitte den Herrgott, daß er dir bald einen lieben Mann und gesunde Kinder schickt."

Mona prustete los. „Ich würde denen verklickern, daß ich lesbisch bin! Dann hätte ich Ruhe."

„Bestimmt nicht", grinste Maria. „Da müßten sie mich doch erst recht bekehren!"

„Ich würde zu solchen Festen nicht gehen", sagte Silke knapp.

„Kürzlich war ich als Patientin bei einer Osteopathieprüfung", erzählte Laura. „Die Schülerinnen mußten unter Aufsicht eine Anamnese durchführen und dann untersuchen. Ich sagte, daß ich anfallsweise unter starken Rückenschmerzen leide. Haben Sie Kinder, wurde ich gefragt. Nein, sagte ich. Und dann lag da dieser Verdacht in der Luft. Niemand sprach ihn aus. Ich konnte ihn spüren. Und ich wurde wütend. Ich will keine Kinder, sagte ich ungefragt. Meine Rückenschmerzen sind keine nach hinten gewanderten Kinder. Die Prüfungskommission lachte. Sie wußten, was ich meine. Ich habe mich geärgert, daß eine kinderlose Frau, die ein gesundheitliches Problem hat, als erstes auf ihren unbewußten Kinderwunsch abgeklopft wird – von pseudo-psychologisch geschulten Ärzten. Und ich habe mich geärgert, weil ich selbst, als ich aussprach, was die anderen dachten, überlegte, ob sie vielleicht recht hätten, denn wenn das Unbewußte so leicht einzusehen wäre, würde es ja kein Unbewußtes sein. Ich habe mich geärgert, weil ich mich immer wieder, wenn auch nur für Sekunden, verunsichern lasse!"

„Wenn eine Frau keine Kinder hat, ist das eine Krankheit, die sich auch körperlich manifestieren kann", faßte Saskia zusammen.

„Ich sage nur Brustkrebs bei Kinderlosigkeit", ergänzte Silke.

„Da sind wir wieder beim Thema! Eine richtige Frau will ein Kind, wenn sie keins will, ist sie keine richtige Frau", rief Brigitte.

„Manchmal hat es sich aber einfach nicht ergeben, daß eine Frau ein Kind bekam – vielleicht, weil sie ihre große Liebe verloren hat oder sie nie kennenlernte", gab Katina zu bedenken.

„Mußt du jetzt schon wieder mit Rechtfertigungen kommen? Dürfen wir nicht einfach mal sagen: Ich will nicht?" fragte Silke.

„Andere können nicht, obwohl sie wollen", wandte Elvira ein.

„Wieder andere können Kinder nicht ausstehen", fügte ich hinzu.

Meine Schwester zwinkerte mir zu und sagte: „Und können trotzdem warmherzige Frauen sein. Mütterlich, natürlich, fürsorglich."

„Wieso assoziiert man bei Frauen ohne Kinder Kälte? Es gibt so viele herzlose Mütter!" sagte Brigitte.

„Was ist mütterlich, was ist weiblich?" fragte Silke.

„Ist weiblich sexy und mütterlich heilig?" fragte Saskia.

„Nonnen sind kinderlos. Und warmherzig. Oder nein, nicht warmherzig, die schwarzen Kutten machen Angst. Sie sind alles verzeihend. Sie sind selbstlos. Aber nicht warm. Also nicht als Berufsgruppe", dachte Annette laut.

„Ich kenne keine Nonnen", sagte Elvira.

„Ich habe neun Jahre auf einer Nonnenschule verbracht", erwiderte Annette.

„Nonnen sind keine richtigen Frauen", stellte Saskia fest.

„Was sind richtige Frauen?" fragte meine Schwester.

Wir schauten uns an. Zuerst ratlos. Dann vergnügt. Dann platzte unser Kreis am Feuer. Wir explodierten. Wir lachten, bis wir im Gras kugelten, die Männer standen um uns und starrten uns an und kapierten nichts, und ihre halbherzigen Versuche mitzulachen klangen kläglich, und sie schauten uns an, als wären wir geisteskrank, und wir sahen sie an und uns und lachten noch heftiger.

Katharina

Ich habe Kinder noch nie gemocht. Sie gehen mir auf die Nerven. Dieses Laute. Dieses Unkontrollierte. Kinder sind für mich wie eine andere Rasse. Irgendwas zwischen Tier und Mensch. Von mir aus können sie tun, was sie wollen, aber bitte nicht in meiner Nähe. Letzte Woche hatte ich Besuch von einem Kind. Sechs Jahre alt. Übers Wochenende. Ich konnte das nicht verhindern. Ich habe Glas- und Chrommöbel im Wohnzimmer. Sie waren ziemlich teuer. Nein, sie sind keine Ersatzbefriedigung, ich habe mir die gewünscht und freue mich noch immer an ihnen, obwohl sie schon vier Jahre alt sind. Macht das Kind zuerst mal einen Purzelbaum auf dem Flokati. Mit schlammigen Schuhen. Und dann patscht es auf die Glasplatte. Ich bemühe mich um Gelassenheit. Ich denke: Glasplatte wischen. Und saugen. Ich beobachte das Kind. Natürlich sind seine Hände schmutzig. Ich führe eine Liste, was ich alles in Ordnung bringen muß, sobald es ein Zimmer verläßt. Ich kann es nicht aussperren, da es mein Besuch ist, aber es ist wie eine lästige Fliege. Abends ging seine Mutter zu dieser Versammlung. Alles wie abgesprochen. Ich blieb mit dem Kind allein. Sie hatte mir ein Buch über Feen und Zauberer und Zwerge dagelassen. Ich sollte vorlesen. Feen und Zauberer interessieren mich nicht. Ich habe trotzdem ein bißchen vorgelesen. Schließlich war das mein Besuch. Da patscht es mit seinen fettigen Händen auf den Stuhl. Vierhundertneunzig Euro denke ich. Ich habe keinen Geldscheißer. Dann fällt mir meine Mutter ein. Ich habe es ihr nie verziehen, daß sie mir eine Ohrfeige gab, als ich das Glas mit Milch umstieß. Es war keine Absicht. Ich habe ihr das immer übelgenommen. Aber auf einmal habe ich mir vorgestellt, wie lange sie auf den Teppich gespart hat. Sie hat bei der Post gearbeitet. Ist um zwei Uhr morgens aufgestanden, um Briefe zu sortieren. Vielleicht haben meine Eltern monatelang für den Wohnzimmerteppich gespart. Und dann hat ihr Kind das Milchglas umgestoßen. Ich glaube, es war Kaba drin. Da tut sich dann schon eine andere Dimension auf, wenn man sich in seine Eltern hineinversetzt. Aber wenn man Kinder hat, darf man eben keinen Wert auf schönes Wohnen legen.

Nacht

Seltsam, diese Trennung, dachte ich. Das Fest war nun sieben Stunden alt – und nur vereinzelt hatten sich Mütter und Nichtmütter gemischt. Noch immer saßen die Mütter und Eltern unter den Bäumen, während die anderen beim Grill lagerten und die Tische auf der Wiese zusammengeschoben hatten. Es gab Ausnahmen – so wenige, daß sie wie Überläuferinnen wirkten. War das Scheu oder Ablehnung – oder Gleichgültigkeit? Wieso interessierte sich keine Mutter dafür, wie eine Nichtmutter sich gegen ihren Vorgesetzten behauptet hat – und wieso interessierte diese sich nicht dafür, wie die Mutter es trotz der einundvierzig Grad Fieber geschafft hat, ruhig zu bleiben? Ruhe muß man auch bei Vorgesetzten bewahren, und Durchsetzungsvermögen schadet bei Kindern nicht. Von diesem Austausch könnten alle profitieren. Die alten Vorurteile spukten durch meinen Garten. Daß Elternzeit, Erziehung, Urlaub für Realitätsflüchtlinge ist – obwohl wir wissen, daß die Vorstellung, es sich mit Kleinkind zu Hause gemütlich zu machen, ohne Hausangestellte nicht zu verwirklichen ist. So hatte ich es mir auch ausgemalt. Der Göttergatte geht zur Arbeit, und ich mache mir einen schönen Tag. Heute wäre mein Tag mit Kind ein schöner, wenn ich Göttinnengattin wäre. Mit zunehmendem Alter wurde ich realistisch. Je realistischer, um so untauglicher, mit einem Kind alle Hindernisse zu überspringen. Realismus beschwert, Fantasie verleiht Flügel.

Es ist noch gar nicht so lange her, da war eine berufstätige Frau etwas Besonderes. Der Beruf der Frau erforderte nicht nur, als Schmuckstück des Mannes zu glänzen – schenken Männer Frauen Schmuck: um das auszugleichen ... oder um selbst noch mehr zu glänzen? Der Beruf der Frau war die Verwaltung des Haushalts – dazu gehörten Kinder und natürlich das Warten auf den Mann. Zuerst das Warten auf den Ehemann als solchen, dann, wenn er sich zu erkennen gegeben hatte, das Warten auf den Ehemann im Speziellen, also bis er von seinen wichtigen Geschäften nach Hause zurückkehrte, und später vielleicht noch das Warten auf einen Liebhaber als solchen und dann, wenn er sich zu erkennen gegeben hatte, das Warten auf den leiblichen Liebhaber.

Als ich ein Kind war, gab es in meiner Umgebung eine einzige ganztags berufstätige Mutter. Noch dazu war sie alleinerziehend. Seinerzeit hatte eine alleinerziehende Mutter das verschuldet und also verdient. Frau Schmelcher war das schwarze Schaf der Siedlung. Zwei Kinder. Kein Mann. Und berufstätig. Pfui Teufel! Frau Schmelcher grüßte niemanden, was die Ablehnung zu bestätigen schien. Ich nehme an, zu Beginn hat sie gegrüßt und es dann sein lassen. Alle Gehässigkeit, Eifersucht, Mißgunst, allen Neid der Siedlung mußte sie ausbaden. Alle anderen waren auf der soliden, guten, rechtschaffenen, deutschen, sicheren Seite, sie war der Abschaum. Ohne Mann. Mit zwei Kindern. Und berufstätig. Der Sohn ging nach der Schule in den Hort, die Tochter, in meinem Alter, kaufte ein, erledigte Kleinigkeiten im Haushalt. Dafür hatte sie von der Mutter ihren Herzenswunsch erfüllt bekommen: zwei Katzen. Ich hatte die Tochter sehr gern und half ihr ein bißchen. Mit schlechtem Gewissen. Es war verboten, was ich da machte. Ich unterstützte das Pfui-Teufel. Ich verstand es nicht, denn war Frau Schmelcher nicht eine besonders fleißige Frau? Aber was verstand ich schon, ich war ein Kind. Es machte mir Spaß, in Schmelchers Haushalt mitzuhelfen. Dort staubsaugte ich mit Begeisterung. Zu Hause behauptete ich, das könnte ich nicht. Ich hätte auch gern eine berufstätige Mutter gehabt, wenn ich dafür zwei Katzen bekommen hätte. Es beeindruckte mich, wie meine Freundin einkaufte, Preise verglich und die Besorgungen erledigte, die ihre Mutter auf einen Zettel geschrieben hatte. Das durfte ich aber niemandem sagen. Es war pfui Teufel und Amen.

Heute ist eine Frau ohne Kinder, die nicht berufstätig ist, etwas Besonderes – außer sie ist aus gesundheitlichen Gründen arbeitsunfähig, oder sie ist arbeitslos. Auch Arbeitslosigkeit kann zu einem eigentlich nicht geplanten Kind führen. Was tun? Ein Kind!

Ich stelle mir vor, ich bin tätig in einem Beruf, der mich nicht erfüllt. Mein Beruf befriedigt mich nicht. Eigentlich hasse ich ihn. Sonntags fühle ich mich deprimiert, weil morgen Montag ist. Manchmal rechne ich die Stunden bis Freitagnachmittag aus. Da fliegt eine gute Fee vorbei und bietet mir ein Kind an: Hast du Lust auszusteigen? Alles ganz einfach! Blättere mal unseren Katalog durch. Wir haben derzeit unglaubliche Schnäppchen im Angebot! Ganz süße, schnuckelige Babys. Zum Anbeißen! Wie wär's? Du brauchst nicht mehr in die Firma, bleibst zu Hause bei deinem Kind, bist den verhaßten Job los – was meinst du?

Ja klar!

Dann bitte unterschreib hier.

Sofort!

So besiegle ich mein Schicksal. Unterschreibe ich hier nicht, unterschreibe ich woanders. Ich unterschreibe Arbeitsverträge, Projektverträge, Verlagsverträge. Und besiegle auch so mein Schicksal.

Es ist ein großes Glück, wenn ein Mensch den Beruf ausübt, der ihn erfüllt. Der Beruf muß nichts Besonderes sein. Es liegt allerdings nahe zu glauben, eine Ärztin beispielsweise sei erfüllt von ihrem Beruf. Aber sie kann auch angewidert sein von all den Kranken und Leidensgeschichten und sich danach sehnen, Boote zu bauen. So wie eine Kosmetikerin, die viele Stunden täglich

Pickel ausquetscht, sich danach sehnen kann, als Chirurgin zu arbeiten, oder überhaupt nichts mit Blut zu tun haben will – vielleicht doch lieber Kamerafrau? Ein Elektriker kann seiner Familie stolz zeigen, woran er mitgewirkt hat, die U-Bahn hier, da habe ich so manche Leitung verlegt, oder heimlich im Bett vorm Einschlafen eine Bombe im Untergrund hochgehen lassen. Eine Kfz-Mechanikerin kann Spaß daran haben, herauszufinden, woran es liegt, daß der Motor bei hundert Stundenkilometern ruckelt. Es gibt auch Menschen, denen es gar nicht einfällt, im Beruf eine Erfüllung zu suchen. Die einfach nur Geld verdienen wollen, um zu überleben und um sich darüber hinaus ein angenehmes Privatleben – vielleicht mit Kindern – leisten zu können. So haben alle ihre Vorstellungen. Was für die einen ein erfüllender Beruf sein mag, ist für andere ödes Zeittotschlagen. Es gibt zwar Kriterien, nach denen die Wertigkeit von Berufen eingeteilt werden kann – ÄrztInnen und MülltonnenleererInnen stehen höher als WerbetexterInnen und VersicherungsmaklerInnen – aber an dieser Stelle sollten wir es vielleicht ausnahmsweise und weil der Tag so schön ist zulassen, wenn alle ihr eigenes Rezept haben, wie die Lebenssuppe zu würzen ist.

Wenn ich einen Beruf ausübte, der mich nicht erfüllt, würde ich woanders Erfüllung suchen, denn ich laufe nicht gern halbleer rum. Wenn ich aber einen Beruf ausübe, der mich erfüllt – wieso sollte ich dann zusätzlich eine Erfüllung suchen, da würde ich doch überlaufen – und das tut bestimmt weh!

„Ich habe kürzlich gelesen", sagte Mona, „nur fünf Prozent der Mütter von Kleinkindern sind in Vollzeit berufstätig."

„Die müssen das wahrscheinlich", sagte Brigitte. „Aus finanziellen Gründen."

„Das glaube ich nicht", widersprach Mona. „Ich glaube, die wollen das so. Weil ihnen zu Hause die Decke auf den Kopf fallen würde."

„Sie profitieren davon. Also langfristig", sagte Silke. „Heute, wo wir alle länger leben, macht die Zeit mit dem Kind vielleicht ein Fünftel eines Lebens aus. Wenn du ein Fünftel aus deiner Erwerbszeit herausschneidest, kannst du das später nicht mehr reparieren. In der familiär bedingten Berufspause wächst deine Berufserfahrung nicht. Die aber wird im Gehalt auch bezahlt. Wer sich um die Kinder kümmert, verpaßt den Anschluß und verringert den eigenen Marktwert. Dieser Verzicht kann sich auf einige Hunderttausend Euro summieren und zieht sich bis zur Rente hin. Die meisten Sozialfälle sind alleinerziehende Mütter."

„Frauen, die wegen Kindern ans Haus gefesselt sind, entlasten den Arbeitsmarkt!" stellte Saskia fest.

„Als ob Frauen wirklich ernsthaft arbeiten würden. Das ist doch eher ein Hobby. So ein bißchen Teilzeit, wie sie alle gern hätten. Eher eine Beschäftigungstherapie. Damit sie sich nicht ganz überflüssig fühlen", provozierte Silke.

„Schließlich gefährdet die ganztags berufstätige Frau die Familie!"

„Schon halbtags kann als Angriff gewertet werden!"

„Als ganztags berufstätige Frau mit Kindern ist die Karriere als Staaatsfeindin vorgezeichnet!"

Helga erzählte: „Bei mir in der Firma gibt es einen Projektmanager, der kürzlich Vater geworden ist und sich die Elternzeit mit seiner Frau aufteilt. Obwohl er zu Hause bleiben sollte, kommt er zweimal wöchentlich mit seinem Sohn ins Büro. Er trägt den Sohn auf dem Arm, nimmt mit Kind an Besprechungen teil, und wenn das Kind schreit, bittet er eine Sekretärin oder Sachbearbeiterin, ihm das Kind abzunehmen. Alle finden ihn wahnsinnig toll. So modern und so aufgeklärt und so väterlich und überhaupt. Ich finde ihn abscheulich. Was ist, fragte ich die, die ihn toll finden, wenn eine Frau mit ihrem Kind ins Büro käme? Es würde heißen: Kann die das nicht anders managen? Ist ja unmöglich! Niemand würde ihr das Kind abnehmen, und schon gar nicht würde sie für ihr Engagement bewundert. Ganz im Gegenteil, man würde ihr wahrscheinlich nahelegen, zu Hause zu bleiben.

Da hast du schon recht, sagten die anderen und himmeln den Projektleiter – der meiner Meinung nach im untersten Bereich der Attraktivität herumdümpelt – mit unverminderter Ergebenheit an. Nehmen ihm das Kind ab. Und finden ihn unbeschreiblich super. So wie viele Hausfrauen mit Kindern den einzigen Hausmann in der Siedlung anhimmeln. Ein ganz dufter Mann ist das. Warum eigentlich? Der tut nichts anderes als sie. Warum ist bei ihm toll, was ihnen solche Minderwertigkeitskomplexe macht, daß sie vor der Weihnachtsfeier in den Firmen ihrer Männer schlaflose Nächte haben – weil sie da nämlich als Begleitung eingeladen sind – und nicht mal wissen, wie das geht ..."

Annette sagte leise: „Auch ich habe sie verachtet, diese Mutterkühe, auf die im Job kein Verlaß mehr war, weil sie nicht bei der Sache waren. Warum blieben sie nicht zu Hause? Das taten sie sowieso viel zu oft. Dauernd waren sie krank, ohne krank zu sein. Weil die Kinder krank waren. Oder sie trödelten. Kamen dauernd zu spät. In Wirklichkeit kamen sie nie zu spät. Aber sie standen im Ruf, zu spät zu kommen, zu trödeln und oft krank zu sein – und ein Ruf zählt mehr als die Fakten. Wer Kinder hatte, zeigte als Frau deutlich, daß sie keinen Wert auf den Beruf legte. Mehr noch: Sie boykottierte die Firmeninteressen. Männer mit Kindern zeigten hingegen, daß sie Verantwortung tragen konnten. Und wenn eine Frau mit Kind weiterhin in der Firma beschäftigt war, dann zeigte die Firma generös ihr soziales Engagement. Sobald eine Kollegin schwanger war, gehörte sie nicht mehr richtig dazu. War sie auf der Toilette, unterstellten wir ihr, sie brauche zu lange. Vielleicht übergab sie sich. Bei Besprechungen unterstellten wir ihr, sie hörte nicht zu, sondern träumte. Vielleicht horchte sie in sich hinein. Und natürlich erwartete niemand mehr von ihr, sie würde etwas Herausragendes leisten oder gar Überstunden machen, sie saß jetzt nur noch ihre Zeit ab, das war klar, und wollte schnell raus aus der Firma, schließlich mußte sie viel erledigen. Zu Hause. Dort, wo sie sich bald hauptsächlich aufhalten würde. Gab es gleichzeitig zwei schwangere Frauen in der Firma, klebten die aneinander und klüngelten. Sie waren anders. Weil wir sie zu anderen machten. Sie waren Ausgestoßene und gehörten nicht mehr zu uns. Weil wir sie ausgestoßen hatten. Ich schäme mich heute für diese Gedanken und so manchen gehässigen Satz. Zum Glück begriff ich dann, was ich mit diesem Verhalten anrichtete. Was ich meinen Geschlechtsgenossinnen antat und wie dumm ich war, das Frauen ausbeutende System mit meinem Verrat zu fördern.

Ich hörte auf, mich mit den Machthabern zu identifizieren. Kinder machen nicht blöd, und Kindererziehung ist nicht debilisierend, sagte ich der Personalchefin, die prinzipiell keine Mütter einstellte. Wenn Kindererziehung debilisierend wäre, müßten doch jene Berufsgruppen, die sich damit beschäftigen, längst zu blöd sein, ihren Beruf weiter auszuüben – Lehrer und Lehrerinnen zum Beispiel. Die Personalchefin stellte dann immerhin Frauen ein, die Kinder über zehn Jahre hatten. Dann kam sie darauf, daß zwei ihrer fähigsten Mitarbeiterinnen Kinder hatten. Das hatten die glatt verheimlicht. Die waren nämlich taff und schätzten ihre Chancen realistisch ein, und ihnen war klar, mit Kindern würden sie den Job nicht bekommen. Also unterschlugen sie die Kinder. Das hat die Personalchefin schwer beeindruckt. Sie hat ihre Meinung geändert. Das hat mich beeindruckt. Drei Jahre später hatte die Firma einen eigenen Kindergarten. Ich habe die Firma und die Personalchefin dann aus den Augen verloren und traf sie viele Jahre später. Da erzählte sie mir, sie stelle bevorzugt Mütter mit Kindern ein, weil sie viel engagierter seien. So ganz anders als ihr Ruf. Kinder wären ein hervorragendes Team- und Motivationstraining. Man würde durch sie lernen, verschiedenste Interessen auszugleichen und höchsten Belastungen standzuhalten. Wer kleine Kinder bändigen könne, hätte das beste Rüstzeug fürs Management, sagte sie. Und daß sie jetzt häufig Teilzeitkräfte einstelle, weil das gewährleiste, daß die MitarbeiterInnen vielseitig interessiert seien und nicht nur ihren Job sähen, was auf die Dauer keinen Erfolg bringe, das sei wie Monokultur in der Landwirtschaft. Und nebenbei, sagte sie, freue sie sich auch, mancher Frau zu neuem Selbstbewußtsein zu verhelfen, denn es sei manchmal schon sehr traurig, unter welchen Komplexen Frauen leiden, weil sie Kinder haben. Anstatt stolz auf ihre Erziehungsarbeit zu sein, schämten sie sich. Die meisten Frauen würden im Job regelrecht aufblühen. Und sie habe schon oft gehört, daß ihre Mitarbeiterinnen mit Kindern sich zu Hause jetzt wesentlich ausgeglichener fühlten und auch mit den Kindern besser zurechtkämen."

„Das klingt wie im Märchen", stichelte Mona.

„Es gibt noch ein Märchen", erwiderte Silke. „Frauen, die sich einmal durch ihren Beruf definierten, werden schwanger und zu Müttern. Über Nacht, während sie schlafen, kommt ein Riese und wirft sie in die Muttersuppe. Das merken die Mütter nicht. Sie schlafen tief und fest. Von außen wird gerührt in dem großen Kessel, in dem die Mütter schwimmen wie Würste. Ob studiert oder abgebrochen, politisch rechts oder links, groß oder klein, blond oder braun, sobald sie in der Muttersuppe schwimmen, sind sie gleich: unzuverlässig, unpünktlich, weinerlich, überfordert, nicht belastbar, kindisch, dümmlich. Zum Glück brauchen sie sich keine Gedanken zu machen, wenn jemand sie fragt, was sie wären oder täten, sie könnten sich diese Gedanken gar nicht machen, sie müssen nicht nachdenken oder sich abmühen, ihre Identität zu formen, denn sie schwimmen in der Suppe und brauchen nur zu sagen: Ich bin Mutter. Das reicht: Mutter."

„Deshalb werden wir dich auch nicht einstellen", griff ich den Faden auf, „wir brauchen funktionierende Mitarbeiterinnen, die sich mit unserem Unternehmen identifizieren. Keine Mütter, die nur ihre Kinder im Kopf haben und die Computertastatur nicht bedienen können, weil sie dauernd Daumen drücken müssen, damit die Kinder die Mathearbeit schaffen, die heimlich während der Arbeitszeit Englischvokabeln pauken, um bei ihren Kindern einen guten Eindruck zu machen, die stundenlang den Kopierer blockieren, weil sie irgendwelche Starhefte für ihre Kinder und deren Freunde und Freundinnen vervielfältigen müssen, die Büromaterial klauen und pausenlos telefonieren, um ihre Kinder zu fragen, wie es in der Schule war und ob das Pausenbrot geschmeckt hat und ob sie gut nach Hause gekommen sind – obwohl sie doch offensichtlich zu Hause sind – oder die Kinder haben ein Handy, und die Mütter müssen vom Büro aus kontrollieren, wo sie sind, und wenn sie nicht Telefon oder Kopierer blockieren, halten sie KollegInnen auf, um zu erfahren, wo sie etwas billiger bekommen, eine Skiausrüstung, eine Modelleisenbahn."

Laura übernahm – so wie wir es früher oft gespielt hatten: „Bevor du dich aufspaltest und beides halb machst, ein bißchen Beruf, ein bißchen Kinder, bleib zu Hause. Entscheide dich für eines. Als Frau bist du sowieso entscheidungsschwach, das ist bekannt, aber tu es einmal. Gib dir einen Ruck. Wenn du schon Kinder hast, hast du dich bereits festgelegt. Du wirst die Kinder nicht mehr los. Die gibt man nicht einfach im Tierheim ab. Im Grunde genommen hast du dich entschieden, als du die Pille vergessen hast. Also steh deine Frau und bleib zu Hause. Wenn die Kinder größer sind, kannst du eine schlecht bezahlte, minderwertige Beschäftigung annehmen. Was Besseres wirst du sowieso nicht finden. Wenn du überhaupt etwas findest. Vielleicht pendelst du auch nur zwischen den Wiedereingliederungsprogrammen des Arbeitsamtes hin und her, hangelst dich dort an verschiedenen Schulungen entlang und fällst dabei wenigstens nicht den Krankenkassen zur Last, die deine Depressionen finanzieren sollen. Also bleib zu Hause! Der Arbeitsmarkt ist nichts für Mütter. Im Grunde genommen ist er nicht mal was für Frauen, aber darüber schauen wir großzügig hinweg. Der Arbeitsmarkt ist zugeschnitten auf männliche Yuppies. Je rücksichtsloser, desto besser. Je mobil, desto Erfolg. Immer einsatzbereit, keine Bremse durch Familie oder Frauen. Unabhängig. Das ist wichtig. Schnell reagieren. Ab einer gewissen Karrierestufe empfiehlt sich die Heirat dann doch. Ist besser für das Vorankommen. Nur Karriere geht höchstens bei Wissenschaftlern, und auch dort ist es nicht ratsam. Jemand muß den Background managen. Ein Mann heiratet eine Frau, die aus dem Hintergrund seine Karriere anschiebt. Die Frau übernimmt alle Behördengänge, er kann konzentriert arbeiten. Die Frau organisiert den Haushalt. Er muß sich um die Wäsche und den Rest nicht kümmern und sieht dennoch immer gepflegt und ordentlich aus. Die Frau erzieht die Kinder, er hat ein glückliches Familienleben. Die Frau verabredet am Wochenende Grillpartys, er hat soziale Kontakte. Die Frau hat vielleicht auch ein bißchen studiert und kann mit ihm seine Projekte diskutieren und einen anderen Blick darauf werfen, weil sie als Mutter viel weiter sieht als er, und ihn somit fördern. Da sie sich mit Gefühlen und Verwicklungen auskennt, kann sie ihn vortrefflich bei Personalentscheidungen beraten. Oft kann die Frau auch seine Manuskripte in Form bringen. Vielleicht ist er Legastheniker, was über Jahre unbemerkt bleibt, weil seine Frau alles Schriftliche für ihn erledigt. Die Frau ist zudem zuständig für sein Zärtlichkeitsbedürfnis. Streichelt ihn und sorgt durch intensiveren Kontakt dafür, daß sein Hormonhaushalt in Schuß ist. Sie ermuntert ihn zu Spaziergängen oder Radtouren. Sie macht ihn aufmerksam auf einen singenden Vogel und die Schönheit der Natur. Sie schafft einen Bezug zur Außen- und Umwelt, der besonders Wissenschaftlern zuweilen zum Durchbruch verhilft, wenn sie eine Brücke schlagen zwischen ihrem Labor und der Welt in Stockholm. Die Frau hört zu und baut auf, sie schmiert ihm Brote, wenn er lange Besprechungen hat, und bereitet Kamilledampfbäder, sollten seine Nebenhöhlen vereitert sein. Sind ihre Nebenhöhlen vereitert, bereitet sie auch Kamilledampfbäder, wenn sie die Zeit dazu hat. Das kommt eher selten vor. Sie hat keine Zeit für sich. Sie vernachlässigt sich. Das ist dann auch der Grund, warum der Mann sie verläßt. Wenn die Kinder groß genug sind, das zu verkraften, damit er es so lange wie möglich bequem hat. Hoffentlich war die Frau verheiratet und erhält wenigstens einen Bruchteil Unterstützung. Ansonsten hätte sie sich jahrzehntelang ohne Lohn ausbeuten lassen. Die Trophäen bleiben beim Mann. Er nimmt die Titel und Ehrungen, die Konten und Renten, die gelungenen Kinder, die gute Gesundheit und die schöne glückliche Vergangenheit mit. Das fällt gar nicht auf. Die Frau war ja praktisch nicht vorhanden. War bloß im Hintergrund. War bloß das Fundament. War bloß die Frau von. Das gilt sogar, wenn sie beispielsweise gemeinsam mit ihrem Mann eine Anwaltskanzlei führt. Immer wieder zeigt sich, daß der Mann die wichtigen Fälle mit den aufsehenerregenden Prozessen betreut. Die Frau kümmert sich um kleine Fälle und die Organisation. Klopapier und Kuverts besorgen. Hinter jedem erfolgreichen Mann steht eine Frau."

„Hinter jeder erfolgreichen Frau steht kein Mann", schloß ich.

Luise

Ich wollte nie ein Kind. Von Anfang an nicht. Aber ich habe es nicht zu sagen getraut. Ich habe es eigentlich selbst nicht gewußt. Es hätte mir damals auch Angst gemacht. Weil ich offensichtlich anders war als meine Freundinnen in dem Dorf, aus dem ich stamme. Heute weiß ich, daß ich mich deshalb soviel mit Frauenpolitik beschäftigte. Ich habe Gründe dafür gesucht, warum Kinderkriegen abzulehnen ist, um es mal sehr salopp auszudrücken. Meine eigene Meinung, mein Leben erschien mir zu bedeutungslos. Deshalb habe ich dann wohl auch Soziologie und Psychologie mit dem Schwerpunkt Feminismus studiert. Ich habe nach Rechtfertigungen gesucht. Nach Meinungen berühmter Schriftstellerinnen und Schriftsteller, die mehr Gewicht hatten als meine bescheidenen Anschauungen. Ich habe mich mit weiblichen Tieren verglichen oder vergleichen lassen. Die Löwenmutter, die ihr Junges verteidigt. Und ich habe darüber nachgedacht, ob ich eine solche sein müßte – andererseits zeigen manche Tierarten keine langfristige Bindung an ihren Nachwuchs. Heute bin ich fast fünfzig und kann darüber lächeln, wie verzweifelt und konfus ich herumgesucht habe, denn natürlich gilt meine Meinung nun. Nicht nur in der Öffentlichkeit, ich bin Professorin, sondern vor allem bei mir selbst. Es würde mir nicht im Traum einfallen, Hilfe bei anderen zu suchen, wenn ich etwas für richtig erachtete. Das ist das Schöne am Alter: Man kommt immer tiefer bei sich selbst an.

Seinerzeit habe ich die einschlägigen Bücher verschlungen. „Das andere Geschlecht" von Simone de Beauvoir war mein erstes, und dann folgte die ganze Liste, die eine Feministin sich einverleibt, Klassiker wie Friedan, Mitchell, Horney, Schwarzer, Millett, French, Pusch, Daly, Dowling, Olivier, Meulenbelt, Chodorow, Friday und so weiter. Das Buch von Badinter, es wurde bereits erwähnt, war das letzte, das ich nötig hatte. Ich war alt genug, meine eigene Stimme zu hören – und auszuhalten. Ich hatte es schon nicht mehr so nötig zu erfahren, daß es keinen Mutterinstinkt gibt.

In der von Badinter untersuchten Zeitspanne in Frankreich war es modern und völlig normal, daß nicht nur Frauen aus dem Adel, sondern auch die ärmste Bäuerin ihr Kind zu einer Amme gab. Das eigene Kind bei sich zu behalten, gehörte nicht zum guten Ton – es selbst zu stillen war geradezu undenkbar. Erstens litt die Schönheit der Brust – das wird bis heute geglaubt –, zweitens war es nicht schicklich. Wer stillte, gehörte nicht zur besseren Gesellschaft, und zu der wollten alle gehören. Was die da oben uns vormachen, kann ja wohl nicht so schlecht sein?

Das ist doch unglaublich, wie grundlegende Anschauungen sich mit der Zeit ändern wie die Mode. Mal sind die Röcke lang, dann kurz. Wer hier auflacht und von primitiven Gesellschaften spricht, sollte lieber versuchen, heutige gängige Anschauungen kritisch und losgelöst aus ihrem gesellschaftlichen Kontext zu betrachten. Da kann eine so manches Wunder erleben – wenn sie kann, denn einfach ist das nicht! Was bedeutet also Natur, wenn Kultur und Erziehung sich ändern? Da wird der Naturbegriff zu etwas Modeabhängigem. Da wird die Natur für politische Interessen ausgenutzt. Erst als man begann, im Kind eine Arbeitskraft zu sehen, die im Interesse des Staates zu fördern war, förderte man das Kind, schließlich wollte man es ausbeuten. Man packte die Kinder an der Wurzel. Bei den Müttern. Denen erzählte man, wie toll es wäre, sich ganz dem Kind zu widmen. Zuerst einmal mußte man ja gewährleisten, daß die Kinder überleben. Das war leider nicht die Regel. Ich denke hier gar nicht an das Kindbettfieber, das die Ärzte den Frauen bescherten, weil sie, eben noch in Leichenteilen wühlend, zu einer Gebärenden eilten und nicht daran dachten, ihre Hände zu waschen beziehungsweise zu desinfizieren. Ich denke an die Gepflogenheiten, mit Kindern umzugehen. Prügel gehörten zum Alltag. Hunger und Krankheiten auch.

Ich habe mich gefragt, wie wir auf die Idee kommen konnten, wir hätten ein Recht auf Mutterliebe. Menschen, die von ihren Müttern abgelehnt wurden, stellen das oft in den Vordergrund – und zwar im Tonfall, daß man ihnen vorenthalten hat, was ihnen zugestanden hätte. Ist das so? Ein Blick in die Geschichte läßt mich das stark bezweifeln. Obwohl ich kein Kind habe und nie eines wollte – wenn ich lese, wie es Kindern in früheren Zeiten erging, packt mich ein solches Erbarmen, daß ich auf der Stelle ein Waisenhaus gründen könnte.

Mitternacht

„Nein, ich verstehe das", sagte ich nun schon zum dritten Mal.
„Ich muß ja morgen früh raus."

„Ja klar! Und es ist auch schon bald Mitternacht. Ich hoffe, du hast dich wohlgefühlt bei mir und ein paar schöne Stunden verbracht – und danke, daß du da bist!"

Umarmung und Abfahrt.

„Das war sehr lustig am Feuer", sagte Dagmar und drückte mich fest. „Ich glaube, das vergesse ich nie. Ich habe fast in die Hose gepinkelt vor Lachen."

„Ich auch", gab ich zu.

„Ich habe übrigens mal in einem Buch gelesen", sagte Dagmar, „wenn man sich über eine grundsätzliche Entscheidung, die weit in die Zukunft hineinreicht, unsicher ist, sollte man sich sein Leben mit und ohne diese Möglichkeit vorstellen."

„Wie?"

„Also du stellst dir vor, wie es dir in fünfzehn Jahren mit Kind und in fünfzehn Jahren ohne Kind gehen würde. Welche Bilder siehst du vor dir? Was geht dir durch den Kopf? Dieses Gedankenspiel ist eine tolle Möglichkeit herauszufinden, was man will. Ich wende sie immer an, wenn ich unschlüssig bin, und sie hat mir schon oft geholfen."

„Danke", sagte ich und begleitete Dagmar zum Auto. Sie war schon abgefahren, da stand ich noch immer auf der Straße und schaute in die Nacht. Langsam ging ich zurück zum Schein des Feuers. Leise Musik und manchmal Lachen. Legte mich in die Hängematte zwischen den Kirschbäumen, schaukelte sanft. So viele Sterne. In ein paar Minuten wäre mein Geburtstag vorbei. So viele Sterne, Sterne wie Seelen. Ich und die Nacht. So war es gut. Geborgen in der lauen Luft des Sommers. Ich hatte meinen Platz gefunden. Und dort drüben am Feuer Lui und die anderen Menschen, die ich liebte, mochte, mit denen ich mein Leben teilen wollte. Alle miteinander Kinder unter diesem Himmel. Ich ging zurück in den Kreis.

Anhang

Ich bedanke mich bei Lai Chi, Luna und Hartmut und all den Frauen, die sich mit mir austauschten und mir in vielen Jahren Freundschaft und Bekanntschaft und manchmal nur flüchtiger Begegnung ihre Geschichten erzählten. Und grüßen möchte ich an dieser Stelle meine Mutter, meine Oma und Nick.

Folgende Bücher haben mich zudem inspiriert:

Ariès, Philippe, *Geschichte der Kindheit*, München 1992.
Badinter, Elisabeth, *Die Mutterliebe*, München 1981.
Beauvoir, Simone de, *Das andere Geschlecht*, Reinbek 1970.
Beck-Gernsheim, Elisabeth, *Die Kinderfrage*, München 1989.
Beck-Gernsheim, Elisabeth, *Das halbierte Leben*, Frankfurt 1993.
Beck-Gernsheim, Elisabeth, *Mutterwerden*, Frankfurt 1992.
Beck, Ulrich/Elisabeth Beck-Gernsheim, *Das ganz normale Chaos der Liebe*, Frankfurt 1990.
Buber, Martin, *Ich und Du*, Gerlingen 1997.
Chamberlain, Siegrid, *Hitler, die deutsche Mutter und ihr erstes Kind*, Gießen 1998.
Chodorow, Nancy, *Das Erbe der Mütter*, München 1985.
Colegrave, Sukie, *Yin und Yang*, Frankfurt 1984.
Fischer, Theo, *Wu wei*, Reinbek 1998.
Gruen, Arno, *Der Wahnsinn der Normalität*, München 1993.
Haas, Inka, *Gebärstreik*, Frankfurt 1998.
Horn, Ulrike, *Neue Mütter hat das Land*, Stuttgart 2000.
Kast, Verena, *Neid und Eifersucht*, München 2000.
Kast, Verena, *Vom Sinn der Angst*, Freiburg 2000.
Miller, Alice, *Am Anfang war Erziehung*, Frankfurt 1980.
Miller, Alice, *Das Drama des begabten Kindes*, Frankfurt 1979.
Pusch, Luise, *Die Frau ist nicht der Rede wert*, Frankfurt 1998.
Safer, Jeanne, *Kinderlos glücklich*, München 1998.
Schindele, Eva, *Schwangerschaft zwischen guter Hoffnung und medizinischem Risiko*, Hamburg 1997.
Schmitz-Köster, Dorothee, *Frauen ohne Kinder*, Reinbek 1987.
Seul, Michaela, *MitGift*, Münster 1998.
Seul, Michaela, *Leben ohne Leander*, Münster 1999.
Seul, Shirley, *Das FrauenNichtraucherBuch*, München 2001.
Seul, Shirley/Lilo Edelmann, *Hebammenwissen für Mutter und Kind*, München 2003.
Vinken, Barbara, *Die deutsche Mutter*, München 2001.
Willi, Jürg, *Was hält Paare zusammen*, Reinbek 1991.